言語類型論入門
言語の普遍性と多様性

リンゼイ J.ウェイリー
大堀壽夫　古賀裕章　山泉実　訳

岩波書店

INTRODUCTION TO TYPOLOGY
The Unity and Diversity of Language

by Lindsay J. Whaley

Copyright © 1997 by Sage Publications, Inc.

First published 1997
by Sage Publications, Inc., Thousand Oaks, California.

This Japanese edition published 2006
by Iwanami Shoten, Publishers, Tokyo
by arrangement with
Sage Publications, Inc., Thousand Oaks, California.

アイダ・メイ・ヒムストラへ
私はむやみに不定詞を分離させないよう努力した．

言語類型論入門

まえがき

　本書の構想は，1990年にノースダコタ大学で「文法II」という授業を共同で教えていたときに発する．この授業は学部生と大学院生の混成クラスで，類型論，談話分析，関係文法のそれぞれ基礎的な知識を計10週間でカバーするよう組まれたものだった．私の担当は類型論にあたる部分で，17時間を割り当てられていた．言うまでもなく，時間の制約はよくある教育上のジレンマを生み出した．類型論のどのような面を，どれくらい深くまでカバーすればよいのか？　私が思ったのは，類型論について学ぼうとする学生ならば最小限，この分野の基本的目標，論争の的となってきた方法論の問題，そして類型論の中で歴史的に最も多くの注意を集めてきた言語の領域，すなわち構成要素順序と形態論に基づいた全体的類型論については触れるべきだろうということだった．もちろん，冗長な学者の手にかかれば，このような限られた話題についてざっと導入をするだけでも，17時間どころではなく一学期まるごとかかるだろう．しかし，これらの話題だけに注意を限ってしまうと，類型論とは何なのかということがほとんど伝わらないだろうと私は考えた．少なくとも現代では，類型論研究者たちは特異とも見える多くの言語現象を探究し，そこに潜んでいるかもしれない言語のパタンを発見しようとする意欲にかけては，言語学者の中でも最も先進的な集団を構成してきた．こうした探究精神を作り上げているのは，世界の諸言語に見る統一性と多様性の両方をもれなく体現するような人間言語の姿を提示しようという意欲であった．類型論のこのような側面を把握するために，私が担当する授業では，人間の言語に見られる多様な構文を導入する必要があるだろうと考えた．とりわけ，平均的な学部生や大学院に入ったばかりの学生が知らないような構文を取り上げようと決めた．

　ノースダコタ大学でやった類型論の入門は，形式的な文法理論の枠組みの提示も行う授業の一部として行われたので，類型論研究と言語学界（特にアメリカ合衆国の）を支配している統語理論との共通点は何かを強調することも重要だと考えた．この方針は私にとっては幸いなことであった．というのも，私はかねがね類型論は形式文法の枠組みに寄与するものが多いことに気づいていたし，逆もまた真と考えたからである．不幸なことに，形式的理論と類型論それぞれの研究者の関係は，長年にわたり共生関係とはとうてい言い難いものとなっているのだ．

まえがき

　次の問題は，このような授業目的に適した教科書を探し出すことだった．結果的には，目的にかなった教科書は見あたらなかった．もちろん，類型論について優れた入門書が存在しなかったというわけではない．類型論の授業で使える教材としては，Comrie(1989)，Shopen(1985)の三巻本，Croft(1990)という三つの非常に優れた書物がある．これらの本の著者は，みな類型論のさまざまな側面をたくみに解説することに成功している．しかし，どれも私が取り上げようとした話題を全てカバーしてはいない．結果として，私は本書の最初の草稿を書いて，ノースダコタ大学で次の年に使うことになった．そうは言っても，上に挙げた言語類型論の著作をよく知る者にとっては，私がそれらの本から相当量の題材を引いていることにただちに気づくだろう．

　過去数年間，私は本書の内容を大幅に拡充し，三期制や二期制の授業で使うのに適したものとなるよう努めてきた．その結果，学部生と大学院に入って間もない学生を対象とした，類型論的な視野に立つ文法への入門書ができあがった．本書第I部では，類型論の基本的な主題への導入として，その目標，歴史，分析方法，中心的な想定を論じる．続いて第II部と第III部では，構成要素順序の全体的な特徴と，用いられる形態論的手段の種類によって諸言語を分類する見方をいくつか検討する．その後の三つの部は，言語全体ではなく個々の構文を比較・分類することに重点を置く．

　本書全体は統一性をもたせるよう意図したが，それぞれの章や節はおおむね独立して読めるように書いてある．そのようにしたのは，本書の中から必要な部分を抜き出したり，本書とは違う順序で使ったりできるような形にしようという理由からであった．そのため，各章は一定の長さにとどめた．結果として，本書は何通りもの異なった授業方式で使えるような柔軟性を備え，また類型論についての一般的な参考書としても読みやすいものになったと思う．

　同時に，使いやすさを向上させるために，各章で文字表記や構成についてもいくつもの工夫を行った．重要用語の初出時には，太字で表した上で定義や説明を加えるのを常とした．各章内では，節の見出しを詳しくした．これによって，教師は本書の各部分を指示することが容易になり，学生も課題や試験のために復習をするときに，題材のある場所を素早く見つけることができるだろう．

　どんな本でもそうだが，本書がこうした教科書として最終的な形をとるまでには，多くの人々が重要な貢献を果たしてきた．他の誰にもまして，スティーヴン・レヴィンソンは本書の美点となったところについて讃辞を受けねばならない．私

はノースダコタ大学で彼が類型論の授業を教えたときに使っていたノートから多くの題材を借りた．彼はまた本書の最初の草稿を授業現場で試用し，貴重なフィードバックを提供してくれた．もう一人の夏期言語協会(Summer Institute of Linguistics)所属言語学者であるボブ・ドゥーリーもまた，時間，データ，そしてアイデアを本書のために寛大にも提供してくれた．

私はまた，ジョウン・バイビー，マシュー・ドライヤー，ドナ・ガーツ，レン・タルミー，ボブ・ヴァン゠ヴァリンという，アメリカ合衆国における類型論研究および類型論に注意を払った文法理論の第一人者たちと学ぶことができたことを幸運に思う．当人は気づかないかもしれないが，彼らの洞察は本書の以下のページのいたるところに現れている．同じく，バーナード・コムリーに対してもまた，深い感謝を捧げねばならない．言語についての彼の該博な知識は常に私の驚嘆の的であった．私が彼の著作を何度も引用するのは，学問上の必要性によってばかりでなく，彼の考えが私に大きな影響を与えてきたからである．マルティン・ハスペルマートは，素描に過ぎない部分を含む未完成な段階の本書の草稿を，そうと知りつつ親切にも読んでくれた．彼からは多くのつじつまの合わない点や，見落としやまずい誤りの指摘があった．彼の労力のおかげで，最終的な仕上がりがずっと良いものになったのは間違いない．最後に，三人の匿名の査読者からは本書の題材について広く有益な批評をもらった．彼らの提案は，紙幅の許す限り取り入れた．

セイジ出版のアレックス・シュワーツとは楽しく仕事をさせてもらった．彼は授業で使うために作られる言語学書のあるべき姿についてのビジョンを実現する素晴しい才能をもっていた．

私の勤務先では，ダートマス大学の同僚であるルノア・グルノーブルとビル・スコットが詰まったスケジュールの中，本書の各章を読む時間をとってくれた．空港で，電車で，オフィスで，家で，彼らは私が手渡した本書の一節を苦心して隅々まで読んでくれた．彼らは最良の教師であり，その批評は本書の文体，構成，そして内容を改善する上で決定的な重要性をもっていた．そのおかげで，本書は明晰さを増し，読者の必要をよりよく満たすものとなった．カレン・ウェイリーは本書の準備をする上で，重要な手伝いをしてくれた．ここに特に記して感謝する．彼女が普通よりずっと多くの家事を引き受けてくれたおかげで，本書の執筆と推敲に時間を割くことができた．彼女はまた，各章の最終段階の原稿に進んで目を通し，どうすれば議論が明快なものにできるか，多くの提案をしてくれた．

上に挙げた人々から受けた援助をもってしてもなお，最終的な産物は彼らの完全

まえがき

に納得するところではないことは確かである．残る欠点については，彼らに何らの責任も帰せられないことをここに明記しておく．

目　次

まえがき

概観　世界の言語　　1

第I部　言語類型論の基本

1 類型論と普遍性——導入………………………………………… 10

 1.1 「類型論」の定義　　13

 1.2 まとめ　　21

2 類型論小史………………………………………………………… 24

 2.1 初期の類型論学者　　24

 2.2 類型論における革命　　28

 2.3 まとめ　　34

3 方法と説明の問題………………………………………………… 35

 3.1 普遍性のタイプ　　35

  3.1.1 絶対的 対 非絶対的普遍性　　36

  3.1.2 含意的普遍性　　37

 3.2 普遍性決定の問題——データベース　　41

 3.3 普遍性の説明　　49

 3.4 外在的説明のタイプ　　52

  3.4.1 談　話　　52

  3.4.2 処　理　　53

  3.4.3 経済性　　54

  3.4.4 知覚・認知　　55

  3.4.5 類像性　　56

 3.5 まとめ　　57

目　次

4　基本的なカテゴリー ………………………………………… 58
　4.1　語彙クラス　61
　　4.1.1　語彙クラスを定義する　65
　4.2　意味役割　70
　4.3　文法関係　74
　　4.3.1　普遍性としての文法関係　75
　4.4　まとめ　81

第 II 部　語順の類型論

5　構成要素順序の普遍性 ………………………………………… 84
　5.1　節の構成要素の順序　84
　5.2　構成要素順序の相関　91
　5.3　分岐方向理論　97
　5.4　まとめ　100

6　基本的な構成要素順序の決定 ………………………………… 101
　6.1　構成要素順序の変異　101
　6.2　基本順序の決定　105
　　6.2.1　頻　度　105
　　6.2.2　有標性　107
　　6.2.3　語用論的に中立のコンテクスト　109
　6.3　残された問題点　110
　6.4　まとめ　111

第 III 部　形態論的類型論

7　形態素 ………………………………………………………… 114
　7.1　拘束形態素　対　自由形態素　115
　7.2　接頭辞と接尾辞　117
　　7.2.1　その他のタイプの接辞　120
　7.3　派生形態論　対　屈折形態論　124
　7.4　接辞の順序　127
　7.5　まとめ　129

8 形態論的類型論 …………………………………………… 130
8.1 形態論的タイプから見た言語　131
- 8.1.1 総合の指標　131
- 8.1.2 融合の指標　136
- 8.1.3 二つの指標の関係　138
- 8.1.4 形態論的類型の歴史的変化　139

8.2 構成要素間の形態論的な結びつきの類型　142
- 8.2.1 支配と一致　142
- 8.2.2 主要部標示と依存部標示　143
- 8.2.3 普遍性への示唆　147
- 8.2.4 主要部標示と構成要素順序　149

8.3 まとめ　149

第Ⅳ部　名詞句の関係的・意味的性質

9 格と一致の体系 …………………………………………… 152
9.1 文法関係の標識　152
- 9.1.1 格と一致の階層　153
- 9.1.2 S, A, P　155
- 9.1.3 格と一致の体系における分裂　160

9.2 格と一致の体系の複雑性　165
- 9.2.1 動詞の一致　165
- 9.2.2 格の体系　167

9.3 まとめ　169

10 有生性，定性，性 ………………………………………… 171
10.1 有生性の階層　173
- 10.1.1 形態論と統語論における有生性の反映　174
- 10.1.2 普遍的特性としての有生性　179

10.2 定性と性　180
10.3 まとめ　182

11 結合価 ……………………………………………………… 184
11.1 結合価を変える手段　186
- 11.1.1 結合価を減らす手段　186

xiii

11.1.2　結合価を転置する手段　191
　　　11.1.3　結合価を増やす手段　192
　11.2　使　役　194
　　　11.2.1　直接使役 対 間接使役　195
　　　11.2.2　被使役者がもつコントロールの表示　199
　　　11.2.3　許可と使役　200
　11.3　まとめ　201

第V部　動詞カテゴリー

12　テンスとアスペクト　204
　12.1　テンス　206
　　　12.1.1　テンスを表す手段　207
　　　12.1.2　絶対テンスと相対テンス　210
　12.2　アスペクト　211
　　　12.2.1　アスペクトと行為タイプ　216
　　　12.2.2　アスペクトに対する動詞以外からの影響　218
　12.3　まとめ　219

13　ムードと否定　221
　13.1　伝統文法のムード分類　222
　　　13.1.1　義務的モダリティと認識的モダリティ　225
　　　13.1.2　明証性　226
　　　13.1.3　現実-非現実　227
　13.2　否　定　229
　　　13.2.1　標準的な否定の方法　231
　　　13.2.2　二次的な形態変化　232
　　　13.2.3　作用域と構成要素の否定　234
　13.3　まとめ　235

14　言語行為の形態・統語論　236
　14.1　平叙文の言語化　237
　14.2　命令文の言語化　238
　14.3　疑問文の言語化　240
　　　14.3.1　対極疑問文　241

14.3.2 内容疑問文　243
14.4　まとめ　246

第VI部　複　文

15　従位接続 …………………………………………………… 250

15.1　従属節の主要タイプ　250
15.1.1　従属節の特徴　251
15.2　副詞節　253
15.2.1　時　間　254
15.2.2　場　所　255
15.2.3　原　因　255
15.2.4　条　件　256
15.2.5　譲　歩　257
15.2.6　不特定の関係　258
15.3　補文節　258
15.3.1　複雑性の連続体　260
15.4　関係節　263
15.4.1　制限的 対 非制限的関係節　264
15.4.2　関係節の類型論的多様性　265
15.4.3　補足の考察　269
15.5　まとめ　270

16　等位接続と連位接続 ……………………………………… 271

16.1　等位接続　272
16.1.1　等位接続の形態　273
16.1.2　等位接続される構成要素　276
16.1.3　節の縮約　277
16.2　連位接続　279
16.2.1　連動詞　279
16.2.2　交替指示　281
16.3　まとめ　284

語釈で使用した用語の一覧
参考文献

目　次

　　訳者あとがき

　　言語索引

　　事項・人名索引

概観 世界の言語

　類型論にとって糧となるのは通言語的な比較である．当然のことながら，本書にも非常に多くの言語についての情報とデータが含まれている．なじみのある言語がいくつか出てくるのも確かだが，ほとんどの読者にとって，それまで一度も見たことがない言語の方がずっと多いだろう．そこで，世界中にどのような言語があるか，そして各言語間にはどのような関係があるかについて，基本的な事実を提供しておく．言語の分類についてほとんど予備知識のない読者は，以下の予備的説明を読むことを勧める．ここで十分な基礎的知識を得ておけば，本文中であまり知られていない言語が次々に話題に出てきても，安心していられるだろう．

　言語学者が聞かされる質問の中でも，最もよくあるものの一つが，世界中にはいくつの言語があるのかという問いだろう．実は誰も知らない，というのがその答えである．その部分的な理由としては，地球上にはまだ体系的な調査のされていない地域があり，そこで話されているさまざまな方言なり言語なりを確定できていないという事実がある．だが，世界にいくつ言語があるのかという問いに答えようとするさいのより大きな壁は，二つの変種がある場合，それらをどんなときに一つの言語の方言と分析し，どんなときに別々の言語と見なすのが一番良いかについて，統一見解がないという事実である．言語学的な観点からは，二通りの変種をどのように名付けるかという選択は，相互理解の程度によってかなりのところまで決まる．この規準によれば，ニューハンプシャー州（アメリカ合衆国）のマンチェスターで話されている英語の変種と，イギリスのマンチェスターで話されている英語の変種は，一つの言語の異なる方言と見なされることは明らかであると思われる．これらの方言の話し手は，もう一つの方言の話し手が言うことをほとんど全て理解することができる．同じ理由で，英語と日本語を取り上げた場合には，両者の間の共通理解の度合いはほとんどゼロなので，これらは一つの言語の方言でなく，二つの異なった言語であるということについては，誰もが同意するだろう．これらはわりあい問題のないケースなのだが，別の変種について内容を約95%把握できるという場合はどう考えるべきだろうか？　80%や70%ではどうか？　このような場合，どこに線を引くものなのだろうか？　二つの共同体の話し手の間で，不完全な理解が

行われる状況があるため，世界の言語がいくつあるのかを数えようとする単純な試みに対しては，手に負えない問題が生じるのだ．

　このような困難を念頭に置いた上では，現在使われている言語としてはおおよそ 4000 から 6000 くらいと見積もるのが精一杯である．もちろんその他にも，かつて話されたが何の痕跡も残さずに消えてしまった言語がどれほどあったかは知るよしもない．

　言語学をどれほど究めていようとも，一個人が全ての言語について知っているということはありえないので，あまり知られていなさそうな言語を記述するときには，その系統上の位置づけを示すことが言語学の中では標準的なやり方となっている．ある言語の系統上の位置づけとは，それが属する語族のことである．語族とは共通の先祖から生まれた言語，あるいは方言の集合をいう．例えば，遠い過去のある時点（紀元前 1000 年以前）においては，デンマーク語，英語，ドイツ語，ゴート語，スウェーデン語（およびその他いくつかの言語）は別個の言語ではなく，一つの言語だった．これは一般にゲルマン祖語と呼ばれる．私たちはゲルマン祖語の文字記録を一切もっていない．しかし私たちはこの言語の音や文法規則についてかなりの知識をもっている．なぜなら歴史言語学者たちが，ゲルマン祖語とはどのようなものであったのか，精密な再構を進めてきたからである．他の言語と同様，ゲルマン祖語には歴史の経過にともない，いくつもの方言が形成されていった．これらの方言はしだいに大きく異なりを見せるようになり，相互理解ができないほどにまでなった．その結果，別々の言語となった．

　共通の祖先からいくつもの言語が進化する様子は，一般に系統樹の形で描かれる．例えば，図 A はゲルマン語の系統樹である．

　図 A の系統樹は，リストにある全ての言語が究極的には「ゲルマン語」というラベルから枝分かれしているという点で，各言語の系統的な結びつきを捉えたものである．この系統樹はまた，西ゲルマン語，東ゲルマン語，北ゲルマン語などの下位分類（語支などの言い方をする）を立てることによって，ゲルマン語の中でもあるものは他のものよりも密接な結びつきがあるということを表している．

　ゲルマン語全体は，より大きな語族であるインド・ヨーロッパ語族の一部となっている．これはイタリック諸語（フランス語，スペイン語，ポルトガル語など），バルト・スラブ諸語（ロシア語，ポーランド語など），インド諸語（ヒンディー語，ベンガル語など），など多くのグループを擁している．結果として，英語は西ゲルマン語，ゲルマン語，あるいはインド・ヨーロッパ語として分類できる．これらはみ

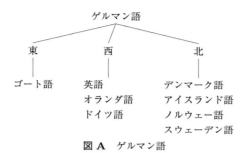

図 A　ゲルマン語

な正しい系統分類上のラベルであり，異なった段階の結びつきを反映しているわけである．

　本書でそれぞれの言語を導入するときには，ゲルマン語とおおよそ同程度のまとまりをもった系統関係のレベルを表す名称を使うことにする．そのようなグループ分けは，完全にではないが大体において問題のないもので，歴史言語学の標準的な手法をあてはめることで容易に確定できる．こうしたグループ分けは，約2500-4000年の時間的な「深さ」(各言語が共通の祖語から分岐を始めた時点)を反映している．言語データを採った資料から属する語族の適切なラベルを決める情報が十分に得られないときには，Ruhlen(1987)に従った．

　ある言語の系統的な帰属に加えて，本文中では「フランス語(イタリック：フランス)」のように，その言語と最もよく結びついた地域も与えた．今では話されていない言語については，系統上の帰属だけを示し，地理的情報は与えなかった．言語の帰属に関わる情報は，その言語が各章で最初に論じられるときにだけ提供されている．また，この種の情報は，言語の構造上の特徴を例示したり議論したりする場合に限って含めた．

　この概観を終えるにあたり，本書で出てくる言語のリストを挙げておく．さまざまな語族が，より大きなグループをどのように構成しているかがわかるように，以下のリストは言語の大分類(= 言語門，大語族とも呼ばれる)ごとにまとめてある．これらのうち，あるものは広く受け入れられている(インド・ヨーロッパなど)が，他のものは多くの論争を呼んでいる(アルタイ，アメリンドなど)．以下のリストでは，大分類の言語グループ名は太字で，中分類のグループ名は下線で，個々の言語名は普通の字体で表した．

[訳注]

　言語リストの名称は，原則として『言語学大事典』(三省堂)に準拠した．以下，言語の系統分類の注意点について補足する．
　第一に，系統分類については諸家で説が異なることが多く，再構の確実さについても度合いが大きく異なるという点がある．堅実に細かいグループ分けでとどめる学者と，大きなグループ化を提唱する学者がいる．著者が依拠する Ruhlen(1987)の挙げる大分類は，後者の立場を代表している．
　第二に，分類上のラベルがどのくらい大きなまとまりを指すのか，必ずしも統一的な基準がないという点がある．分類上のラベルは大きい方から言語門(大語族)，語族，語派，という呼称があり，それ以外に語支，語群，あるいは単に諸語，といった呼称が使われることがある．これまでの歴史言語学では，共通祖語を再構できる最大限のまとまりを「語族」と呼ぶことが多かったため，同じように「語族」という名称が与えられていても，分岐年代やまとまりの度合いは均一ではない．
　著者は「時間的な深さ」をそろえ，同程度のまとまりをもった中分類を「語族」と呼ぶことで，これらの問題を解消しようとしている．その結果，著者の挙げるリストは次のような特徴をもつ．
　大分類については，多くは便宜上のくくりであり，このレベルのグループに対して研究者が慣例的に与えるラベルも，「語族」から系統関係の立証されていない単なる「諸語」までまちまちである．例えば，「インド・ヨーロッパ」と「アメリンド」が同等のまとまりをもつと考える学者はいない．現時点では「アメリンド」は地理的な(それも非常に粗い)まとまりとしてしか見られない．
　中分類についても，系統関係の確かなグループ分けとそうでないものがある．例えば日本語について見ると，「日本・琉球」というラベルがゲルマン語と同レベルのグループとして立てられており，これは問題ない．一方，「日本・琉球」というグループが「朝鮮」「満州・ツングース」「蒙古」「チュルク」などの中分類グループと共に「アルタイ」という大分類グループを形成するかは，著者の言うとおり，「多くの論争を呼んでいる」．また，太平洋地域と南北アメリカについては，中分類さえも不確かなものが多い．例えば，「インド太平洋」の下位にある「ニューギニア」は，緩やかなまとまりでしかなく，「言語門」あるいは「諸語」と呼ぶのが妥当である．南北アメリカについても同様で，例えば「アルモサ・ケレスー」は統一性をもったグループではなく，『言語学大事典』によれば六つの「語族」から成るとされる(ブラックフット語はアルギック語族，カユガ語とオナイダ語はイロコイ語族，ラコタ語はスー語族，ヌートカ語はワカシュ語族，ハルコメレム語はセイリッシュ語族，そしてクーテナイ語は単独で語族をなす)．そして「アルギック」というグループは，まとまりの度合いという点では，「インド・ヨーロッパ」のレベルに近い．読者はこのような点については注意したほうがよい．
　以上の点に加え，伝統的な訳語との整合性をはかることが難しいケース(「ゲルマン語族」のような言い方は標準的ではない)もあるため，本文中では系統分類上のラベルは与えず，グループの名称のみ出した．

概観 世界の言語

インド・ヨーロッパ(INDO-EUROPEAN)
　アルバニア(*Albanian*)：アルバニア語(Albanian)
　アルメニア(*Armenian*)：アルメニア語(Armenian)
　バルト・スラブ(*Balto-Slavic*)：ブルガリア語(Bulgarian)，リトアニア語(Lithuanian)，ポーランド語(Polish)，ロシア語(Russian)，セルビア語(Serbian)
　ケルト(*Celtic*)：ウェールズ語(Welsh)
　ゲルマン(*Germanic*)：デンマーク語(Danish)，ドイツ語(German)，スウェーデン語(Swedish)
　ヘレニック(*Hellenic*)：ギリシア語(Greek)
　インド・イラン(*Indo-Iranian*)：ベンガル語(Bengali)，ヒンディー語(Hindi)，ペルシャ語(Persian)，パンジャーブ語(Punjabi)
　イタリック(*Italic*)：フランス語(French)，ラテン語(Latin)，ルーマニア語(Rumanian)，スペイン語(Spanish)

ウラル(URALIC)
　フィン・ウゴル(*Finno-Ugric*)：フィンランド語(Finnish)，ハンガリー語(Hungarian)，コミ語(Komi)

ニジェール・コルドファン(NIGER-KORDOFANIAN)
　ニジェール・コンゴ(*Niger-Congo*)：アカン語(Akan)，アウトゥ語(Awutu)，バンバラ語(Bambara)，バミレケ語(Bamileke)，ベエンベ語(Beembe)，デウォイン語(Dewoin)，エヴェ語(Ewe)，ルワンダ語(Kinyarwanda)，ルンディ語(Kirundi)，ヴォンジョ・チャガ語(KiVunjo-Chaga)，ロバラ語(Lobala)，メンデ語(Mende)，ソト語(Sesotho)，スワヒリ語(Swahili)，ウォロフ語(Wolof)，ヨルバ語(Yoruba)

ナイル・サハラ(NILO-SAHARAN)
　ナイル(*Nilotic*)：マサイ語(Maasai)
　サハラ(*Saharan*)：カヌリ語(Kanuri)

コイサン(KHOISAN)
　ナマ語(Nama)

アフロ・アジア(AFRO-ASIATIC)
　チャド(*Chadic*)：ハウサ語(Hausa)，ンギズィム語(Ngizim)
　クシュ(*Cushitic*)：ソマリー語(Somali)

概観 世界の言語

    セム(*Semitic*)：アッカド語(Akkadian)，アラビア語(Arabic)，ヘブライ語(Hebrew)，ティグレ語(Tigre)，ティグリニャ語(Tigrinya)

カフカース(CAUCASIAN)

    南カフカース(*South Caucasian*)：グルジア語(Georgian)

    北西カフカース(*Northwest Caucasian*)：アバザ語(Abaza)，アブハズ語(Abkhaz)

    北東カフカース(*Northeast Caucasian*)：アバール語(Avar)，タバサラン語(Tabassaran)

アルタイ(ALTAIC)

    日本・琉球(*Japanese-Ryukyuan*)：日本語(Japanese)

    朝鮮(*Korean*)：朝鮮語(Korean)

    満州・ツングース(*Manchu-Tungusic*)：エヴェン語(Even)，エヴェンキ語(Evenki)，オロチョン語(Oroqen)

    蒙古(*Mongolian*)：モンゴル語(Mongolian)

    チュルク(*Turkic*)：トルコ語(Turkish)

エスキモー・アリュート(ESKIMO-ALEUT)

    アリュート(*Aleut*)：アリュート語(Aleut)

    エスキモー(*Eskimo*)：グリーンランド・エスキモー語(Greenlandic Eskimo)，イニュピアック語(Iñupiaq)

エラム・ドラヴィダ(ELAMO-DRAVIDIAN)

    ドラヴィダ(*Dravidian*)：マラヤーラム語(Malayalam)，タミル語(Tamil)，テルグ語(Telegu)

シナ・チベット(SINO-TIBETAN)

    シナ(*Sinitic*)：北京官話(Mandarin Chinese)

    チベット・ビルマ(*Tibeto-Burman*)：ビルマ語(Burmese)，グルン語(Gurung)，リス語(Lisu)，マニプール語(Manipuri)，タマン語(Tamang)，タングート語(西夏語, Tangut)

オーストリック(AUSTRIC)

    ミャオ・ヤオ(*Miao-Yao*)：ヤオ語(Yao)

    モン・クメール(*Mon-Khmer*)：クメール語(Khmer)

    ムンダー(*Munda*)：ムンダーリー語(Mundari)

    ダイ(*Daic*)：タイ語(Thai)，ヤイ語(Yay)

オーストロネシア(*Austronesian*)：アチェ語(Achenese)，アグタイヌン語(Agutaynen)，チャモロ語(Chamorro)，フィジー語(Fijian)，フツナ・アニワ語(Futunu-Aniwa)，ハワイ語(Hawaiian)，インドネシア語(Indonesian)，マラガシ語(Malagasy)，パアマ語(Paamese)，パラオ語(Palauan)，タガログ語(Tagalog)

インド・太平洋(INDO-PACIFIC)
　ニューギニア(*New Guinea*)：バライ語(Barai)，ダガ語(Daga)，ダニ語(Dani)，エンガ語(Enga)，コボン語(Kobon)，タオリピ語(Taoripi)

オーストラリア(AUSTRALIAN)
　ブララン(*Burarran*)：ブレラ語(Burera)
　カルカトゥンギック(*Kalkatungic*)：カルカトゥング語(Kalkatungu)
　カニック(*Karnic*)：ディヤリ語(Diyari)
　マンガライ(*Mangarayan*)：マンガライ語(Mangarayi)
　パマ・ニュンガ(*Pama-Nyungen*)：ジルバル語(Dyirbal)，ムパルンテ・アルレンテ語(Mparntwe Arrernte)，ワンクマラ語(Wangkumara)，ワルピリ語(Warlpiri)，イディン語(Yidiny)

ナ・デネ(NA-DENE)
　アタバスカ(*Athabaskan*)：ナバホ語(Navaho)
　トリンギット(*Tlingit*)：トリンギット語(Tlingit)

アメリンド(AMERIND)
　アルモサ・ケレスー(*Almosan-Keresiouan*)：ブラックフット語(Blackfoot)，カユガ語(Cayuga)，ハルコメレム語(Halkomalem)，クーテナイ語(Kutenai)，ラコタ語(Lakhota)，ヌートカ語(Nootka)，オナイダ語(Oneida)
　カリブ(*Carib*)：カリブ語(Carib)，ヒシュカリヤナ語(Hixkaryana)，マクシー語(Makusi)
　チブチャ(*Chibchan*)：ワイミ語(Guaymi)
　赤道トゥカノ(*Equatorial-Tucanoan*)：バレ語(Bare)，ワラニー語(Guarani)，インガ語(Inga)，カイオワ・ワラニー語(Kaiowa-Guarani)，ケチュア語(Quechua)，トゥユカ語(Tuyuca)，ウルブー語(Urubú)，ヤワ語(Yagua)
　ジェー・パノ(*Ge-Pano*)：カシーボ語(Cashibo)
　ホカ(*Hokan*)：アツゲウィ語(Atsugewi)，東ポモ語(Eastern Pomo)，モハーヴィ語(Mohave)，セリ語(Seri)，ユーマ語(Yuma)

概観 世界の言語

オトマンゲ(*Oto-Manguean*)：イストモ・サポテック語(Isthmus Zapotec)，オトミ語(Otomi)，ミシュテック語(Mixtec)

ペヌーティ(*Penutian*)：チョクトー語(Choctaw)，ケクチ語(K'ekchi)，ミーウォク語(Miwok)，ミヘ語(Mixe)，シエラ・ポポルカ語(Sierra Popoluca)，テペワ語(Tepehua)，ヨクツ語(Yokuts)

タノ(*Tanoan*)：南ティワ語(Southern Tiwa)

ユート・アステック(*Uto-Aztecan*)：コマンチ語(Comanche)，ホピ語(Hopi)，カワイス語(Kawaiisu)，ミチョアカン・ナワトル語(Michoacan Nahuatl)，オッダム語('O'odham)，ショショニ語(Shoshone)

孤立した言語/帰属未詳の言語(ISOLATES/UNKNOWN)

ブルシャスキー語(Burushaski)，イリュリア語(Illyrian)

クレオール/ピジン諸語(CREOLES/PIDGINS)

メラネシア諸島ピジン英語(Melanesian Pidgin)，パピアメント語(Papiamentu)

第I部
言語類型論の基本

1
類型論と普遍性——導入

　言語とは何か？　ちょっと見る限り，これは簡単な問いに思える．言語は私たちの日常経験の一部となりきっており，伝え合いを行おうという欲求をいとも容易に満たしてくれるので，言語のしくみを解き明かすのは大した難事のはずがない，というわけだ．しかし，「言語とは何か？」という問いの奥には絡み合った謎が隠されており，それは歴史の始まりから偉大な頭脳を悩ませてきた．プラトン，ルクレチウス，デカルト，ルソー，ダーウィン，ヴィトゲンシュタイン，スキナーなど，多くの人々が人間の言語能力について探究してきたが，誰一人として，言語の起源とは何か，言語が互いに異なるのはなぜか，言語はどのように学習されるか，言語はどうやって意味を運ぶのか，言語はなぜそのような形をとっているのか，等を説明することはできなかった．言語とは今なお私たちの探究を待つ謎なのである．

　そうは言っても，私たちが言語すなわち意味のある音声連続を発する能力について，これまで何も学んでいないとか無知であるというわけではない．何世紀にもわたって注意深い観察や実験が行われてきた結果，言語の基本的な性質についてきわめて重要な，そして時には驚くべき洞察が得られている．中でも最も重要な知見と言えるのが，動物は言語をもたないという事実である．言語と近似したものは，地球上の動物たちが使う多種多様なコミュニケーション体系を見渡しても，何一つ発見されていない．言語は人間特有のものである．このことは，バートランド・ラッセルの次の言葉に要約されている「犬に自伝は語れない．どれほど雄弁に吠えようとも，両親は貧しいけれど正直者だったなどと語って聞かせることはできないのだ」(Russell 1948)．

　ヒトという種に固有のものということに加え，言語をめぐる第二の基本的な考え方——これは現代言語学の基礎をなしている——は次のように要約できる．世界の言語の驚くべき多様性の背後には，基本的な統一性・共通性がある．すなわち，アパッチ語，ズールー語，ヒンディー語，ヘブライ語，等々のどれであっても，諸言語が共通してもつ，核となるような性質が存在する．このような性質は**言語普遍**

性(language universal)と呼ばれ，そうした観点から見るならば，あらゆる言語は「同一」であると言うことができる．

このことは，世界の言語の構造に見られる際立った多様性を前にすると，多くの点で驚くべき主張である．ためしに次の文を見てみよう．一つ目はロバラ語(ニジェール・コンゴ：ザイール)，二つ目はヒシュカリヤナ語(カリブ：ブラジル)からである[1]．

(1) a. moto me t-a-iká mo-phé ná baphalnágá ná
  男 指示詞 否定-3 単数-過去 1 類-与える そして お金 そして
  ntóma
  食べ物
  「その男はお金も食べ物も与えなかった」

(Morgan 1994: 133 から)

 b. apaytara y-ari-hira nexe-ye wekoko
  鶏 3 単数/3 単数-連れ去る-否定 存在-遠過去 鷹
  「鷹は鶏を連れ去らなかった」

(Derbyshire 1985: 138 から)

二つの文はどちらも単純な否定の節だが，その事実を別にすれば，両者の間に(あるいはそれぞれの訳文との間に)共通するものはほとんど皆無に思える．例えば，単語の順序が違っている．ロバラ語の例では，主語 moto me「その男」は文頭に現れるが，ヒシュカリヤナ語の文の主語 wekoko「鷹」は文末に置かれている．ロバラ語の否定は助動詞 t- によって示されるが，ヒシュカリヤナ語では否定の接尾辞(-hira)が主動詞 -ari-「連れ去る」についている．どちらの言語も動詞の一致を示すが，ロバラ語では一致の接尾辞(-a)が否定の助動詞についており，それは主語についての情報(= 三人称単数)だけを表している．ヒシュカリヤナ語では，一致の標識は接尾辞ではなく接頭辞(y-)である．また，それは主動詞についており，主語と目的語両方についての情報(= どちらも三人称単数)を表している．こうした相違を他のさらなる多様性とあわせて見ると，「言語普遍性」などという概念は受

---

[1] 形態素ごとの語釈で用いた用語の一覧は本書の末尾に示してある．多様な伝統をもった研究(用語も異なる)からデータを採っているため，多くの例文で語釈を統一したり簡素化するなどの処置を私の判断で行った．本書全体を通じ，言語名に続いてその系統(言語が属する語族や語派)，および母語話者が最も多く集まっている場所(またはその言語と一般に結びついた地域)を示した．系統の分類と地理的情報は各章で最初に言及されるときだけのせている．私が採用した各言語の系統分類の詳細については，「概観 世界の言語」を参照．

1 類型論と普遍性

け容れがたいように思える.しかし,ほとんどの言語学者は言語には奥深いところで統一性があるという主張を支持している.そのような統一性は,上で見た相違よりもずっと注目に値するものだ.統一性の見られるケースを発見し,それがなぜ存在するのかをはっきりさせることは,現代言語学,とりわけ類型論の主要な研究目標の一つである.それは同時に本書の主題でもある.

言語にはある種の統一性がひそむのだという共通理解と比べると,統一性をどうやって説明すべきか,ひいてはより根本的なこととして,何をもって説明とするのかについては,意見の一致がない.この点については,理念と方法の両方にわたって深い溝がある.例えば,現代言語学の最重要人物であるノーム・チョムスキーは[2],言語の統一性はヒトの生物学的特徴であると主張する.彼の見方では,ヒトはみな遺伝的に「言語能力」を授けられており,それは他の認知能力とは別のものであるという.幼児が自分の属する言語集団で特定の言語(一つであれ複数であれ)に接すると,遺伝的な言語能力に導かれて複雑な大人の文法体系をあっという間に習得する.これを可能とするには,言語能力は十分情報を含んでいなければならない.これが**普遍文法**(Universal Grammar, UG)である.幼児はそれによって言語をわずか 4-5 年の間に的確に習得する.だが同時に,遺伝的な言語能力が世界の言語に実際に見られるような多様な構造を生み出すためには,十分な柔軟性をもっていなくてはならない.

チョムスキーは上の議論を全うするために,地球外知性をしばしば持ち出してきた(Chomsky 1988, 1991 など).彼は火星人の科学者が地球を訪れたなら,ヒトが生まれつきもつ言語能力について次のような結論に達するだろうと述べている.

> 実際,もしも火星人が私たちと同じような科学的探究と理論構築の能力をもちつつ,ヒトのことは何も知らずに,ある言語集団で幼児に起きることを観察したならば,最初にとる仮説は,要するにその集団の言語は遺伝的に決定された属性として初めから組み込まれているというものだろう……そしてこの最初の仮説は真実にきわめて近いように思われる.(Chomsky 1991: 26)

チョムスキーとは反対に,言語の奥深くにある統一性は,どのように言語が使わ

---

[2] これだけの簡潔な記述では,チョムスキーを正当に評価したことにはならない.きわめて現実的な意味において,チョムスキーは言語学界(とりわけ北米)の進む道を過去 30 年間にわたって先導してきた.さらに,彼は政治思想や言語哲学の面でも大きな影響を与えてきた.チョムスキーの知的影響力については,Lyons(1991)と Salkie(1990)を参照.

れるかという観点から見た方が適切に説明されると主張する言語学者もいる．確かに，どんな言語も似たような目的のために使われる．質問をする，悪さを叱る，友人を楽しませる，比較をする，事実や虚偽を述べる，等はそうした例である．ここから，言語はこのような種類の機能を果たすために存在するのだから，話し手はその目的を達するために効果的な形で文法を発達させるという見方が出てくる．言語普遍性は，このような「機能主義」的な見方によれば，言語使用の共通性に由来することになる．これと近い見方が，ヒトに共通の経験が言語構造の普遍性のある側面を説明できるという提案である．リーはこの見方をわかりやすく述べている．

> カラハリ砂漠のブッシュマンと私は，大きく異なった事物からなる世界と接しているにもかかわらず，この世界での彼我の経験の相違には，個人やさらには言語集団全体からも独立した多くの要因によって限定が加えられている．例えば，私たちは共に重力のはたらきを感じ，立体視の恩恵を受けることができる．このような共有経験はあらゆる文化の言語に影響を及ぼし，言語普遍性を生み出すことになるのである．（Lee 1988: 211-212）

言語間の類似性の説明としてはどちらが正しいのだろうか？　最も可能性が高いと思われるのは，言語の統一性とそこからくる普遍性は，いくつもの相互に作用する要因から生まれるという想定である．あるものは生得的であり，あるものは機能的であり，あるものは認知的，経験的，社会的，歴史的な性格をもっているであろう．これは実際には，「言語とは何か？」という質問に対して，いくつもの妥当なアプローチがあるということである．本書は言語の本質を「類型論的」アプローチによって検討していく．以下の節では，これが何を意味するのか具体的に見ていくことにする．

1.1 「類型論」の定義

　言語学の中で，類型論とは正確にはどのようなものを言うのだろうか？　最も一般的な意味では，**類型論**(typology)は次のように定義される．

(2) 言語の全体像やその構成部分の分類を，それらが共有する形式的特徴に基づいて行うこと．

1 類型論と普遍性

最初に，類型論は文法理論とは別物だと理解しておくことが重要である[3]．統率・束縛理論，機能文法，認知文法，関係文法，その他多くの，言語のはたらきをモデル化しようと作られた枠組みとは違い，類型論は通言語的なパタンやそれらの間に成り立つ相関を見出すことを目標としている．したがって，類型論研究の方法論と結果は，原理的にはどんな文法理論とも適合しうる．類型論と文法理論との関係は，本章および第3章でさらに論じる．

類型論が文法理論とは別物であるとして，次にそれが何であるかを理解することにしよう．(2)の複合的な定義には三つの重要な命題が含まれている．(a)類型論は通言語的な比較を利用する，(b)類型論は言語全体あるいはその何らかの側面を分類する，(c)類型論は言語の形式的特徴を検討する．次に，これらの命題を一つずつ検討しながら，言語類型論とは何をするのかを理解していこう．

命題1：類型論は通言語的な比較を用いる．

要するに，あらゆる類型論研究は言語間の比較に基づいて行われる．次のデータを見てみよう．

(3) a. I met **the man** who taught you French.
「私はあなたにフランス語を教えた男に会った」
b. **The dog** which licked Cora has become her friend.
「コーラ(女性の名)を舐めた犬は彼女の友達になった」
c. I sent the story to **the newspaper** that your mother owns.
「私はその記事をあなたの母上が所有される新聞社に送った」

これらの文から，「英語は関係節(下線部分)をそれが修飾する名詞(太字部分)の後に配置する」といった一般化ができる．この記述は英語を調べている者には意味があるが，類型論的な主張としては，通言語的な視点に基づいていないという点で不完全である．これに対し，類型論のアプローチでは「英語は関係節をそれが修飾する名詞の後に配置するという点で，典型的な関係節をもつ言語である」といった記述を目にすることになる．ここで注意したいのは，「典型的」といった用語を適切に使うためには，世界の言語の代表的なサンプルから関係節についてのデータを集

---

[3] クロフトは，「類型論」という用語は統率・束縛理論などの文法理論の枠組みの基本をなす考えと異なる，独自の言語観を表すために用いられることがよくあり，この意味では類型論は文法理論の一種と考えられると指摘している(Croft 1990: 2-3)．

めなければならないということである．妥当なサンプルを集成することは，類型論研究の中心となる方法論的課題の一つである．この点については第 3 章であらためて論じる．

　命題 2：類型論的なアプローチは (a) 言語の構成部分または (b) 言語全体の分類を
　　行う．

第一のケース——言語の構成部分の分類——では，言語に見られる個別の構造に注意が向けられる．例えば，再帰動詞，口音閉鎖音，あるいは談話辞などである．そして通言語的データを使って，こうした個々の現象についてあらゆるタイプが規定される．目標とするのは，言語間に見出される類似性と異なりの度合いを見きわめることによって，言語構造のある一面がどうはたらくかの理解を深めることである．また，言語内に見られるさまざまなパタンの間に相関があるか否かを決めることにも強い関心をもつ．

　例えば，口音の破裂音について類型論的調査をするとしよう[4]．破裂音は「閉鎖音」とも呼ばれ，英語の [p] や [b] のように気流が声道の中で完全に止められることで発せられる．世界の言語に見られる口音の閉鎖音の分布を調べたならば，あらゆる言語に少なくとも一つは破裂音が見られるという事実に気づくだろう．この意味で，私たちはヒトの言語の音体系について普遍性を発見したと言える．この事実が言語にとって論理的に不可欠な条件ではないということは，銘記する必要がある．というのも，口音の閉鎖音をもたない言語を想像するのは容易だからだ．したがって，全ての言語に少なくとも一つの閉鎖音があるという経験的発見は，なぜ言語はそのような構造をもつのかという存在論的な問いを促すことになる．こうした説明の問題にはすぐに立ち戻るが，まず閉鎖音について類型論的調査から他のどんな事実を学ぶことができるか見ていこう．

　自然言語には 50 以上の異なる閉鎖音が見られるが，個別言語ではこの普遍的なセットの中からごく一部だけが利用される．パンジャーブ語(インド・イラン：インド，パキスタン)は 24 個の破裂音をもっているが，このような言語は破裂音の数という点ではきわめて異例の多さである (Gill and Gleason 1963)．調査を進めるにつれ，世界の言語の中で破裂音は均等に分布しているわけではないことがわかる．[p], [t], [k] などは非常に広く見られる．実際，ほとんど全ての言語がこ

---

[4] 口音閉鎖音についての一般化を支持するデータは Maddieson(1984) に見られる．

れらのうち少なくとも一つをもっている．その反対に，一部の破裂音は比較的まれで，有声口蓋垂閉鎖音［ɢ］などは，ソマリー語（クシュ：ソマリア）などに例を見るにすぎない．また，破裂音の類型化をめぐって，「予想外の」ギャップの存在といった興味深い点に気づくこともあるだろう．例えば，下の歯を上の唇と接触させて発するような閉鎖音は，物理的に可能な調音であるにもかかわらず存在しない．最後に，ある種の閉鎖音を「主要な」ものと認めることもできそうである——例えば，無声歯茎閉鎖音［t］は特に主要な破裂音であるように思える．ある言語が二つしか無声閉鎖音をもっていなければ，一方は必ず［t］である．

　以上の単純な類型論的調査から，私たちは音体系についていくつもの重要な事実を学んだ．これらの事実はみな同じ部類のものではない．例えば，あるものは絶対的普遍性（全ての言語は少なくとも一つの閉鎖音をもっている），あるものは普遍的傾向（ほとんど全ての言語は［p］，［t］，［k］のどれかをもっている），あるものは含意的普遍性である（ある言語が二つの無声閉鎖音をもっているなら一方は［t］である）．含意的普遍性は，言語の複数の側面について相互関係を示すものであるため，類型論の中で際立って重要な役目をもってきた．これら各種の普遍性の違いは，第3章で論じることにする．

　閉鎖音をめぐる普遍性を見きわめたならば，次にすべきは説明を提供することである．類型論研究において，究極の目標は言語がなぜそうなっているのかを理解することである．ここでは上に挙げた事実のうち，［p］，［t］，［k］が世界中の言語できわめて広く見られるという点にしぼって考える．音を対象とする場合，普遍性を説明するには，一般にヒトの音声機構の解剖学的特徴についての基本的事実から始めるのが適切である．キーティングたちの研究では，［p］，［t］，［k］が広く見られるのはこれらが空気力学的に効率がよく，他の閉鎖音に比べて少ない労力で発声できるからだという提案がされた（Keating, Linker, and Huffman 1983）．そうすると，言語には「効率的な」音を組み入れる傾向があると想定することで，［p］，［t］，［k］の一般性に対して合理的な説明が得られたことになる．

　この説明の簡潔さは，やや誤解を招く恐れがある．［p］，［t］，［k］の頻度の高さを包括的に説明するには，さらにいろいろと複雑な要因が絡んでくる．まず，発音の「効率」が音体系の進化に関わる唯一の要因ではないという点がある．もしそれが唯一の要因なら，ソマリー語における［ɢ］のように，特に空気力学的に効率がよいとは言えない音の存在が全く説明できないことになる．したがって，言語には効率的な音が現れるという想定は，そもそも非効率的な音がどうして音韻体系に入っ

てくるのかについての提案を出すことによって折り合いをつけねばならない．

　よく見られる破裂音を効率性によって説明することのもう一つの欠点は，効率的な音というものが言語にどのように「組み込まれる」のかが示されていないという点である．話し手の集団はしょせん自分たちの言語でどの音を使うかを意識的に決めているわけではない．実際には，新しい音はすでにある音から時間をかけて次第に発達していくものであり，そのプロセス全体は個々の話し手には意識されない．「効率的な音が言語には組み込まれやすい」という主張は，便宜的に略した言い方である．詳しく説明するさいには，効率的な音が言語の中に入ってくる一連のメカニズムも示す必要がある．

　話を簡潔にするために，よく見られる破裂音についての効率性による説明がもつ欠陥をこれ以上つくろうことは止めておく．それには立ち入った議論が必要であり，本章の目的を逸脱する．しかし，言語普遍性の説明として出される単純な形の命題は，たいがいは研究対象となる現象についてのごく概要的な説明を意図したものだということは，肝に銘じておく必要がある．そうした命題は，妥当な説明のための単なる出発点なのである．

　上で見たささやかな類型論的調査は，言語の中のただ一つの特徴に目を向けたものだった．その目的は言語を分類するというより，音韻論についてのいくつかの基本事実を理解することだった．類型論的な分類というとき，もう一つのやり方は，共有される特徴に基づいて言語全体を分けていく方法である．例えば，口音の破裂音を調べていけば，言語ごとに異なる数の閉鎖音をもつことがわかるだろう．そこで，言語のサンプルを選び——例えば，世界の主要語族の中から二つずつ言語を選んで[5]——それらの音韻の中に口音閉鎖音がいくつあるかによって類型化することもできる（表1.1）．

　表1.1の左側の列はその言語に見られる口音閉鎖音の数を示している．中央の列はそれぞれの言語名である．右側の列はそれぞれの数の閉鎖音をもった言語がサンプルの中で全部でいくつあるかを示している．

　この表から，口音閉鎖音を切り口として見た場合，最もよくあるタイプの言語はどれか（サンプルの38％において口音の閉鎖音は6個から8個である），最も珍し

---

[5] 大きな語族から二言語ずつ取り上げるという一見もっともな決定は，実際にはかなり問題がある．というのも，大きな(=主要)語族というものがいくつあるか，またこれらの語族の内部の構成はどうなっているかについては，ほとんど合意がないからである．便宜上，ここではデータの原資料であるMaddieson(1984)が使う系統分類を採用した．

表 1.1 諸言語における口音閉鎖音の数(系統は Maddieson 1984 のもの)

閉鎖音の数	言　語	計
3	タオリピ語(インド・太平洋)	1
4	ブレラ語(オーストラリア),ナマ語(コイサン)	2
5	ベエンベ語(ニジェール・コルドファン),ダニ語(インド・太平洋)	2
6	エヴェンキ語(ウラル・アルタイ),ギリシア語(インド・ヨーロッパ),ホピ語(北米アメリンド),北京官話(シナ・チベット),タガログ語(オーストロ・タイ)	5
7	カリブ語(南米アメリンド),ヘブライ語(アフロ・アジア),カヌリ語(ナイル・サハラ),マサイ語(ナイル・サハラ)	4
8	ディヤリ語(オーストラリア)	1
9	フィンランド語(ウラル・アルタイ),クメール語(オーストロ・アジア),タイ語(オーストロ・タイ)	3
10	ハウサ語(アフロ・アジア),ウォロフ語(ニジェール・コルドファン)	2
11	――	
12	ケチュア語(南米アメリンド)	1
13	トリンギット語(北米アメリンド),ヤオ語(シナ・チベット)	2
14	――	
15	テルグ語(ドラヴィダ)	1
16	ベンガル語(インド・ヨーロッパ)	1
17	ムンダーリー語(オーストロ・アジア)	1

いのはどれか(例えば 14 個以上の閉鎖音をもつ言語など),という点について大体の感じがつかめると思う．さらに，言語一般における口音閉鎖音の数について，全体の幅を見ていくこともできる(表 1.1 では 3 個から 17 個)．

この例についての議論を単純にしておくには，26 の言語をデータベースとすることの潜在的問題点には目をつぶる必要がある．(妥当なデータベースを開発することの難点については第 3 章で述べる．)そのため，この調査から出てくる結論は印象的なものにとどまる．検証のためにはより精緻な調査を実施せねばならない．

命題 3：類型論は言語の形式的特徴に基づいて分類を行う．

言語の関係については，さまざまな形で論じることができる．例えば，言語は系統関係に基づいて分類することもできる．その場合，私たちの仕事は共通の起源をもつと立証できる全ての言語をグループにまとめることである．そのさいに，インド・ヨーロッパ語族，アフロ・アジア語族，満州・ツングース語族(図 1.1 参照)など，いくつもの「語族」を設定することになる．

他の場合には，言語を地理的な分布によって分類することもあるだろう．その場合，オーストラリアの言語とかナイジェリア北西部で話されている言語(表 1.2)，というように言うわけである．

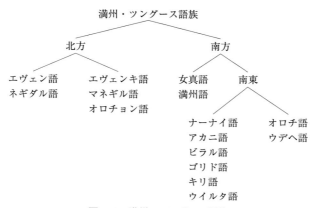

図 1.1 満州・ツングース語族

表 1.2 ナイジェリア北西部の言語名(方言を含む)

Aʃu	Fungwa	Kag	Nupe	Shanga
Bɛangi	Gbagyi	Kambari	Pongu	Sorko
Baatonun	Gurmana	Koromba	Regi	Tiyal
Basa	Gwamhi	Laru	Reshe	Wayam Rubu
Busa	Hausa	Lela	Sagamuk	Zarma
Cinda	Hugworo	Lopa	Sambuga	
Dendi	Hun-Saare	Madaka	Shama	

　さらに別のケースでは，言語を人口という点から分類することも考えられる．例えば，話者が 1 億人以上の言語という規準もありうるだろう（表 1.3）．

　こうした分類方法は，どれも特定の目的に限って見れば便利な道具立てとなることは確かである．各々の分野での意義は明白であろう．だが，これらは類型論ではない．類型論研究者はこのようなやり方に対し，言語を作り上げている形式，すなわち音，形態素，統語構造，談話構造を見ることで分類を行う．

　ただし，他の分類のやり方が類型論と全く無関係だというわけではない．類型論と系統分類の間には明らかに強い結びつきがある．スペイン語（イタリック：スペインとラテンアメリカ）とフランス語（イタリック：フランス）に性を表す冠詞があったり，どちらの言語でも主語の一致が動詞に標示されるという事実は，こうした特徴をラテン語（イタリック）から引き継いだということを知っていれば驚くに値しない．両言語の類型論的な類似性は系統的な結びつきの帰結である．

　これに比べると，類型論と地域的な分類との関係は十分に理解されていない．ある言語の構造が周囲の言語によってどこまで影響を受けるのかという問いは，最

表 1.3　話者が 1 億人以上の言語

言　語	話者の数 (単位：100 万人)
北京官話(標準中国語)	907
英　　語	456
ヒンディー語	383
スペイン語	362
ロシア語	293
アラビア語	208
ベンガル語	189
ポルトガル語	177
インドネシア語	148
日 本 語	126
フランス語	123
ドイツ語	119

近精力的に研究されている分野である．いずれにせよ，文法というものが空間的に隣接した他の言語の特徴を取り入れるような柔軟性をもっていることを示す証拠には事欠かない．地理的な近接性ゆえに文法上の特徴を共有する言語のよく知られた例が，バルカン半島の諸言語である．この地域(しばしば**言語連合** Sprachbund と呼ばれる)では，他のいくつかの言語と共に，アルバニア語(アルバニア：アルバニア)，ブルガリア語(バルト・スラブ：ブルガリア)，ルーマニア語(イタリック：ルーマニア)が話されている．これら三つの言語は，みなインド・ヨーロッパ語族の下位の諸グループを起源にもっている．この地域では，系統的な帰属の違いとはうらはらに，ある種の言語的パタンが広く見られる．例えば，この地域の言語の多くは定性を名詞の接尾辞によって標示する．

(4)　アルバニア語　mik-u　　「友人-その」
　　　ブルガリア語　trup-at　　「身体-その」
　　　ルーマニア語　om-ul　　「男-その」

(Bynon 1977 から)

驚くべきことに，この例にあるように接尾辞を使って定性を標示する方法は，それぞれの言語の先祖にはどれ一つとして見られなかった特徴なのである．実際，この形式的特徴の起源は今もって謎である．いずれにせよ，ここでの議論にとって重要なのは，系統的な観点からはどの言語もこのような形態論的手段を採用することは考えられないという点である．これらの言語がそのような特徴を共有するという事

実を生み出した要因は，地理的なつながり以外にはありえない．

　異なる系統的グループ間の言語に見られるこのような言語的類似性は，複数の言語が共存し，多言語使用の度合いの高い言語集団でとりわけよく見られる．このような場合には，ある言語の文法が他の言語に部分的に取り入れられることがよく知られている (Myers-Scotton 1993 を参照)．

　したがって，類型論的分類は系統的，地理的，人口構成的な分類とは異なる手段であるとはいえ，言語の類型論的特徴はこうした他の要因によって大幅に影響されることは理解しておく必要がある．

　最後に，類型論が言語の形式的特徴に焦点をあてるということについては，一点述べておかねばならない．「形式的特徴」とは言語の中に，すなわち句や文などに見出される情報のことをいう．こうした特徴は，むろん意味を伝えるために使われる．結果として，類型論研究者は「テンス」「動作主」「性」などの意味カテゴリーにも常に関心を向け，これらが言語の形式上の単位によってどのように表されるかを見てきた．したがって，上で挙げた類型論の定義で形式的特徴を強調したからといって，意味面の考慮を排除するものと受け取るべきではない．

1.2　まとめ

　類型論の定義を三つの命題に分けることで，類型論的な観点から言語を探究することはどのような作業かを明らかにしてきた．後の章に入る前に，次の点に注意しておきたい．類型論は単なる分類(リスト)以上のものである．類型論的分析から得られる知見は，「言語とは何か？」という問いに有意義な示唆を与えるべきものである．この問いの核心にたどり着くには，類型論的パタンの説明を求めねばならない．「唇歯閉鎖音は存在しない」とか「関係節は典型的にはそれが修飾する名詞に後続する」と言うだけでは不十分である．なぜこうした事実が成り立つのか，われわれは適切な形で説明せばならない．こうした「なぜ」と問うタイプの質問に対しては，文法自体を越えたところに答えを求めざるをえないことが多い．その結果「文法外」の，談話，語用論，生理学，認知，発話処理，言語接触，社会的影響といった領域に入っていくことになる．

　文法外からの説明に依存するということは，類型論が言語への機能的アプローチと近い位置に立つということでもある．機能主義もまた，言語構造は伝達機能を見ることなしには適切に理解されないという前提に立っている．とはいえ，文法外の

1 類型論と普遍性

要因に基づいて説明することを避けてきた形式的な言語理論もまた，類型論研究を取り込んで統合しようとしつつある（Kayne 1994 や Fukui 1995 はその代表例）．この話題については第 3 章で立ち戻る．

　類型論はまた，歴史言語学の中でもそれなりの地位を築いてきた．すでに存在せず文字記録のない言語を再構しようとするときに，言語学者はそうした言語がどんなものであったか，一連の「専門的憶測」を行う．歴史言語学の原理と方法は，信頼のおける再構作業を行うために必要な道具立てを提供する．類型論からの知見はこのような道具の一つとなる．口音の閉鎖音についての先の議論を思い返すならば，[p]と[k]の二つの無声破裂音しか立てないような音韻体系の再構は，「ある言語が二つの無声閉鎖音をもっているなら一方は[t]である」という含意的普遍性に違反するため，ただちに疑問視されることになる．

　類型論のおそらく最も重要な効用は，それが言語学のフィールドワークにおいてきわめて便利な道具となるという点である．ほとんどの言語学者は普遍性を検証するために大規模な言語サンプルを作り上げる機会はないし，画期的な文法理論を提案することもない．だが全ての言語学者は，何らかの個別言語について研究を行っている．類型論はこの作業にどのような利点をもたらすのだろうか？　第一に，これまで記録されていなかった言語について学ぼうとするさい，何が「現実に見られ」，何が「典型的」なのか気づくという点で助けとなる．自分の母語から見れば異例と思える現象の多くは，類型論的には広く見られることだったりする．フィールドにいる言語学者が類型論をよく知っていれば，こうした現象に出会っても混乱したり方向を見失うことはない．これは言語全般についての類型論的知見にとどまらず，個別の言語グループの類型論的特徴を分析するときにもあてはまる．今日のフィールドワークでは，対象とする言語の属する語族についてはよく知られていることがほとんどである．フィールドに入る前に，ある語族がもつ典型的な特徴について専門的な知識を得ることは不可欠である．

　また同じく，もしも言語学者が広く見られる現象について知っていれば，対象とする言語において予期しないパタンの存在にすぐに気づくことだろう．異例なデータの存在に気づけば，それを説明することが必要となり，その言語の歴史や他の言語集団との接触や，あるいは文法体系の他の特徴について重要な詳細が明らかにされる可能性がある．場合によっては異例な構文が，それまで類型論学者が存在しないと考えてきたものだと判明することもありうる．言語普遍性について言われてきたことを知っていれば，このような発見の意義をただちに知り，言語学全体に伝え

ることができるのである．これは正に，ダービーシャーがアマゾンの諸言語について行った研究にあてはまるケースである．直接目的語を動詞と主語の前に配置する言語は((1b)参照)，ヒシュカリヤナ語のデータがもたらされるまで，存在しないと思われてきたのだ(Derbyshire 1977; Derbyshire and Pullum 1981)．

　最後に，類型論の知識があれば，言語学の文献の相当部分を理解することができる．類型論研究の成果を正しく活用するためにも，この分野の用語や方法論について十分な背景知識をもつことが必要である．

2
類型論小史

　類型論には大まかに言って二つの目的がある．一つは言語の普遍性を明らかにすること，もう一つは言語間の異なりの範囲を規定することである．こうした研究目的の提唱は言語学の中では1800年代にさかのぼり，特にフリードリッヒ・フォン・シュレーゲルとヴィルヘルム・フォン・フンボルトという二人のドイツの言語学者の著作が代表的である(Ramat 1995)．現代の類型論学者と違い，彼らの関心はほとんど形態論に集中していた．彼らは各言語に見られる語形成のプロセスを見ることで，語を作るときに形態論がどの程度使われるか，またその役割はどのようなものか，という点に基づいて言語を分類する枠組みを作った．今の言語学でも彼らの研究から生み出された用語を部分的に使ってはいるが，現代の類型論はこうした先駆者たちの研究とは一線を画している．現代では，類型論研究の前提，方法，主要な関心のどれをとっても全く異なったものとなっている．

　初期の類型論から現在までの変遷を理解することは，本書で示す分析の背後にある主な前提を照らし出すと同時に，類型論とは何をするのかについて理解を深める上で役に立つ．そこで本章では，過去100年間に類型論の中で起きた変化をたどり，それが現代の類型論的分析をどのように形作ってきたかを探ることにする[1]．

2.1 初期の類型論学者

　いかなる学問も，ある世界観の中においてのみ発生する．現代を例にとれば，より多くの研究が，言語(ひいてはあらゆる精神活動)は純粋に物理的な角度から解明可能だという信念に基づいて行われるようになっている．こうした見方は，人類史の中では理解しようのない時期が大半であり，残りの大半の時期においては笑い飛ばされたことだろう．だが現代では，文の産出と理解は究極的にはニューロンの発

---

[1] 類型論の歴史をより包括的に扱ったものとしては，Greenberg(1974)を参照．

火にすぎず，またニューロンは惑星の運動や光の性質や生殖を司るのと同じ物理法則に従うものだという立場を多くの者がとっている．

　シュレーゲルやフンボルト，また彼らの同時代人たちの研究は，これとは異なった前提のもとで行われた．類型論の歴史を知る上で最も重要なのは，言語は抽象的な有機的統合性をもつと彼らが信じていたことである．つまり，言語の形式的な側面（音声，形態，文法など）や，そこに歴史の中で生じた変化は，言語の内的特質の反映であるがゆえに，ランダムで恣意的なものではないという思想である．諸言語は他の生命体と同じく時間を経て発達するが，その本質は不変であると考えられた．中国語，英語，カイオワ語，ヨルバ語，その他どんな言語をとっても，互いの相違は，民族の内的特質，すなわち言語の母体となる文化の根本精神が異なることに起因するとされたのである．

　このような考えは，現在の言語観からすれば距離がありすぎるために理解に苦しむのだが，実はそれほど「異様」なものでもない．人間の活動の中でも別の分野を考えてみれば——例えば経済学を見よう——現代の私たちの考え方を支配するメタファーは有機体の見方を反映していることに気づく．だからこそ，株式市場の変動が経済の「健全性」の指標となったりするのである．経済は「縮小」したり「成長」したりする（望ましいのは後者だ）．また，私たちの使うメタファーは経済を生き物として描き出すだけでなく，力をもった主体として取り扱ってもいる．それは人々が職を失い，お金を蓄え，あるいはお金を使い，投資をし，破産することを引き起こす力となる．もちろん，フンボルト的言語観と私たちの経済観との相同性は追求しすぎないよう用心せねばならない．要は，抽象概念に内的な一貫性や生命を見出すのはそれほど「異様」でないということである．

　言語間の形態論的相違は非常に目につくために，言語の背後にある有機体としての本質を最もよく反映していると考えられたのは，文法の中でも形態論の分野であった．シュレーゲル兄弟は，**接辞型**(affixal)(1a)，**屈折型**(inflectional)(1b)，**無変化型**(no structure)(1c)という基本区分を導入した．

(1) a. 接辞型：ルンディ語（ニジェール・コンゴ：ブルンディ）

Y-a-bi-gur-i-ye　　　　　　　　abâna
1類-過去-8類.それらを-買う-適用形-相　2類.子供たち

「彼はそれらを子供たちに買ってやった」

(Sabimana 1986から，一部変更)

2　類型論小史

　　b. 屈折型：古代ギリシア語アッティカ方言（ヘレニック）
　　　hoi　stratiōtai　ēgoradz-on　　　　　　　　　ta　epitēdeia
　　　その　兵士たち　　買う-3 複数：未完了：能動態：直説法　その　物資
　　　「その兵士たちはその物資を買っていた」

　　　　　　　　　　　　　　　　　　（クセノフォン『アナバシス』1.5.10）

　　c. 無変化型：北京官話（シナ：中国）
　　　我　买　了　水果　了
　　　wǒ　mǎi　le　shuǐguǒ　le
　　　私　買う　相　果物　小辞
　　　「私は果物を買った」

　　　　　　　　　　　　　　　　　　（Li and Thompson 1981 から，一部変更）

ルンディ語は接辞型言語の代表である．そこでは語彙的主要部（動詞，名詞，形容詞など）に一連の形態素を付け加えることが可能となっている．yabiguriye という動詞を見てみよう．ここには接頭辞が 3 個ある．y- は動詞の主語が名詞 1 類に属することを示している．a- は過去形の標識である．bi- は直接目的語が名詞 8 類に属することを表している．加えて，接尾辞は 2 個ある．適用形の形態素 -i は名詞 abâna が「買う」という動作の受益者であることを明示するために使われている．ye は「相」すなわちアスペクトの標識である（アスペクトの概念については第 8 章で論じる）．

　古代ギリシア語(1b)のような屈折型言語も，接辞をもっているのは確かだが，その用法を見ると，非常に多くの意味情報を含んでいるのが普通である．例えば，-on という接尾辞は主語が三人称（話し手・聞き手とは別の誰かを指す）複数で，動詞のテンスは過去でアスペクトは継続であり，文が命令や条件ではなく事実の言明であることを示している．屈折型言語では，これら一切の意味が融合してただ一つの接辞に込められている．これに対し，接辞型言語はそれぞれの情報を表すために一つずつ接辞が用いられる傾向が強い．

　無変化型（＝孤立型）言語では，その名の通り，語の構造において接辞は全くといっていいほど使われない．無変化型言語の典型例とされる北京官話(1c)を見ると，主語と動詞の一致はなく，アスペクトの標示はそれが現れるときには動詞接辞ではなく別個の小辞として出てくることがわかる．

　フンボルトたちの時代には，言語は有機的な統合体をなすと考えられたので，ここで論じたような形態論に基づく分類は，ある言語を全体として分類するための簡

便な方法と考えられた．統語論の分析なども，それによって最終的に明らかになる言語の特徴は，形態論に見られるのと同じ内的特質であろうと考えられたため，結果として研究の必然性はほとんど認められなかった．こうした想定のために，類型論における統語論の等閑視はおよそ一世紀の間，是正されぬまま見過ごされたのである[2]．

今日の言語学者と同じく，フンボルトは言語と人間の精神との間に分かちがたい絆が存在することを認めていた．じっさい彼は，言語普遍性は人間の思考に内在する普遍性の発現であるという信念をもっていた (Brown 1967)．しかし，フンボルトは現代の言語学者とは異なり，言語間の違いは各々の言語集団の精神生活における根本的相違をも反映していると考えた．

> 諸言語は繁栄を誇るそれぞれの民族と共に，彼らがもつ知的特性から進化したに違いない．そのような特性は言語に多くの制約を課した……．言語はそれが帰属する国民と深く結びつき，国民に依存した存在として描き出されるのである．(Humboldt 1971: 2)

現在の言語観とはさらに隔たった点として，フンボルト流の類型論には価値判断が明確にあった．言語の価値は，それが理想化された言語体系とどれだけ近似するかによって決まると彼は考えた．これとは反対に，現代言語学では言語の間には「良い」「悪い」といった価値の差は一切ないというのが共通理解である．

フンボルトはまた，言語構造は知的能力を明らかにすると考えたため，彼の言語哲学は容易に操作されて文化の優越性という主張につながる可能性がある[3]．すなわち，「ドイツ語は中国語に比べて完全言語の構造により適合しているが故に，中国語よりも優れた言語である．かつまた，言語構造は知的な力量から生まれるものであるが故に，ドイツ思想が中国思想に優るのも道理である」というような論理である．現代の言語学者は，言語が何らかの理想型に照らして評価されるという想定も，言語構造の相違は知的能力の違いと結びつくという主張も共に棄却しているので，語の形成法や文の組み立てをもとに文化の価値について判断するのは馬鹿げたことだと考えている．この他にも，現代の類型論をその祖先から隔てる大きな考え

---

2) マルティン・ハスペルマート (私信，1995) からは，当時統語論への注目が言語の他の側面に比べて低かったのは，接辞型の傾向の強いインド・ヨーロッパ諸語に関心が集中していた結果だという指摘があった．
3) ただしフンボルト自身は，一つの文化が他の文化より優越するという主張は彼の意図したところではないとはっきり述べている (Humboldt 1971, 第 19 章を参照)．

方の変化がいくつも起きている．以下の節ではこのことについて論じる．

2.2 類型論における革命

　フンボルトの時代すでに，言語学は歴史的・比較的アプローチが支配しつつあった．つまり，言語学の主要目標は言語変化をもたらすプロセスの理解であり，言語間の歴史的関係を決定することだと見なされていたのである．そのため，類型論は1900年代の前半までは言語学の周縁的な分野にすぎなかった．

　20世紀の初期にはいくつかの重要な変化が言語学の中で生まれ，第1節で述べたようなフンボルト流の類型論の前提を根本から変えていった．言語学者はフェルディナン・ド・ソシュールの画期的業績の上に立って，言語は有機体であり変化するにしても，時間上の一時点においては自己完結的な体系をなしていると主張するようになった．レナード・ブルームフィールドは「言語を記述するには歴史的知識は一切不要である」(Bloomfield 1933: 19)と書いた．これは**通時的**(diachronic)（歴史的）視点から**共時的**(synchronic)視点（言語を発達の一つの段階において見ること）への転換である．

　ブルームフィールド流の言語学者たち——まとめてアメリカ構造主義者と呼ばれる——は言語の研究において形態論を引き続き重視したが，形態論上の違いが言語の「内的形式」(あるいはその言語を話す人々の知性に関わるもの)の違いを明らかにするといった考えは完全に棄却していた．この想定を棄てるということは，言語分析において形態論以外の分野にも目を向けることを意味した．統語論を含む言語の他の面にもはや目をつぶってはいられなくなったのである．加えて，混合型の言語という可能性も考えられるようになった．また二つの言語が形態論から見た場合には類似していても，文構造は大きく異なる可能性がある．結果として，類型論の研究がなされるときには，言語全体(**全体的類型論** holistic typology)から言語がもつさまざまな特徴(**部分的類型論** partial typology)へと焦点が切り替わった．

　大西洋の向こう側では，言語思潮のもう一つの核となるプラハ学派の人々が，言語のもついくつかの特性は本質的にリンクしていると主張した[4]．ロマーン・ヤーコブソンは，母音のリストと子音のリストは予測可能な形で相関していることを指摘した(Jakobson 1929, 1963)．例えば，もしある言語が鼻母音をもっているなら，

---

[4] Sgall(1995)はプラハ学派の言語学が現在および過去において果たしてきた類型論への貢献を概観している．

2.2 類型論における革命

その言語は鼻子音ももっているというような法則性である．このような言明は，言語について常に真である事実(= 普遍性)を捉えている．後のプラハ学派の研究では，Skalička(1935, 1979)に代表されるように，言語に見られる多くの属性の結びつきは，絶対的ではなく確率論的であることを認めるようになった．したがって，そうした相関の記述は，普遍的な傾向を提案したものとなる．例えば，ある言語に摩擦音(声道の中で狭い隙間を通り過ぎる気流によって出される音)が一つしかないのなら，それはほぼ間違いなく[s]であるというような表明の仕方である[5]．こうした「普遍性」はほとんどの場合正しいことが予測されるが，反例となる言語もある．例えばハワイ語(オーストロネシア：アメリカ合衆国)では，唯一の摩擦音は[h]である．

アメリカ構造主義とプラハ学派は類型論の基本的な考え方を変えるようなアイデアを提供したが，類型論が言語の本質について重要な発見をもたらす力をもつという期待感を言語学に広めたのはジョゼフ・グリーンバーグである．まず，彼は類型論研究のための定量的分析の基礎を確立した(Greenberg 1954)．グリーンバーグの時代まで，類型論は非常に主観的な方法しかもっておらず，ほとんどは個々の言語学者の観察と直観に依存していた[6]．このような研究は言語学という分野の成長期にあってはあまり有効なものとは考えられなかった．その理由の一部は，アメリカの言語学者が1940-1950年代を通じて必死に達成しようとしていた「科学的」基準を，直観にたよった類型論の方法は満たしていなかったからである．グリーンバーグはある言語において形態論が使用される程度と類型を数値化して測る方法を開発した．グリーンバーグの方法はそれ自体賞賛に値するが，彼の定量的アプローチがもつ永続的な意義は，言語は境界の明確な形態論的類型には分けられないことを示した点にある(Croft 1990)．つまり，英語のような言語は(19世紀の用語を借りるなら)屈折型か無変化型かといった絶対的な言い方はできない．そうではなくて，英語はグリーンランド・エスキモー語(エスキモー：グリーンランド)よりは無変化型言語に近いが，クメール語(モン・クメール：カンボジア)よりは屈折型に近い，という程度問題として類型化する方が正しい．グリーンバーグのこの初期の研

---

5) Maddieson(1984)によれば，この傾向は摩擦音を一つしかもたない言語のデータベース中では，83.8％のケースで成り立つという．
6) サピアは彼の時代の類型論の過度に主観的な性質に内在する危険を察知していた．「少数の言語を選んで一般化するのは危険である．ラテン語，アラビア語，トルコ語，中国語，それと後からエスキモー語かスー語を付け足した程度の資料が全部というのでは自ら破綻を招くようなものだ」(Sapir 1921: 122)．

究には，もう一つ重要な暗黙の前提がある．それは類型論の正当なつとめとは，言語そのものを比較するのではなく，さまざまな構造・構文を比較するのだという考えである．類型論の意義とは，「どんな種類の言語があるのか？」という問いに答えることではなく，「諸言語にはどんな種類の構造があるのか？」という問いに答えることにある．この立場は，現代の多くの類型論研究者の間で明確に見られ，またいくつかの文法理論でもとられている（例えば関係文法）．この点については，以下の各章で何度も見ていくことになる．

グリーンバーグは，言語構造のある種の特徴の間には相関があり，それに基づいて含意的普遍性を表明することができるというプラハ学派の考えを大いに活用した．このような含意的普遍性は「ある言語にXがあるなら，Yもまた見られる」という形をとる．彼の先駆的論文「有意味な要素の順序から見た文法の普遍性」（Greenberg 1966）は45の含意的普遍性を打ち立てている．普遍性2を例にとって見よう．

(2) グリーンバーグの普遍性2：前置詞をもった言語では，属格はほとんど常にそれを支配する名詞の後に現れる．後置詞をもった言語では，属格はほとんど常に名詞に先行する．

ルワンダ語（ニジェール・コンゴ：ルワンダ）はこの普遍性で述べられた一つ目のタイプの例である．

(3) a. Umugore y-oohere-je umubooyi **kw'** iisoko
　　　 1類.女　　1類-送る-相　料理人　　に　　市場
　　　「その女は料理人を市場にやった」
　　b. umwaana **w'** <u>umugore</u>
　　　 子供　　　 の　 女
　　　「女の子供」

普遍性2にある通り，ルワンダ語は前置詞（太字部分，「市場」の前に置かれる）を使う言語であり，(3b)からわかるように属格（所有者「女」）が支配する名詞（被所有者「子供」）の後に置かれる．日本語（日本・琉球：日本）は反対のパタンを示す．日本語では後置詞を使い，(4b)のように属格はそれが修飾する名詞の前に置かれる．

(4) a. ユウコはミチコに神戸で出くわした．
b. <u>タナカ</u>の秘書

(Dubinsky 1990 から)

プラハ学派の言語学者と同じく，グリーンバーグは確率論的な表明の仕方を多用した(Greenberg 1966)．例えば普遍性2では，「前置詞をもった言語では，属格はほとんど常にそれを支配する名詞の後に現れる」と主張している．例(5)のスウェーデン語(ゲルマン：スウェーデン)などは，この普遍性にとって異例のケースであるが，このような可能性は完全に排除されるわけではない．

(5) a. Han ramlade **i** sjön
   彼は 落ちた　中に　水
   「彼は水の中に落ちた」
b. <u>Eriks</u>　mor
   エリクの　母
   「エリクの母」

(Björkhagen 1962 から)

グリーンバーグの普遍性2からは同時に，統語論を類型論研究に組み入れようとする意図を読みとることができる．実際，グリーンバーグが1966年の論文で提示した45の普遍性のうち，半分以上は語順のみを扱っており，形態論について述べたものの多くも接辞の順序と統語論との関係に関心を向けたものである．とはいえ，統語論の分析へと歩を進めたのはグリーンバーグ一人ではない．すでに述べたように，プラハ学派の類型論やアメリカ構造主義も同じ方向性をもっていた．だが実のところ，今日の類型論において統語現象が主要な関心となっているのは，グリーンバーグや彼の先達の功績というよりは，アメリカが生んだもう一人の重要な言語学者，ノーム・チョムスキーの影響によるところが大きい．彼については，また後で述べる．

　グリーンバーグの研究に顕著に見られる現代の類型論のもう一つの特徴は，言語が歴史的変化をとげるプロセスへの注目である(特にGreenberg 1978を参照)．グリーンバーグの通時相への興味は，多くの面で類型論の初期，すなわち歴史・比較言語学が全盛だった時代への回帰と言えた．だがグリーンバーグの業績の独創性は，言語変化によって言語普遍性を説明しようとした点にある．ここでの基本的な洞察は，次のようなものである．ある時点において言語がとる形とは，それ以前の

段階で生じたさまざまな変化の結果であるから，普遍性の説明(あるいはその例外の説明)は言語変化のプロセスを検討することで得られるのではないか．言い換えれば，ある言語が現在もつ多くの特徴は，その言語が過去にもっていた特徴によって説明されるのではないかということである．言語変化に基づいた類型論的説明は，本書でもいくつもの箇所で例示していく．とりわけ，第3章の第4節でこの点については立ち戻る予定である．

　最後に，グリーンバーグは言語普遍性を求める上で，妥当なデータベースの重要性に注意を向けるきっかけを作った．彼は当時としては大きいと考えられた言語サンプルを使い(全部で30言語)，多くの語族からの言語を含めることで，普遍性についての主張が系統的な偏りによって歪められないよう努力した．彼のとったサンプル方法は系統的な偏りを避けることに明らかに失敗しており，結果的に妥当とは言えないことが示されているが(Dryer 1989b, 1992; Hawkins 1983)，通言語的な主張をするときに確かな方法論に立つことの重要性を知らしめることとなった．第3章では，今日なお議論されている方法論上の多くの問題について検討する．

　類型論の歴史において，その形成に影響を与えた展開として，最後にノーム・チョムスキーによる言語能力についてのモデルを挙げる(その発展については Chomsky 1957, 1965, 1970, 1981, 1988, 1992 を参照)．言語学という分野にすでになじみのある者には，チョムスキーを類型論を形作った主要人物の一人として含めることは，相応しくないことと受け取られるかもしれない．反論したいと思う者もいるだろう．確かに，チョムスキー自身は類型論研究に携わったことは一度もなく，彼自身の統語論研究に対して類型論が有益な情報を提供できるのかという点についても，全般に懐疑的であったように思われる．しかしチョムスキー流モデルの礎石である**普遍文法**(Universal Grammar, UG)の概念が類型論に大きな影響を与えてきたという事実は否定しようがない．

　チョムスキーの普遍文法についての考えは，1965年に最初に概要を示してから幾分変わってきている．だが大まかに言って，普遍文法とは全ての言語が共有する言語構造であり，そこには有限の**パラメータ**(parameter)があって，諸言語の異なりはその範囲内で起きるとされる．普遍文法がどうはたらくか理解するために，次の単純な例を見てみよう．英語の疑問文(6)では，疑問詞の whom は文頭にある．

(6) **Whom** did you see ___?
　　「あなたは誰に会ったのですか？」

ここから，疑問詞を文頭に置くのは疑問文の特別の性質であることがわかる．ふつう英語の直接目的語は，動詞の直後すなわち(6)でブランクで示された場所に置かれる．この意味で，whom は本来の場所から文頭に移動したと言えるだろう．これを北京官話と比べてみよう．

(7) 你　　看見　　了 **谁**？
　　 nǐ　 kànjiàn　le **shéi**
　　 あなた 見る　　相 誰
　「あなたは誰を見たのですか？」

(Huang 1982 から)

この文では，疑問詞の「谁 shéi」は直接目的語のための通常の位置に残っている．英語と違い，疑問詞は文頭の位置に動く必要はない．このような事実から，なぜ言語によって疑問詞の現れる位置が異なるのか，という興味深い疑問が出てくる．

　チョムスキー流の普遍文法観によれば，この問いへの答えは次のようなものである．抽象的なレベルでは，英語も中国語も全く同じ語順をもっている．その順序は全ての言語にあてはまる原理から導かれる．しかし英語と中国語は，動詞の一致（Agr）というパラメータが異なっている．英語はテンスが現在の時に一致の標識 -s が現れることからわかる通り，+Agr である（I run vs. He runs）．一方，中国語は−Agr である．中国語は動詞の一致を全く示さない．これまでの研究でなされた主張によれば，このパラメータの変異が疑問詞の文頭への配置を義務的に行うか否かを決定する要因である．英語のような +Agr 言語は文頭への配置が要求され，−Agr 言語では要求されないというわけだ（Huang 1982）．

　こうして見ると，普遍文法の考えが類型論にどのように関連するかは明らかであろう．普遍文法の研究は，全ての言語が共有するものは何か，その相違の範囲はどれほどかを発見することを目的としており，それはまさに類型論の目標でもある．普遍性の探究を形式的な統語理論の中核にすえることで，チョムスキーは類型論研究との接点を作り出した．理想としては，類型論は普遍文法のモデルに対して示唆を与え，普遍文法は言語にひそむパタンの存在理由について，類型論に対して示唆を与えることが望ましい．だが不運なことに，この理想は達成されないことが多い（この点を議論したものとして Pullum 1979; Newmeyer 1983: 67-72 を参照）．というのも，普遍性をどのように説明すべきかについて大きく意見が違うからである．説明の問題については，他の問題ともども次章で取り扱う．

2.3 まとめ

　本章では，類型論の発展を 19 世紀からたどることで，現代的な類型論研究を進める上での前提をいくつか導入した．あらゆる類型論の出発点となるのは，言語間にはランダムでも偶然でもないような構造的パタンが繰り返し現れるという前提である．こうしたパタンは言語普遍性という形で表明される．

　この単純な想定をいったん認めると，数多くの問いが出てくる．第一のタイプの問いは，「どんな種類の普遍性があるのか？」というものである．これは第 3 章の第 1 節で取り上げる．その答えの最初の部分はすでに本章で示唆した．すなわち，類型論研究者は言語の絶対的性質と確率論的性質の両方を探究する．さらに，類型論は二つまたはそれ以上の属性の間の関係にも関心をもつ．

　普遍性についての第二の重要な問いは，「普遍性はどうやって決定するのか？」というものである．この問いは第 3 章の第 2 節でふれる．ここでは，この問いは過去数十年の間に類型論の中心課題となっており，それに対する答えは特に統計的確率に基づいた普遍性の確立にとって重要な意義をもつと言うにとどめる．

　現代の類型論にとっての最後の重要な問いは，「普遍性をどのように説明するのか？」というものである．説明の問題をめぐる際限ない議論は 1950 年代から続いている．この論争の中で最も激しく議論が交わされたのは，第一に通時態と共時態の関係（説明において，言語の先立つ段階に言及する必要がどの程度あるのか），第二に満足のいく説明を立てるために言語体系の外部に目を向ける必要はあるのか，という点である（後者の点を論じたものとしては Croft 1995 参照）．第 3 章の第 3-4 節では，この論争と関連する基本概念のいくつかを提示する．

3
方法と説明の問題

　1995年，ある新しい錠剤がドラッグストアの棚に並んだ．それは余分な脂肪を簡単に落とす手段を消費者に提供しようという，最新の試みであった．メーカーは，この錠剤は身体の新陳代謝を高め，運動時の脂肪燃焼率を上げると大胆にも主張した．これは信じられぬほど素晴らしい話に思えた．より少ない運動でより多くの体重を減らせるのだから．何より有り難いことに，この薬を売ろうとする側は，その効能を裏付けするテスト結果を提示していた．ところが，この魔法の錠剤の追試験では，新陳代謝には何の効果もなく，減量手段としては無価値であることが立証された．楽して痩せようという必死の望みが，またしても打ち砕かれたというわけだ．ならば，この薬がもつ効能の証拠として最初に出された研究は，一体何だったのだろうか．実は，研究者たちは単純な事実を見落としていた(あるいは無視した)．この錠剤を使用した者は，激しい運動をしているときに薬が最も効果的にはたらくと言われたので，より熱心に運動したのだった．減量に成功したのは，錠剤のおかげではなく，要するに運動量を増やしたからだったのである．

　この小話は，あらゆる種類の経験科学に関わる重要な問題点を浮き彫りにしている．ある現象を研究するために用いる方法は，研究結果に重大な影響を与える．研究方法に不備があれば，その結果も同じく不備となる．それゆえ経験科学にたずさわる者は，研究の進め方に十分に注意を払わねばならない．類型論の研究者も例外ではない．普遍性をどのように記述すべきか，それをどうやって決定すべきか，そしてどのように説明すべきか，等については重要な問いかけがなされてきた．本章では，こうした方法論の問題を順に論じる．

3.1　普遍性のタイプ

　言語普遍性とは言語の本質的な特徴を表したものである．それは経験的主張である．経験的ということは，観察される言語データの中に見出されるパタンを記述し

たものだということである．したがって，その確かさはこれまで研究されなかった言語にあてはめることで検証される．

ここで確認すべきは，本節で見ていくような記述的な表明は，いかなる意味においても説明的なものではないということである．それは言語がなぜそうなっているかについて，何も語るものではない．言語の本質にたどりつこうとすれば，言語普遍性の表明は，なぜそのような普遍性が存在するのかについての説明によって補完されねばならない．この点については第3節で立ち戻る．

3.1.1 絶対的 対 非絶対的普遍性

これまでの章で，普遍性の表明には絶対的なものと非絶対的なものという基本的なタイプ分けがあることに幾度かふれた．「普遍性」という語が使われるとき，ほとんどの人はあらゆる例にあてはまるものを表すと考えるものである．つまり，X，Y，Zという例について，普遍性の表明とはX，Y，Zに必ずあてはまるようなものをいう．その意味で，「非絶対的普遍性」のような用語は正確には論理矛盾となるというラマートの指摘はもっともである (Ramat 1987)．しかしこの用語は類型論研究では広く使われるようになっており，本書でもそれを踏襲する．

絶対的普遍性(absolute universal)は全ての言語にあてはまる．以下はその例である．

(1) a. 全ての言語は子音と母音をもつ．
 b. 全ての言語は名詞と動詞の区分をする．
 c. 全ての言語は疑問を表す手段をもつ．

(1)に挙げた普遍的性質は，どれも人間の言語にとって論理的必然ではないことに注意されたい．これらの性質を(一部であれ全部であれ)もたない言語はいとも容易に想像できる．したがって，(1a-c)のような表明は直観的には明白なことでも，言語の本質のある側面を反映しているという点では，きわめて注目に値することなのである．絶対的普遍性は，文字記録のない幾百の言語や，何の記録も残さずに消滅した幾百の言語も含め，あらゆる時代のあらゆる言語にあてはまると考えられている．理論的には，ある絶対的普遍性が正しくないことを示すのは簡単である．それがあてはまらない言語を一つ探し出すだけで反証は成り立つ．とはいえ，ほとんどの絶対的普遍性は十分に確立されており，誤りであると示されることはめったにない．

非絶対的普遍性(nonabsolute universal)は例外を認める．それはたいていの場合に真であるような性質であり，全ての言語が必ずもつ性質を反映しているとは見なされないが，有意義な傾向を表したものである．こうした傾向が実際にどれほどの意義をもつかは，例外の数によって決まる．(2)に非絶対的普遍性をいくつか挙げる．

(2) a. ほとんどの言語は[i]という母音をもつ(英語の feet のように)．
  b. ほとんどの言語は形容詞をもつ[1)]．
  c. 多くの言語はイエスかノーかという疑問文を表すのに上昇調のイントネーションを使う(例：「第 2 章は読んで面白かったですか？」のようにイエス/ノーで答えることを予期するような質問)．

(2)の表明はみな高い確率であてはまる．例えば(2a)は 90% 以上の言語について真である(Maddieson 1984)[2)]．

3.1.2 含意的普遍性

絶対的か否かということに加え，普遍性の表明は含意的か非含意的かという分け方もできる．**含意的普遍性**(implicational universal)は前提条件をもっており，「X ならば Y である」という形で表される．含意的普遍性の例を(3)に挙げる．

(3) a. グリーンバーグの普遍性 4：偶然をはるかに越える頻度で，SOV の基本語順をもつ言語は後置詞をもつ．
  b. グリーンバーグの普遍性 3：VSO が主要語順である言語は常に前置詞をもつ．

S は主語，O は目的語，V は動詞である．(3a)と(3b)は，普遍性を条件文の形で書き直すことができる．例えば，「ある言語が SOV であるなら，それは偶然をは

---

1) ヌートカ語(アルモサ・ケレスー：カナダ)やモハーヴィ語(ホカ：アメリカ合衆国)を含むさまざまな言語では，明確に形容詞と見なせるカテゴリーがないと言われている．これらの言語では，形容詞の意味は典型的には状態動詞によって表される．だが分析の結果，形容詞という独自のクラスを規定する属性が実は見落とされていたという可能性もある．そうだとすれば，非絶対的な普遍性である(2b)は絶対的なものになるだろう．それとは逆に，「形容詞」という概念は英語のような言語では明確に定義できるカテゴリーであっても，他の言語では動詞や名詞(または両方)の下位クラスとして分析する方がよいという可能性もある．この場合，(2b)で言われた強い傾向は弱いものとなるか，棄却されることになる．形容詞などの語彙クラスについては，次章で論じる．
2) Maddieson(1984)は[i]の長音と単音の両方をこの計算に入れている．

3 方法と説明の問題

るかに越える頻度で後置詞をもつ」となる．これは普遍性が含意的かどうかを決めるわかりやすい方法である．

含意的普遍性には，いくつかの注目すべき性質がある．第一に，それは(3b)のように絶対的にも(3a)のように非絶対的にもなりうる．第二に，含意は一方向的である．これは言い換えれば，ある含意的普遍性を取り上げて前提条件と普遍性の表明を逆転させ，別の普遍性を導くようなことはできないということである．例えば，(3b)について「ある言語がVSOであるなら，それは前置詞をもつ」を逆転させて，「ある言語が前置詞をもつなら，それはVSOである」とするのは，間違った主張となる．多くの前置詞型言語がVSO語順ではないのは周知のことである（例えば英語は前置詞をもつがSVO語順である）．

最後に，含意的普遍性は四分割の形をとる．すなわち，二つの独立した変項が導入され（例えばVSO語順か否か，前置詞型か後置詞型か），次のような四通りの論理的可能性が出てくる．

(4) 　　　　　前置詞　後置詞
　　　VSO　イエス　ノー
　　　−VSO　？　　　？

この含意的普遍性は，VSOでない言語については何の主張もしないことに改めて注意したい．こうした論理的可能性の有無について，含意的普遍性は何も述べていない．クロフトが指摘するように，含意的な絶対的普遍性の強みは，ある一つの言語類型を排除する点にある(Croft 1990)．上の例で言えば，VSOで後置詞をもつ言語の存在が否定されている．

これまで見てきた普遍性は，どれも単純な形のものであった．これに対し，**複合的な含意的普遍性**(complex implicational universal)を考えることもできる．複合的な表明では，次の例のように二つまたはそれ以上の前提条件がある．

(5) グリーンバーグの普遍性5：ある言語がSOVを主要語順としてもち，属格がそれを支配する名詞に後続するなら，形容詞もまた名詞に後続する．

(5)の主張は「Xが成り立ち，その条件下でYが成り立つならば，Zは真である」という形をとっている[3]．複合的な含意的普遍性は，単純な形のものに比べ，強み

---

[3] この種の普遍性は，類型論研究者であるジョン・ホーキンズの研究に顕著に見られる(Hawkins 1979, 1983)．

と弱みを同時にもっている．それは例外を取り除けるという利点をもっており，絶対的普遍性として表せることがよくある．その一方，絶対的な表明となる場合でも，狭い範囲の言語類型しか排除できなくなる．

(6)　　　　　　　　名詞＋形容詞　形容詞＋名詞
　　SOV
　　　名詞＋属格　　　イエス　　　　ノー
　　　属格＋名詞　　　　？　　　　　？
　　－SOV
　　　名詞＋属格　　　　？　　　　　？
　　　属格＋名詞　　　　？　　　　　？

複合的な含意的普遍性の表明に使われる三つの変項は，八通りの言語類型を生み出す．普遍性によって排除されるのは，八種のうち一種であり，存在の可能性を認めるのもやはり八種のうち一種にすぎない．

　複合的な含意的普遍性は，説明の難易度も上がる．単純な含意的普遍性のように二つの変項の間に関連を確立するのと違い，三つの変項を結びつけなければならないからである．例えば(5)の絶対的普遍性では，SOV 語順と名詞＋属格という組み合わせから，名詞＋形容詞という順序が予測できる理由を説明せねばならない．

　複合的な普遍性は例外を排除する傾向をもつので，言語の本質についてより強い主張を行う．それはどんな言語にも必ずあてはまる性質を示唆することになる．したがって，一つの反例を挙げるだけで，絶対的普遍性を反証するには十分である．例えば，キャンベルたちはティグレ語(セム：エリトレア)を(5)の普遍性の例外として挙げている(Campbell, Bubenik, and Saxon 1988)[4]．

(7) a. rabbí　'astar　wāmədər　faṭra
　　　　神　　天　　と．地　　　創造した
　「神は天地を創造した」

---

4) ティグレ語には名詞-形容詞という順序もまた見られることに注意しよう．ただし，こちらの順序の方が頻度は低い(Raz 1983: 32)．さらに，前置詞 naȳ「の」が属格を表すために使われるときには，属格は名詞の前にも来ることが可能である(Raz 1983: 80)．ラズはこの事実については何もコメントしていない．

3 方法と説明の問題

  b. 'ab la-ḥəsān
    父 冠詞-少年
  「その少年の父」

  c. la-gəndāb 'ənās
    冠詞-老いた 男
  「その年老いた男」

(Raz 1983: 32, 83, 94 から)

データから，ティグレ語はSOV(7a)で名詞-属格の順序(7b)であるが，形容詞-名詞の順序(7c)をもっていることがわかる．

ティグレ語は(5)が絶対的な普遍性であることを否定する証拠となるものの，普遍性の意義が完全になくなるわけではない．それは強い傾向として言い直すことができる．

  ある言語がSOVを主要語順としてもち，属格がそれを支配する名詞に後続するなら，形容詞もまたほとんど常に名詞に後続する．

絶対的な形をとらない普遍性として言い直してみても，この主張はなお人間の言語の興味深い性質を表している．言語がこのような形を通常とるのはなぜだろうか？[5]　この意味で，普遍性への例外が見つかったからといって，ことわざにあるように，「赤子をお湯と一緒に流してしまう」ことのないよう気をつける必要がある．

実際，言語普遍性の表明はほとんどが絶対的というよりは確率論的なものである．しかし，ここから別の問題が出てくる．言語の中に「ほとんど常に」とか「たいていの場合」何かが見られるという主張は，人間の言語を代表するサンプルに基づいているときに限って妥当性をもつのである．例えば，英語，フランス語，スペイン語，ドイツ語，ユーマ語(ホカ：アメリカ合衆国)のみを検討したなら，次のような「普遍性」をいくらでも考え出すことができる．

 (8)　諸言語はほとんど常に名詞に先行する定冠詞をもつ．

---

[5] Campbell et al.(1988)の主張の一つは，絶対的普遍性(となるべきもの)への例外は，借用の結果生じたというものである．これはティグレ語および普遍性(5)についてはあてはまると思われる．ティグレ語はセム語派の一つだが，クシュ語派とりわけベダウエ語から影響を受けてきた(Hetzron 1972)．クシュ語派は形容詞-名詞の順序を典型的にもっており，ティグレ語のこのような特徴の影響源となった可能性がある．

この5言語からなるデータベースでは、ユーマ語以外の言語はみなこの一般化にあてはまる(ユーマ語は定冠詞をもたない)ので、(8)は真となるのだが、そんなものを信奉する言語学者は一人もいないだろう。この主張は、5000以上もある世界の言語の中から五つだけを取り上げて言っているにすぎない。さらに、(8)の普遍性のあてはまる四つの言語は全て近い関係にある。英語、フランス語、スペイン語、ドイツ語はみなインド・ヨーロッパ語である。

　(8)を得るためにとった方法の問題点は、例が極端なぶん目につきやすいのだが、そこから出てくるのは「諸言語の代表的なサンプルはどうすれば出来るのか？」という問いである。第2節ではこの点について論じる。

3.2　普遍性決定の問題——データベース

　私の経験上、方法論の話はたいていの場合非常に退屈なものと受け取られる。データというものは、それが明らかにする事実が興味深いのであって、データ収集や分析の方法には関心がないと言うのだ。しかし、言語のパタンについて定式化を行うために類型論学者がどんなタイプのデータを使うかは、研究結果に決定的な影響を及ぼす。実際、類型論研究で用いられる方法論を理解することは、この分野について学ぶことの中でも最重要項目と考えてよいのである。

　統計手法の意義を理解するために、表3.1のS、O、Vの相対順序についての数字を比較してみよう。

　表3.1に示す研究は、ある面では同じ結果を得ている。全ての研究において主語が最初にくる言語が統計的に多数派であることが示されているのは、その一例である。しかし問題を含んだ相違が見られるのも事実である。例えば、グリーンバーグはSVOが最も一般的な語順パタンであるとするが(Greenberg 1966)、他の二つの研究ではSOVが最も一般的であるという結果が出ている。目的語が最初にくる言語はTɔmlin(1986)のみで見られる。VSO言語が世界の言語の中で占める割合は、10分の1から5分の1までの幅がある。このような違いはなぜ現れるのだろうか？　それは研究者が使ったサンプルの相違から生じている。最も明瞭な違いは、分析した言語の数である。最も少ないのがグリーンバーグ(30言語)で、最も多いのがトムリン(402言語)である。

　言語普遍性を決定するには、どのくらい多くの言語を類型論学者は分析すべきだろうか？　唯一の安全策は、全ての言語を見ることだと思う向きもあるだろう。し

表 3.1　基本構成要素順序の相対的割合

順序	Greenberg (1966)(%)	Ohio State (1992)(%)	Tomlin (1986)(%)
SVO	43	35	42
SOV	37	44	45
VSO	20	19	9
VOS	0	2	3
OVS	0	0	1
OSV	0	0	0

かし世界の全ての言語からなるデータベースというのは非現実的である．何といっても，多くの言語が記録を残さぬままに消滅しているのだ．例えばイリュリア語のケースを考えてみよう．この言語はアルバニア語と関係しており，南東ヨーロッパで話されていたと考えられている．だがこの言語の文書や碑文はいっさい残っておらず，知られているのはごく僅かの地名のリストと，ギリシア語の文書中で言及される一握りの単語のみである．結果として，言語学者はイリュリア語の存在については知っていても，それを類型論研究に含めることはできない．

また，現在も話されていて原理的には参照可能な言語に限ってみても，その全てについて情報を集めることは実際には不可能である．多くの言語は比較を行うために十分な記述がされているわけではなく，言語によっては記録が全然ないこともある．

全ての人間言語を含んだデータベースを作るのは，これからも多くの言語が生まれてくるという理由から見ても，技術的に不可能である．言語は絶えず変化している．その結果，諸言語の異なった方言が生まれる．時間が経てば，異なった方言の話し手は相互理解がうまくできなくなる．やがて方言が分化を続ければ，相互理解はますます難しくなり，別々の言語と見なす必要が出てくるだろう．言語とはこのように変化を続けるものだから，全ての人間言語を網羅したサンプルを作れる可能性は絶無である．

これらの理由から，通言語的なパタンを見出すためには**言語サンプル**(language sample)を選ばなくてはいけない．多くの場合，サンプルの作り方は便宜的なものである．すなわち，類型論学者はなじみのある言語か，あるいは容易にアクセスできる言語を分析する．これはグリーンバーグが基本構成要素順序の研究で使った30の言語を選ぶときにとった手法である．

この方法の欠点は，作り上げたサンプルが人間言語の分布を現実に見合った形では代表していないという点である．それは特定の言語グループや地域（あるいは両

方)に偏る傾向を避けることができない．グリーンバーグのサンプルでは，言語の3分の1近くがインド・ヨーロッパ語族で(ギリシア語，ヒンディー語，イタリア語，ノルウェー語，セルビア語，ウェールズ語)，4分の1近くがアフリカで話されている言語だった(Greenberg 1966)．結果として，彼の結論のあるものは，インド・ヨーロッパ語族の系統的な特徴が統計に不正な影響を及ぼしているとして疑問視されることになる(同じく，ユーラシアやアフリカの言語がもつ地域的な特徴からの影響も考えられる)．例えば，グリーンバーグはOV語順をもつ言語は形容詞を名詞の前に置くという提案を行った．しかしこの提案は誤りであることが後に示されている(Dryer 1988a, 1989b)．実際には，この傾向が成り立つのは，ユーラシアという大地域の中だけなのだ．世界の他の地域では，OV型言語でも形容詞が名詞の後に置かれる方がずっと一般的であり，これはグリーンバーグの提案の反対である．

便宜的に作ったサンプルの問題は明らかだが，それは今でも類型論研究で最もよくとられるデータベース構築法である(例えばFoster and Hofling 1987; Hawkins 1983; Lehmann 1973; Nichols 1986; Venneman 1974a, 1974b)．これらの研究はどれも非常に価値の高いものだ．彼らの発見は，私たちが現在もっている人間言語の理解にとって決定的な重要性をもってきた．だが同時に，そうした発見は言語パタンの統計的分布を正確に反映したものではなく，あくまで分布を示唆する指針として見る必要がある．

偏りを排し，代表的なサンプルを構築するために，言語類型論では三通りの解法が提案されている．第一の方法は，各語族に属する言語の数に基づいたものである(概要をBell 1978が示し，Tomlin 1986が発展させた)．基本的な考えは，それぞれの語族(ナイル・サハラ，オーストロネシア，カリブ，など)について，その語族に属する言語の数に見合ったサンプルによって代表させるべきだというものである．仮に世界の言語の10%をサンプルに使おうとするなら，既知のナイル・サハラ語族から10%，オーストロネシア語族から10%，カリブ語族から10%，という具合に選ぶことになる．この方法をとると，言語数の多い語族は小さな語族に比べてサンプルに占める割合が大きくなる．こうしたアプローチの強みは，特定の特徴を含んだ言語が，現存する世界の言語の中にどのくらいの割合で見られるかについて，おおよその概観を提供できるという点である．例えば，トムリンは諸言語の45%がSOVで，42%がSVOであるという結論に至った(表3.1参照)．彼のとった方法論を考えれば，これらの数値は世界の言語におけるSOVとSVOの分布の

3 方法と説明の問題

かなり信頼できる近似値であると思われる．ただし，この数字が語順について人間の言語がもつ本質的な選好を示すとは限らないという点はおさえておかねばならない．トムリンの出した比率をもとに，人間の言語が SVO よりも SOV をとる傾向がわずかながら強いと考えるのは妥当ではない．これはなぜだろうか？　その理由は，それぞれの語族が擁する言語の実際の数は，純粋に言語学的な要因のみではなく，歴史的要因によっても左右されるからである(有用な議論として Dryer 1989b を参照)．次の例はこの点を明らかにするのに役立つだろう．

コイサンとニジェール・コルドファンはアフリカに分布する二つの語族である．コイサン語族は約 30 の言語を擁するが，ニジェール・コルドファン語族に属する言語は 1000 を越える．コイサン語族がこれほど小さく，ニジェール・コルドファン語族がこれほど大きい理由は，それぞれの言語に見られる構造的特性とはほとんど無関係である．両者のサイズの違いはむしろ，話し手がたどった歴史と，それらの言語を話す集団の社会学的な性格によるものなのだ．全体として，コイサン語族に属する言語の話し手は，北方からその領域に勢力を拡大してきたバントゥー系と，南方から入ってきたヨーロッパ系の集団によって，同化または消滅を余儀なくされてきた．こうした周辺集団の拡大にともなって，多くのコイサン言語が滅ぼされ，あるいは抑圧されることとなった．これに対し，ニジェール・コルドファン語族に属する集団は(バントゥー系はその一勢力)，勢力圏を拡大し続けてきた．時代とともに，この系統の言語はほとんどアフリカ全土に広がり，それと共に新たな方言，そして言語へと分化していった．その結果，ニジェール・コルドファン語族は異例なまでに多くの言語を擁することとなったのである．以上の説明からわかる通り，ここで見た二つの語族の相対的サイズは歴史的な偶然の産物である．

諸言語の代表的なサンプルを構築しようとするもう一つの試みは，系統関係がきわめて遠いか全くない言語，そして同じ文化圏に属さない言語を集めるというものである(Bybee 1985; Perkins 1980, 1989)．このような手順で，約 50 の言語からなる**独立言語**(independent language)のサンプルが作られる[6]．第一のアプローチ

---

[6] Rijkhoff, Bakker, Hengeveld, and Kahrel(1993: 171)は次のように述べている．「最近の，より大きな系統的グループ化の提案は，独立した語族の数を減らす方向に向かっている．この動向に沿った場合，系統的に関係のない言語からなる世界の言語の代表的な統計サンプルを作ることはますます困難になるだろう」．言い換えれば，系統的・文化的な独立性を保つ以前に，系統的な独立性だけに限っても，50 の言語サンプルを作るのは不可能かもしれないということである．この論文の著者たちは結果として，サンプルを作るという作業は，本当に独立した言語を見つけることではなく，最大限の系統的隔たりをもった言語を探すことだと主張している．

3.2 普遍性決定の問題——データベース

と異なり，この方法ではそれぞれの語族の中での言語の数は反映されない．ある語族に属する言語が30であろうと1000であろうと違いはなく，どちらの語族からもサンプルとして選ばれるのはただ一つの言語である．この方法の強みは，第一のアプローチに比べて言語の純粋な選好を的確に反映できるという点である．もう一つの強みは，必要なサンプル数が手に負える範囲に収まるという点である．現実問題として，単独の研究者でも50言語からなるサンプルなら容易に作れる．より多くの言語を必要とする方法をとる場合には，このようにはいかない．

しかしながら，この方法がもつ問題の一つは，相互に十分な地理的距離をおいた50の言語をサンプルとして集めるのは無理ではないかという点である．地球上には系統的な所属とは別に，諸言語がある種の特徴を共有する地域がいくつかある．すでに見た例で言えば，ユーラシアの言語は形容詞-名詞の順序をとる強い傾向がある．このような共通性を示す地域は**言語地域**(linguistic area)と呼ばれ，複数の言語が長期間にわたって継続的な接触を経ることで発生する．言語地域は非常に大きいものとなる可能性があるので，同一の地域から二つの言語を選ぶことがないように50の言語サンプルを構築するのは不可能ということもありうる．

マシュー・ドライヤー(Dryer 1992)はこれまで見た二つのアプローチに内在する欠点を部分的に解消することを目指したサンプル方法を提案している．彼は大規模なデータベース(625言語)を用いるが，系統的・地理的偏りを次のようにして制御している．まず，諸言語を**言語類**(language genus)(均一な分岐年代を設定して仮説的に再構したさいの語族にほぼ該当する．複数形は language genera)の単位で分類する[7]．次に，それぞれの言語類を地理的に分けた六つの大きな地域に分類する．あるパタンが統計的に有意かどうか(すなわち言語普遍性と見なすべきか)を決めるには，そのパタンが6地域それぞれの言語類に現れているかを見なければならない．

この方法をとった場合どうなるかを具体的に理解するために，グリーンバーグの普遍性18の一部を検証した Dryer(1989b) の要点を再録する．それは「ある言語が指示詞を名詞の後に置くならば，形容詞もまた名詞の後に置く」[8]というものである．フィジー語(オーストロネシア：フィジー)はこの普遍性にあてはまる言語の

---

[7] 一つの言語類の中の各言語は，一般に主要な類型論的特徴のほとんどを共有している(語順，形態論的類型，等)．
[8] グリーンバーグはこの普遍性を絶対的なものとして出した．しかし Dryer(1989b) はこの主張に対する例外を6言語ほど挙げている．

3 方法と説明の問題

一つである．

(9) a. a **cauravou** <u>yai</u>
    冠詞 若者   この
    「この若者」

  b. **vanua** <u>suasua</u>
     場所   濡れた
     「濡れた場所」

(Dixon 1988 から)

(9a)では指示詞 yai が修飾する名詞の後に置かれている．(9b)では形容詞 suasua がやはり名詞に続いている．

ドライヤーは542言語のサンプルをもとに(Dryer 1989b)，この普遍性の信頼度を検証するためのデータを次のような形で示している．

(10)
	Afr	Eura	A-NG	NAm	SAm	合計
名詞＋指示詞かつ名詞＋形容詞	28	14	8	8	5	63
名詞＋指示詞かつ形容詞＋名詞	1	2	0	1	0	4

ここではアフリカ(Afr)，ユーラシア(Eura)，オーストラリア・ニューギニア(A-NG)，北米(NAm)，南米(SAm)という五つの地域による分類がとられている．統計数値の集計にあたってこの地域的区分をとることで，大きな地域的偏りが制御される．地域ごとにタテの列で与えられている数値は，個別言語の数ではなく，言語類の数を表す．それぞれの類は系統関係をもった言語の集まりであり，類型論的には似通った性質をもつ傾向が強い．個々の言語ではなく言語類を数えることで，ドライヤーはサンプル中に系統の面から極端な偏りが出ないよう制御している．(10)の上段の数字は，各地域でグリーンバーグの普遍性に合う言語類の数を表し，下の列は合わない言語類の数を表している．

(10)からわかるように，グリーンバーグの普遍性がもたらす予測は五つの言語地域全てにおいてあてはまる．したがってこの普遍性は統計的な有効性をもっており，ドライヤーにならって「名詞＋指示詞の順序をもつ言語は名詞＋形容詞の順序をもつ傾向がある」(Dryer 1989b: 272)と結論づけることができる．すなわち，この普遍性は言語の本質の一面を示しているわけである．五つの地域のどれか一つでも予想される傾向に反していたなら，ドライヤーはこのパタンは統計的に有意で

3.2 普遍性決定の問題——データベース

はないと結論し，それを言語普遍性として受け入れることはなかっただろう．この意味で，ドライヤーの方法は非常に保守的で手堅いものである．彼は世界の全地域のデータによって普遍性が支持されることを常に求めており，他の者ならば認めるような普遍性でも，彼の方法では棄却される可能性があるのだ．

　ドライヤーのアプローチには次の二点で批判の余地がある．第一に，この方法ではある言語がどの類に属するかを決めることが要求される．この作業は容易ではない．なぜなら多くの言語は系統的な帰属に決着がついていないからである．第二に，この方法で成果を挙げるには，非常に多くの言語について情報を集めなくてはいけない．これは個々の研究者にとって実際には難しいことである．

　ここで紹介したデータベース構築のための三通りのアプローチでは，類型論学者が直接知らない言語について情報を集めることが求められる．そのような情報はどうやって集めるのだろうか？　最もよくあるのは，記述文法や研究論文などの公刊された資料を使う方法である（私は本書ではこの方法をとっている）．そうすることで，多種多様な言語データが大量かつ迅速に利用可能となる．しかしながら，記述文法の類には欠点もあり，類型論研究には向かない面もある．最も重要なのは，記述文法では文法のほとんどの側面については手短で不完全にしか扱っていないという点である．ある言語の構造について提供しうる情報は無限にあるが，そのためのページ数には限界がある．そのため記述文法は，著者がその言語の構造の本質的な面を反映すると思うことを示すに留まらざるを得ない．結果として，細部の情報は多くの場合，注釈もなしに大幅に捨象される．したがって，この種の資料に頼る言語学者は，その言語で実際に何が起きていて，何が起きていないのかについて，誤った結論を導く恐れが強い．

　多くの数の言語についてデータを集める第二の方法は，調べようと思う現象について質問表を作り，データベースとした言語の専門家に送るというやり方である（Dahl 1985 はその好例）．専門家は自らが母語話者であったり母語話者に質問できる立場だったりするので，質問表のデータは込み入ったものにすることが可能である．結果として，類型論学者は対象とする構文について，それが個別言語でどう使われるかも含めて，非常に細かくかつ正確な情報を得ることができる．しかも，記述文法ではめったに見つからないような方言のバリエーションについての情報を発見することもよくある．

　こうした明らかな利点はあるものの，質問表には実際面の問題もあり，使いにくいことも多い．第一に，その有効性が質問表の出来に左右されるという点がある．

3 方法と説明の問題

それは求める情報が引き出せて，なおかつ結果に偏りが出ないように慎重に作らなければならない．したがって，適切な質問表を作る前に，扱うトピックについて相当量の事前調査が求められる．

　第二に，質問表調査は時間も要するがコストがかかる可能性もある．50言語程度の小さなデータベースでも，質問表を使う類型論学者は世界中の言語学者とコンタクトせねばならないし，彼らが質問表全部に回答する時間を割く気になることが必要となる．そうした言語学者の中には，コンタクトしにくい離れた地域で研究する者も珍しくない．彼らと共同でプロジェクトを進めるには何カ月もかかることがある．最初の質問表に対する追跡調査が必要となれば，たちまち何年がかりもの作業となる．

　最後に，質問表を特定の文法理論と密接に結びついた類型論研究のために使うのはほとんど無理である．例えば，統率・束縛理論と呼ばれる文法理論の枠組みで研究する者は，言語普遍性について定式化することに常に力を注いでいる（第2章第2節でのノーム・チョムスキーについての議論を参照）．原理的には，そうした主張の確かさを評価するためには，適切な地域的・系統的多様性をもった何百もの言語について検証するのが一つの方法であろう．しかし，統率・束縛理論の中で出される普遍性についての主張は，抽象度が高くきわめて特化された用語と表示形式によっている．そのため，有効な質問表を作ろうとすれば，それを送る専門家たちみなに，統率・束縛理論の細部についての知識を要求することになる．こんな状況は，特に大規模プロジェクトではありえないことである．

　このような欠点はあるが，記述的資料と質問表は該当するデータを集めるのに有効に活用できる．これらは一緒に使うのがたぶん最も効果的である．そうすることで，公刊された資料から情報を得るさいの能率の良さと，個人的に質問して得た情報の詳しさ・正確さを組み合わせて利用することができる．

　本節では，普遍性の規定と検証のための三通りのアプローチを検討した．それらは便宜的に選んだサンプルに見られる偏りを克服するために提案されたものである．これらのアプローチは少しずつ異なった目的をもっており，どれもそれなりの問題を含んでいる．中でも，サンプルとする言語データの資料をどうやって決定するかは重大な問題である．とはいえ，どのサンプル手法も「言語とは何か？」という問いに対して一般に信頼度の高い洞察をもたらしてくれる．言語のパタンについてそうした洞察を得たなら，次にはより大きな課題が待ち受けている．それは類型論的パタンが成り立つ理由を説明することである．次の節ではこの問題を取り上

げる.

3.3 普遍性の説明

　第1-2章では，類型論研究における説明の問題について何度かふれてきた．この点については立場の対立が鮮明に見られ，大きな関心を集めてきた(例えばComrie 1984, 1989; Croft 1990; Givón 1979; Hyman 1984; Newmeyer 1983)．この論争の核心にあるのは，説明は**内在的説明**(internal explanation)であるべきか，**外在的説明**(external explanation)であるべきかという議論である．内在的説明とは，言語体系そのものに基づいた説明であり，外在的説明とは，言語体系外の要因を考慮したものである．以下に引く例でこの区分を明確に示していこう．

　多くの言語は能動文(11a)と受動文(11b)という構文の対立を見せる．

(11) a. Barry took the book.
　　　　「バリーはその本を取った」
　　 b. The book was taken (by Barry)[9].
　　　　「その本は(バリーに)取られた」

英語の受動文(11b)は，次の点において多くの言語に見られる受動構造を典型的に示している[10]．

1. 受動文の主語(the book)は能動文の目的語として現れる.
2. 受動文の動詞は受動形であることを標示する特別な形態で現れる(英語では，助動詞 was が過去分詞 taken と共に使われる).

　ここで，なぜ上のような性質が多くの言語にあてはまるのか，という疑問が出てくる．こうした事実の内在的な説明は，統語論の規則なり原理なりに照らして行うものとなる．例えば，多くの文法理論は受動文を統語論における抽象レベルと表層レベルの間の，特別な写像関係と見なす．抽象レベルでは，受動文も能動文も構造的

---

9) 括弧はその前置詞句が随意的であることを示している．
10) 受動文のもう一つの注目すべき性質は，動作主の名詞((11b)ならば Barry)が前置詞句内に現れていることである．多くの言語が，この点に関しては英語と同様であるか，または斜格によって動作主を標示する(格についての議論は第4章と第9章を参照)．別の言語では，動作主名詞を表さない．すなわち，動作主を受動文で表現することは一切許されない．議論の進行上の理由で，この性質にはふれなかった．

3 方法と説明の問題

に等価なものとなる.

(12)　レベル　　　　　能動文　　　　　　　受動文
　　　抽象的　　Barry took the book　____ was taken the book
　　　表層的　　Barry took the book　The book was taken

能動文と受動文の間には，基本的な意味の対応があることに注目しよう．動詞 take と名詞句 the book の意味上の関係は一定である．能動文であろうと受動文であろうと，the book は移動される物である．この意味上の相関は，(12) のモデルでは能動文と受動文が抽象レベルで同じ構造をもつ——すなわちどちらの文でも the book は take の抽象的な目的語である——という分析によって捉えられている．その一方，動詞の形は能動文と受動文で異なっている．決定的な違いは，was taken が「自動詞」形になっているという点である．自動詞であるということは，表層レベルでは目的語がとれないということであり，結果として the book は主語として現れなくてはいけない．この分析では，上に述べた受動文の二つの性質が両方とも説明される．受動文の抽象的な目的語が表層レベルで主語になることの動機づけは，動詞が特殊な自動詞形をとっていることに求められる．

　受動文の内在的説明の詳細は，ここで要約したよりもずっと複雑なものである．しかしここでの議論から見て上の分析の重要な点は，言語体系以外への言及を一切していないという点である．受動文が伝達プロセスをどのように助けるか，あるいは伝達プロセスによってどう影響されるかについては，何も言われていない．これに対し，受動文の外在的説明において広く参照されるのは，正にこの種の情報である．

　一例として，キーナンは受動文を「前景化の操作」の一種としている (Keenan 1985a)．その主旨は，受動構文は普通ならば注目されないような節内の要素を際立たせるために使われる手段だということである．こうした見方を理解するには，彼がとる二つの想定を明確にする必要がある．一つは，能動文は特別な伝達機能は果たさず，結果として話し手のデフォルトの選択を表すという考えである．反対に，受動文は**語用論的に有標**(pragmatically marked)である．すなわち受動文は通常とは違う方法で情報を伝えるために特に用意されているわけである．第二の想定は，文の主語は文中で最も話題性の高い要素を示すというものである．言い換えれば，主語とは文の他の部分がそれについて何かを述べるための要素ということになる．能動文では，主語が多くの場合動作主であり，文の描く出来事をコントロー

ルする，あるいは引き起こす主体である．例えば(11a)では，Barry は「取る」という動作を実行する動作主となっている．

話し手が伝達を行うときには，情報の構成の仕方について多くの選択を行う．そうした選択は，聞き手がメッセージをどのように解釈するかに影響を与える．受動文を使うのが特別なことだというのは，例えば(11b)の the book のように動作主ではない要素が主語として現れるということである．情報をこのようにパッケージすることは，動作主が主語となるというデフォルトの状況に反しているので，受動文の主語は特に注目を受け，注意の前景に配置されることになる．そして主語は一つしかありえないので，受動文では動作主は表現されないか，前置詞句(by Barry)で表されることによって背景化される．

受動文がもつ二つの性質は，このような構文の伝達機能の観点から説明される．動作主でないものが主語になるのは前景化するためである．動作主はこれに呼応して背景化を受け，前置詞句のように節の周辺的な構成要素として現れる．動詞が特別な形をとるのは，語用論的に有標の手段がとられていることを聞き手に注目させるためである[11]．

受動文についての以上の議論で，内在的説明と外在的説明がいかに異なるかがわかる．だからといって，二つのタイプの説明は互いに排他的であり，内在的説明か外在的説明の一方だけが正しいというわけではない．むしろ，どちらのタイプの説明も言語のはたらきに関する別々の真実に注意を向けるために考えられたものである(Hyman 1984 参照)．内在的説明は言語が規則に支配された体系であるという事実に注目する．音が有意味な単位へと組み合わされ，有意味な単位が語や句へと組み合わされるやり方は，一定の原理すなわち文法規則に従っている．内在的説明はこのような規則に目を向ける．他方，外在的説明では，文法規則はいわば真空中で，すなわち状況に依存せずに語句を生成するだけではないという事実に注目する．規則によって生み出される構造は特定の意図をもって特定の文脈内で使われるものであり，そうした要因からの影響を受ける．時間を経ると，伝達上の要求は言語構造に圧力をかけて，受動文のような構文をもたらすことになる．

内在的説明と外在的説明の両方を視野におさめた上で言語現象の説明を求めよう

---

11) Givón(1984/1990)は受動形の動詞はたいてい状態形になることを指摘している．英語では受動形の動詞は助動詞 be と分詞の組み合わせであり，この一般化にあてはまる．彼はまた，動作主中心のプロセスを典型的に表す能動文を状態として表すことは，動作主を背景化するための方法の一つだとしている(Haspelmath 1990, 1994 参照)．

3 方法と説明の問題

とする声は多くのところから挙がっている(Dooley 1993; Everett 1994; Hawkins 1988b; Hyman 1984). これは本書がとる方針でもある. とはいえ類型論研究はこれまで, 外在的要因に基づく説明をとってきた. そこで, 類型論研究者たちがとってきた外在的な条件の中から, とりわけよく見られるタイプのものを見ておくことが必要である. 第4節では, 類型論的パタンについての外在的説明の中から, 最もよく見られる五つのものを取り上げる. それらは談話, 処理, 経済性, 知覚, そして言語構造と意味の類像性に基づいた説明である.

3.4 外在的説明のタイプ

すでに見たように, 外在的説明とは言語体系の外の要因を参照することで体系のとる形を説明するものをいう. この要因(あるいは外的な「力」)は文法のとる形にじわじわと圧力を加えていくため, 時間が経つと文法は特定の予測可能な型へと作り上げられる. とはいえ, 本節を読み進める上で念頭に置かねばならないのは, 外的な力は言語の中に見られる構造を直接には決定しないということである. そうした力は, 発話をどうやって組み立てるかを決める文法上の原理とは別物である. むしろ外的な力は, 話し手の言語使用に微妙な影響を与え, その積み重ねによって文法が特定の形をとることになる.

3.4.1 談　話

人間が情報を言語によって受け渡すときには, 発話をつじつまの合ったメッセージへとまとめ上げ, ある部分を他の部分よりもコンパクトな形でまとめ, ある面を目立つようにするような手段を活用している. すなわち人間は発話に構造を与えている. 話し手がメッセージに付与する談話構造は, 句や節がとる形に影響を与えることがある. 談話に基づいた外在的説明の例は, 受動文についての議論で紹介した. そこでは, 受動文の三つの典型的特徴——被動者の名詞句を主語として表し, 動作主の名詞句を前置詞句として置き, 状態動詞の形を用いる——がコミュニケーション意図を効率よく伝えるという目的を実現するのを見た.

そうは言っても, 英語話者が受動文を使うごとに, その文の全要素を話し手のその場の要請に合わせて毎度選ぶわけではない. 被動者を主語とし, 動作主をby句で表し, be + 受動形の順序をとる組み合わせは, 英語ではすでに慣習化されたものだ. 重要なのは, 話し手がこの慣習から大きく逸脱することはめったにないとい

う事実である．だからこそ，受動文の構成は英語の定まった「規則」として容易に定式化できるのである．

　受動文を談話の観点から説明するのは，この構文を作る規則がどんな形に発達してもよいわけではないことを強調するためである．英語およびあらゆる言語の受動文は共通した普遍的な特徴を示すが，それは一定の談話機能を果たすのに適した形態的・統語的パタンだけが慣習化されるからである．

3.4.2 処　理

　人間が容易に理解できる言語構造には，ある種の制限がある．例えば，ある種の文タイプは理解の過程で一時的に曖昧性をもつために処理が難しい(よって好まれない)．

(13) The candidate hoped to win the election lost.
　　　「その選挙に当選すると期待された候補者が敗れた」

これは英語の文法規則に照らせば適格な文だが，最初は理解するのが非常に難しい．実際，この文は難解なので多くの話し手が受けつけないだろう．その理由は，文中で hoped という語に出会ったところで，それが主動詞であり，過去分詞ではないと考えるからである．したがって，lost という語まで見ると，この文は第二の主動詞があるように見える．もちろんそれは英語の文法では認められない．そこでこの文は The candidate that we hoped would win lost the election と同じ意味をもつものとして再解釈できる．そのためには，hoped を修飾のはたらきをもった分詞として再分析しなくてはならない．このような構造が言語において好まれない理由は明らかである．それは文の理解およびその速度向上の重大な障害となるからである．

　処理上の制約によって，話し手は理解・産出の難しい構造を避けるようになり，同時に素早い理解・産出を促すような構造を好むようになる．やがてある言語の話し手が処理の難しい構造を避け，他のものを代わりに使うようになると，難解な構造は非文法的と見なされて使われなくなる．この時点で，文法体系は文法外の制約によって構造を規定されたことになる．

　どの言語を話すかに関係なく，人間誰もが同じような処理上の制約を共有する限りにおいて，文法がとる形には同じ種類の制限がかかることが予想される．その結果として，ある種の通言語的な傾向が生まれるのである．

3 方法と説明の問題

3.4.3 経済性

「経済性」という枠の中では，二つの現象がよく一緒に取り扱われる．第一に文脈からの予測可能性が高い言語要素は省略される傾向が強く，第二に頻繁に使われる要素は縮約される傾向が強い(Haiman 1983)．**代名詞主語省略**(pro-drop)の現象は前者の一例である．主語と動詞の一致をもつ多くの言語では，代名詞の主語が次のチョクトー語(ペヌーティ：アメリカ合衆国)の例のように表現されない．この言語は ano という英語の I にあたる一人称単数の代名詞をもってはいるが，節の中では用いられないのが普通である．

(14) Hilha-li-tok.
 踊る-1 単数-過去
 「私は踊った」

(Davies 1986: 14 から，一部変更)

主語についての情報は(14)では動詞を見ればわかるため，チョクトー語の代名詞 ano「私」は不要である．英語では主語と動詞の一致は非常に限られている．例えば danced という動詞だけを見ると，主語が I, you, she あるいはそれ以外なのか不明である．主語についての情報が予測できないために，英語では主語代名詞を省略することはできないと思われる．これより，チョクトー語のように主語代名詞省略を認める言語と，英語のように認めない言語という類型が出てくる．この類型は言語における動詞の一致の性質から導かれる．一致の明確にある言語はチョクトー語のように主語代名詞の省略があり，乏しい一致しかもたない言語は英語と同じようになる．この普遍的傾向は経済性によって説明される．一致を明確に表す体系は明示的な主語代名詞と同じ機能を果たすため，同じ節で両方を使うことは文法の**冗長性**(redundancy)につながるからである．冗長性は効率の悪さにつながるので，時が経つと文法から排除される傾向がある．

言語におけるもう一つの経済性，すなわち頻度から生じる効果は短縮形に例を見ることができる．口語英語では，want to や going to といった句は wanna や gonna に縮約されることが多い．時間を経てこうした形をとるようになったのは，生起する頻度がきわめて高いからである．話し手がある語句を聞いたり使ったりするのに慣れてくると，その表現は理解の妨げもなしに少し短縮された形で現れるようになる．つまり，同じ情報が縮約された(より経済的な)形を使って受け渡され

3.4 外在的説明のタイプ

る．やがて短縮された形は言語慣習として定着する．このプロセスは目につきにくいもので，時に**自動化**(automization)と呼ばれる．話し手は自動化が進行する間，自分の言語に何が起きているのかめったに意識しない．

　経済性はある種の言語変化を背後で動かす力と考えられるので，言語間の類似性を説明するのにも用いられる．例えば，主語の一致の接辞((14)における -li のように)は世界中の言語で単音節となる傾向がある．この事実は言語においてはたらく経済性の現れと見ることができる．主語の一致を表す言語ではその標識は非常に高い頻度で出てくるので，一致を表すための形態は時が経つと縮約されるのである．

3.4.4　知覚・認知

　人間がもつ知覚・認知能力の重要性は，とりわけ**語彙意味論**(lexical semantics)(語やそれより小さい形態素の単位がもつ意味)の領域で認められてきた．例えば，基本的な色彩語彙についての研究では，次の階層が明らかにされている(Berlin and Kay 1969)．

$$白\text{-}黒 > 赤 > 緑\text{-}黄 > 青 > 茶$$

注意すべきは，この階層は全ての色彩表現ではなく，基本的な色彩語彙に限った主張だという点である．基本的な色彩語彙とは，おおまかに言えば言語集団で広く知られ，より小さな言語単位に分割できない語をいう．英語を例にとれば，この定義の後半部によって light brown, hot pink, blood red, navy blue などの表現が排除される．これらは色彩を描写するのに広く使われてはいるが，修飾語＋色彩語彙という構成なので基本的な色彩語彙とはいえない．この他，英語にはこのように分割することはできなくても基本的な色彩語彙ではない表現がたくさんある．salmon, amber, indigo, azure などがその例である．これらの語を基本的と見なさないのは，あまり広く知られていないか，言語集団全体で使われてはいないからである．これらの語は高等教育を受けた者や，色彩の精細な区別についての知識が要求されるような専門能力をもった者だけが用いる．

　色彩語彙は**含意的階層**(implicational hierarchy)に沿って配置されている．記号 ＞ は左側のものが右側のものよりも優先順位が高いことを示している．例えば，この階層の右端にある「青＞茶」という表記は「青」という概念を表す語が「茶」を表す語よりも優先されるということを示している．

3 方法と説明の問題

　ここで見た例では，「優先」するというのは存在の優先順位を意味する．簡単に言えば，ある言語において＞の右側の語が存在するためには，その左側にある語が存在せねばならないという意味である．したがって色彩語彙の階層は，次のように解釈することができる．ある言語が三つしか基本的な色彩語彙をもたないのなら，それは白，黒，赤であり，もし第四の語彙があるとすれば，それは緑か黄である．

　ケイとマクダニエルは，この階層が人間の解剖学的特徴に基盤をもつことを発見した(Kay and McDaniel 1978)．私たちの視覚系はその成り立ちによって，黒と白に対したときに最大限に異なった反応を生み出すようになっている（白と黒の刺激を与えられたときに視覚系が見せる反応は，他のいかなる組み合わせよりも大きな対比を示すことが実験によって計測されている）．その他の色彩の中では，黒と白に対して赤が最も対比の明確な反応を生み出し，その次に緑が続く．世界の言語の色彩語彙が一定の階層に従って現れるという事実は，ひとえに視覚系のニューロンのはたらきの帰結なのである．

3.4.5 類像性

　言語表現の中には，それが指し示す現実世界の属性を反映するものがある(Haiman 1980 参照)．類像性の単純な例には次のようなものがある．

(15) a. The movie was so bad that it dragged on and on and on and on.
　　　　「その映画は出来が悪く，ずるずるずるずる話を引っ張った」
　　 b. The ping-pong ball went back and forth, back and forth.
　　　　「そのピンポン球は，行きつ戻りつ，行きつ戻りつした」

どちらの例でも，on and on や back and forth といった句を繰り返すことで，これらが描く事象の反復的な性質がよりよく捉えられている．そして用いられる表現形式は，節が描く実際の状況において生じる反復を表象している．

　英語に見られるこうした事実は，少なくとも一般論としては普遍的傾向として成り立つ．言語が複数性や反復性を表すときには，何らかの言語形態を加える傾向がある．例えば，単数–複数の区分を名詞に表す言語では，複数を示すために名詞に接尾辞を加えることがよくあるが，単数を示すには単に名詞語幹で済ませるのが普通である．

3.5 まとめ

　本章では，理論上の主な問題を三つ取り上げた．(a)言語についてどのような種類の普遍性が表明されうるのか？　(b)普遍性を規定するための妥当なデータベースはどのようなものか？　(c)普遍性はどのように説明すべきか？　満足のいく答えが実際に与えられたのは，一つ目の問いに対してだけであった．「普遍性」という概念は，言語の絶対的特徴(全ての言語に必ずあてはまる特徴)だけでなく，典型的特徴(全ての言語にはあてはまらなくても，大多数のケースを表すようなもの)をも含んだ用語であることを示した．典型的特徴については，普遍性はある言語的特徴の有無を問題にすることもあれば，二つ以上の特徴の相関関係を問題にすることもある．

　二つ目と三つ目の問いの議論においては，最終的な答えを出してそれを正当化することはせず，答えを出すために取り上げるべき主な問題を概観するにとどめた．私の意図は，それによってこの分野の現状を示すことであった．サンプル方法や普遍性の説明については，多くの興味ある議論がなされているが，類型論研究者みながとる見方として示せるような合意はいまだ見られていない．

　これまでの三つの章では類型論の概念的な基礎を提示してきた．次に，第4章で言語分析のための基本的なカテゴリーを導入した後，人間の言語をめぐる個別の現象に注目し，言語体系にひそむ統一性と多様性を探っていきたい．

4
基本的なカテゴリー

 言語学者は，理論的指向にかかわらず，言語を分析するときにはいつも抽象的なカテゴリーを作り出したりあてはめたりしている．この章では，三つの初歩的なカテゴリー，すなわち(a)品詞，(b)意味役割，(c)文法関係を導入する．これらはみな人間言語を理解する上で特に重要な役割をもっている．これらのカテゴリーは言語の研究にとって非常に重要であり，それらを記述するために使われる術語をよく知っておく必要がある．どのカテゴリーもはっきりした直観的な基盤をもってはいるが，一貫した形であてはめることは個別言語内でも難しい．通言語的にはさらに多くの問題が生じる．それゆえ，この章のもう一つの目的は，これらの基礎的な概念を絶対的普遍性として扱うことの問題点を浮き彫りにすることでもある．
 ここでは次の文を出発点として議論を進めていこう．

(1) The hosts served sandwiches to their guests.
　　「主は客にサンドイッチを出した」

hosts「主」という語にはいくつかのラベルがつけられる．それは名詞であり，動詞によって記述された出来事の行為者であり，文の主語である．これらのラベルはそれぞれ違った視点から hosts の言語学的性質を捉えている．それを名詞と呼ぶことは，ある**語彙クラス**(lexical class, もっと普通に言えば**品詞** part of speech)への帰属について言明することである．語彙クラスとは，名詞や動詞といった語の集合であり，意味論的，形態論的，統語論的性質を共有するものである．一方，hosts が動作主として言及されるときには，その意味役割が記述されている．**意味役割**(semantic role)とは，文の意味を作り上げるさいに人や物事が果たす役割を記述するためのラベルである．hosts は，(1)において給仕するという行為を始める個体を指し示しているので，**動作主**(agent)と呼ばれる．これに対し，guests は給仕される物を受け取る個体を指し示しているので，**受容者**(recipient)と呼ばれる．最後に，hosts を主語と見なすということは，その**文法関係**(grammatical relation），つまり節レベルの文法構造において果たす機能について述べるということである．

　語彙クラス，意味役割，文法関係という三つの概念は，互いに独立したものであることに注意しよう．(1)とは違って，主語が動作主以外の意味役割になることもある．例えば Sandwiches were served to the guests「サンドイッチが客に出された」という文では，sandwiches が節の主語である．それは給仕することを始めた者ではなく，むしろ給仕される物を記述している．このため，これは**被動者**(patient)と呼ばれる．主語はまた，動作主でなくともよいのと同様，名詞でなくともよい．例えば，That the earth is round is believed by everyone「地球が丸いということは万人によって信じられている」と言えるが，ここでは動詞 believed の主語は that the earth is round という節全体であって，名詞と言える表現ではない．

　ここまでの話はおそらく単純に思えるだろう．何といっても，名詞や主語については誰もが小学校で何がしか習ったはずだから．しかし，語彙クラス，意味役割，文法関係の各タイプを明確に定義しようとすると，多くの難点が出てくる．例えば「動作主」という概念を考えてみよう．上では，この意味役割は節が表す動作を引き起こす者を指し示すとした．しかし，ある個体が動作を引き起こすとは何を意味するのだろうか？　その定義に要求されるのは，個体が何らかの力をはたらかせたり，意志をもって行為したり，出来事をコントロールできたり，といった条件のどれなのか，あるいはこれらの特徴の組み合わせなのだろうか？　こうして見たとき，(2)の文のどれが動作主をもつと言えるだろうか．

(2) a. Mary angrily rolled the ball down the hill.
　　　「メアリーは怒ってボールを坂の下の方へ転がした」
　　　　　　　　　　　　　　　　　　　［＋力，＋意志，＋コントロール］
　　b. The ball rolled down the hill.
　　　「ボールは坂の下の方へ転がった」　［−力，−意志，−コントロール］
　　c. The wind blew the ball down the hill.
　　　「風が吹いてボールを坂の下の方へ転がした」
　　　　　　　　　　　　　　　　　　　［＋力，−意志，−コントロール］

d. The bat sent the ball rolling down the hill.
「バットがボールを坂の下の方へ転がした」

[＋力, －意志, －コントロール]

e. Mary accidentally rolled the ball down the hill.
「メアリーはうっかりボールを坂の下の方へ転がした」

[＋力, －意志, ＋コントロール]

(2)の文はどれも似たような出来事を描写している．すなわち，動くのに必要な物理的性質をもった球形の物体が斜面を下方に推進させられるという場面である．(2a)では動作主の典型例が見られる．Mary という名詞句はボールが転がるという出来事をコントロールする個体を指している．もしメアリーが特定の行為をしなかったら，ボールが転がるという出来事はありえない．転がるという出来事の実現のために，メアリーは何らかの力，おそらくはある物理的操作を及ぼす．また，メアリーは転がるという出来事を実行に移すために意識的な決定をしている．つまり，彼女は意志的である．それに対して，(2b)の主語 ball は，動作主性と通常結びつけられている意味的な成分を全く欠いているので，動作主でないことは明白である．では(2c-e)はどうだろうか．これらの文の主語は，(2a)にある特徴のいくつかをもち，いくつかを欠いているのだが，これらはどう分類すべきだろうか？ 動作主性の連続体というものが存在するのだろうか？

　これらは，言語学において合意の見られない難しい問題である．あるレベルでは，何が厳密に動作主(あるいは名詞，主語など)で何がそうでないかについて悩むのは，単に用語法についての技術的な問題に思えるかもしれない．しかし，ここで関わっているのは，いろいろな用語の規定に使われる言葉づかいを単にいじりまわして済む問題ではない．例えば，もし名詞という概念が多くの言語の文法において決定的な役割をもつことが示されたとしたら，それは必然的に人間の基本的な言語能力の一面に対応していると考えられる．そのようなことが言える場合，言語学者は問題となっている概念が言語能力の他の側面にどのように関連していて，それがどのように発達し，脳の中でどのように蓄えられて処理されるのか，などについて知ろうとするものである．だが，このような深遠な問題を探るためには，最初に研究対象がどういうものかを正確に知っておかなければならない．これはまた，名詞，直接目的語，被動者といった概念をできる限り明確に規定しなければならない理由の一つでもある．

4.1　語彙クラス

　前に述べたように，品詞とは一連の意味論的，形態論的，統語論的性質を共有する語からなるカテゴリーである．英語に関係する品詞には以下のものが含まれる：

(3)　名詞　　　dog, Peter, ambition, gravel
　　　動詞　　　carry, think, hit, appear
　　　形容詞　　happy, salty, dark, redundant
　　　前置詞　　between, in, around, to
　　　助動詞　　must, do, be, might
　　　限定詞　　the, those, some, a
　　　副詞　　　well, quickly, fortunately, too
　　　接続詞　　and, or

　これら全てのカテゴリーを定める規準を吟味しようと思えば，長々とした議論が必要だろう．そこで，言語学者が使う規準がどのようなものかをおおよそ把握してもらうために，英語の形容詞の性質について簡単に記すことにする．意味論の観点からは，形容詞は典型的には性質概念を表す．その結果，形容詞は物がもつ特定の性質を明らかにするためによく用いられる（例：happy days「幸せな日々」，salty water「塩辛い水」，dark clouds「暗い雲」，redundant answers「冗長な答え」）．形容詞が一般に共有する形態・統語論的性質としては，まず比較級，最上級にできるということがある（例：happier や happiest）[1]．また，-ly をつけることで副詞に転換できるという形態論的特徴もある（例：darkly）．最後に，たいていは quite のような程度副詞で修飾することができる（例：quite salty）．このような性

---

[1] 一部の形容詞では，比較級と最上級はそれぞれ -er と -est という接尾辞を足して作られる（例：darker や darkest）．他の場合には，比較級と最上級は more や most を形容詞の前に置くことで作られる（例：more redundant や most redundant）．二つの方法のどちらを選ぶかは，主として音韻論的な規準による．第一の方法は，一音節の形容詞か [i] で終わる二音節の形容詞（例：saltier や saltiest）で用いられ，第二の方法はそれ以外の形容詞で用いられる．ただし，実際の様子はこれよりもずっと込み入っている．どちらかの方法に一貫して従うことのない形容詞も存在する．第二音節が [n] か [ɹ̩] によって出来ている二音節の形容詞はそうした例である．commonest と most common, subtler と more subtle など，二通りの形を耳にする．また，予想とは違う形で頻繁に使われる形容詞も見られる．例えば，アメリカ英語の話し手は通常 more fun と言い，funner とは言わない．最後に，接尾辞の -er と独立した語の more が一緒に使われる，二重比較級という現象もある．私の印象では，二重比較級の使用は急速に増えているようである．

質のまとまりに基づいて,「形容詞」という語彙クラスを立てることが正当化されると言語学者は考える.

また,(3)の語彙クラスのいずれについても,明白な下位区分が存在することを見ておくべきだろう.例えば,名詞は,固有名詞(Peter など)か一般名詞(それ以外),物質名詞(gravel など)か可算名詞(それ以外),抽象名詞(ambition など)か具象名詞(それ以外)に分けられる.

ある原則に基づいて下位区分が可能である場合,クラス全体への帰属を決定するための規準が単純な形では立てにくいことがよくある.例えば,名詞は複数形にできる語と定義したくなるかもしれない.しかし,物質名詞は複数形にできないし(したがって,gravels は非文法的である),固有名詞はきわめて限定された状況でしか複数形にできない.また,カテゴリー内で下位区分を行う場合,そうしてできた下位クラスが同じ一つのカテゴリーの部分になるのか,それとも二つの別個のカテゴリーになるのかという問題が残る.

全ての言語に全く同じ品詞があるわけではない.例えば,ある言語には助動詞のカテゴリーがないし(例:古代ギリシア語),前置詞がない言語もあるが(例:日本語),英語にはどちらも見られる.反対に,英語にはないが他の言語では見られるカテゴリーもある.例えば,**名詞類別詞**(noun classifier)がそうである.タイ語(ダイ:タイ)のような言語では,名詞が数詞で修飾される場合,類別詞という付加的な語が必要になる.下に例を挙げる.

(4) a. deg sɔɔŋ **khon**
　　　少年　二　類別詞
　　「二人の少年」

　b. maa saam **tua**
　　　犬　　三　類別詞
　　「三匹の犬」

　c. baan sii **laŋ**
　　　家　　四　類別詞
　　「四軒の家」

(Schachter 1985 から)

したがって,個別言語に見られる語彙クラスの特定のリストは普遍性をもったものでないことは明らかである.しかし,この通言語的な多様性の中にも,ある種の普遍性が見られる.第一に,全ての言語の語彙には開いたクラスと閉じたク

ラスという区別がある．**開いたクラス**(open class)とは，新しい項目が絶えず加えられるために，メンバーが原則として限定されていないものである．英語では，動詞，名詞，形容詞(そしておそらくは副詞も)は全て開いたクラスである．これらのクラスは膨大な数のメンバーを含むだけでなく，新しい形が話者によって絶えず広められている．例えば動詞について見ると，そう遠くない過去には存在しなかった語の動詞用法が今日ではいくつも見られる．いくつか例を挙げると，journal「定時記録する」，gift「贈答する」，downsize「小型化する，(人員)削減する」，e-mail「メールする」，out「外出する」，digitize「デジタル化する」がある．

一方，**閉じたクラス**(closed class)とは，メンバーが大体固定しているもので，限定詞，前置詞，接続詞などがそうである．確かに，時間とともにこれらのクラスに属する語が使われなくなることはあるし(betwixt[between の古形]という前置詞を最後に日常生活で聞いたのはいつだろうか？)，新しい形式が加わることがある(たいていは他の語彙クラスからの文法化による)のも確かだけれども，閉じたクラスへの変化は緩やかで目につきにくく，この意味でメンバーが加わったり抜けたりするプロセスは開いたクラスの場合とは全く異なっている．

語彙クラスのタイプと，それが開いたものか閉じたものかという区分の間には，強い相関関係がある．全ての言語において，動詞と名詞は開いたクラスをなすが，他の品詞は，形容詞と副詞という二つの例外を除いて，全て閉じたクラスである．形容詞は言語によってふるまいが劇的に異なるという点で，興味深いケースである．多くの言語は英語のように，新しいメンバーを形容詞カテゴリーに非常に寛容に受け入れる．一方，言語によっては，形容詞カテゴリーはメンバーが少なく，完全に閉じている．例えば，ハウサ語(チャド：ナイジェリア)には 12 くらいの形容詞しかない．

(5) | 形容詞 | 意味 | 形容詞 | 意味 |
|---|---|---|---|
| babba | 大きい | gajere | 短い |
| sabo | 新しい | fari | 白い |
| qanqane | 小さい | danye | 新鮮な，生の，未熟な |
| tsofo | 古い | qarami | 小さい |
| dɔgo | 長い，高い | mugu | 悪い |
| baqi | 黒い | ja | 赤い |

（Dixon 1982 およびそこに挙げられている文献から）

4 基本的なカテゴリー

ディクソンは，このように形容詞が閉じたクラスをなす言語では，何がそこに属するかが恣意的でないことを指摘している(Dixon 1982)．形容詞によって表される意味のタイプには，一定のパタンがある．閉じた形容詞のクラスは，大きさ，色，老若，価値判断(例：良し悪し)を表す語を含む傾向があるとディクソンは主張している．(5)では，例外的なメンバーと見なしうるのは danye という形容詞だけである．

語彙クラスに関する二つ目の普遍性は，全ての言語において名詞と動詞が区別されているということである[2]．この区別の普遍性は，言語コミュニケーションの基本的な機能に基盤を求めることができる．言語の基本的な二つの用途は，現実世界の物に命名すること(**指示** reference)と，そうした物のふるまいや性質を記述すること(**叙述** predicaiton)である．名詞と動詞の区別はこれらのコミュニケーション機能が文法に現れたものである．したがって，名詞の主な用途は指示，動詞の主な用途は叙述であると考えられる．

他の語彙クラスについては，世界の言語に現れる度合いはさまざまである．形容詞は多分普遍的ではないにしても，非常に一般的である．ただし，前に述べたように，クラスとしての性質(開いているか閉じているか)とサイズは言語によって異なる．言語によっては，英語で形容詞として現れる概念の大部分が，(6)のように動詞として語彙化している．

(6) a. əy   mabu   u-de
     私   彼-対格   見る-否定(非未来)
    「私は彼を見なかった」

---

[2] この普遍性に対する反例は何度か提出されてきたが，より多くのデータの検討によって誤りであることが示されている．名詞と動詞を区別しないとされた言語の最もよく知られた例はヌートカ語(アルモサ・ケレス：カナダ)である．偉大な人類言語学者だったモリス・スワデシュは，この言語における語は「名詞，動詞，形容詞，前置詞などのクラスに分かれることはなく，あらゆる種類の概念が範列(paradigm)内の語尾によって，叙述的か非叙述的かという一般的な語のタイプによって表現される」と主張した(Swadesh 1938: 78)．しかし Jacobsen(1979)では，スワデシュの議論には誇張があったことが示されている．ヌートカ語においても，動詞と名詞の間に線を引くことは実は可能なのである．スワデシュの主張の後世まで残る意義は，語彙カテゴリー間の区分の明確さが言語によって異なることを示した点にある．ヌートカ語のような言語では，品詞区分は英語のような言語に比べると差が少ないということになる．

b. phi ədu ŋaŋ-de
   布　その　赤い-否定(非未来)
   「その布は赤くない」

(Bhat 1994 から)

こうしたマニプール語(チベット・ビルマ：インド)の例から明らかなように，(6b)の形容詞的概念は，動詞と同じ屈折形態をとるという点で，(6a)の動詞と同様に扱われている．

　他の言語では，ケチュア語(赤道トゥカノ：ペルー)のように形容詞的概念のほとんどが名詞として語彙化しているケースもある．

(7) a. rumi-ta　rikaa
    石-対格　1 単数.見る
    「私は石を見る」

  b. hatun-ta　rikaa
    大きい-対格　1 単数.見る
    「私は大きい(の)を見る」

(Weber 1983 から)

(7b)の hatun「大きい」という語は対格をとり，節の直接目的語として機能している．これらの性質のために，hatun という語は(7a)の rumi「石」のような名詞と区別できない．

　また別のタイプの言語では，形容詞的概念は名詞と動詞に分散している．ディクソンは，そのような言語を調査して，あるタイプの形容詞的概念，例えば物理的性質などは動詞によって表されることが多く，一方で人間の特質(残酷である，嫉妬深い，幸福である，等)のような性質は名詞として語彙化される傾向があることを発見した(Dixon 1982)．

4.1.1 語彙クラスを定義する

　語彙クラスについての普遍性をかいま見たところで，そもそもこれらのクラスがどうやって定義されるのかという問題を考えたい．これまで四つの一般的なアプローチが出されてきた．以下に見るように，これらはそれぞれ利点があるものの，どれも単独で品詞の決定的な定義を与えるには十分ではない．

　第一の方法は，そのメンバーがとる形態論の観点から語彙クラスを定義するもの

4 基本的なカテゴリー

である.そうすると名詞は,格,単複,名詞クラスのいずれか,あるいはその全部で屈折する要素である.動詞は人称,数,テンス,ムード,態のいずれか,あるいはその全部を示す接辞をもつ語である.形容詞は程度(例:happier や happiest)によって特定できる.このようなタイプの形態論的標識は,典型的には名詞,動詞,形容詞にしか現れないので,このやり方は開いたクラスにしか使えない.例えば,指示詞と前置詞の違いについては何も示唆しない.また,形態論に基づいた方法は,全ての言語に対して十分に適用できるわけではないという欠点もある.言語によっては数,テンス,程度などの情報を示す接辞がないからである.

第二の方法は,クラスへの帰属を統語論に基づいて決めるものである.このやり方では,語の分布とその文法的機能を検討する.例えば,名詞は指示詞や関係節によって修飾することが可能で(分布的規準),節の主語や目的語となりうる語である(機能的規準).形容詞ならば,程度を表す形をとることができ(例:really happy, too big, pickiest),名詞を修飾する機能を果たす語となるだろう.主要なクラスがはっきり区別されている言語では,語彙クラスへのこうしたアプローチはかなりうまくいく.しかし,語彙クラスの境界線がぼやけるときには難しくなる.

分布の観点から閉じたクラスの項目を分析することは,一般にかなりうまくいく.ただし,二つの要素が同じクラスのメンバーであっても,それらが違う下位クラスに属するのか,それとも単に違うカテゴリーのメンバーなのかという問いが解決されないことはよくある(このことは本章の最初でも論じた).一例として,英語の二つの助動詞 have と should の分布を比べてみよう.ある面ではこれらの分布は類似している.どちらも疑問文を作るときには前置され(Should I go to the bathroom?「お手洗いに行ったほうがいいですか?」, Have you gone to the bathroom?「お手洗いに行きましたか?」),否定文では否定語が should や have の後にくるか,否定の接語 n't が付加され(You shouldn't eat unfamiliar mushrooms「よく知らないキノコを食べないほうがいい」や I haven't eaten a mushroom all day「キノコを一日中食べていない」),またどちらも付加疑問文に現れる(I shouldn't eat the whole thing, should I?「私は全部食べないほうがいいよね」や He hasn't eaten the whole thing, has he?「彼は全部食べていないよね」).これら二つの単語は分布上の性質を数多く共有しているので,同一のクラスに含めることは妥当であると思われるが,そうとばかりも言えない面もある.二つの語が共起したときには,その順序が決まっていること(I should have been there「私はそこにいたほうがよかった」対 *I have should been there),そして have という語は

過去分詞と共起しなければならないが(I haven't eaten/*ate/*eat「私は食べていない」)should は決してそうはならない(*I should eaten)ことに注意しよう．(注：アステリスク * は，本書全体を通じて文が非文法的であることを示す．) ここから，助動詞に二つの下位クラスを立てることもできるが，二つの別個のカテゴリーを作ることもできるだろう．統語論的アプローチは，どちらのやり方をとるか決める助けにはならない．

　品詞を定義する第三のやり方は，意味論に基づいたものである．最も単純な形では，意味に基づいて語を語彙クラスに割り当てる．よく使われる言い方をするなら，名詞は「人，場所，物，あるいは概念」，動詞は「行為か状態」，形容詞は「性質」を表す，などとなる．こうしたやり方はその性質上，主要なクラスを決めるのにしか使えない．なぜなら多くの付随的なクラスは，文法内での使用を離れては意味をもたないからである．例えば，接続詞の and は言語構造において果たす役割に言及しないと定義できない(ためしに自分でやってみるとよい)．

　意味論的な方法のもっと重大な欠点は，「人，場所，物，あるいは概念」のような意味の旦純な規定の仕方が漠然としているために，多くの例外を許してしまうということである．polka「ポルカ」のような語は，明らかに物ではなく行為(あるいは出来事)を表すが，動詞と同じくらい容易に名詞としても使える．伝統的な意味論的方法はこのような例外があまりに多いので，多くの言語学者は意味に基づきながらもより精度の高いアプローチが必要だと提起してきた．例えばギヴォンは名詞，動詞，形容詞の境界線は，本来はっきりしないと主張した(Givón 1979)．彼は厳密な意味論的規準によって語彙クラスへの帰属を決めるような定義を考えだす代わりに，**プロトタイプ**(prototype)，すなわち個々の単語の帰属の度合いがさまざまに異なりうるようなカテゴリーの定義を考えるべきだと提案した．プロトタイプとはカテゴリーの理想的な例である．chair「椅子」, house「家」, dog「犬」などの概念はプロトタイプ的な名詞であろうし，hit「打つ」, go「行く」, give「与える」などはプロトタイプ的な動詞であろう．さらにギヴォンは，主要な語彙クラスにおけるプロトタイプの背後にある基本的な意味特徴は**時間的安定性**(time stability)であると論じた．彼は次のように書いている．

> 時間の経過の中で比較的安定している経験は……人間の言語において名詞として語彙化される傾向がある．……語彙構造と現象世界の相関する尺度のもう一方の極には，世界のありようの急激な変化を示す一連の経験がある……言語は

4　基本的なカテゴリー

　これらを動詞として語彙化する傾向がある．(Givón 1979: 51-52)

　ギヴォンの提案が語彙クラスを人間の経験に直接結びつけていることは明白である[3]．静的で持続性のある感覚経験は名詞によって名付けられる．一方，動的で一時的な感覚データの束は動詞として名付けられる．形容詞は，ギヴォンによればこの時間的安定性の尺度の中間に位置する．

　プロトタイプ性と時間的安定性への着目は，どちらも語彙クラスの本質に対するきわめて重要な洞察であるが，欠点がないわけではない．プロトタイプ性は，実際には語彙クラスの決定方法をめぐる問題を解決するわけではない．それは語のクラスへの帰属についてどのような予測が立てられるかの見方を変えるだけである．プロトタイプを満足のいくやり方で定義する必要はまだ残るし，そこには以下に見るような難点もある．

　ギヴォンの時間的安定性の概念は(Givón 1979)，実際に適用するのがとても難しい．なぜ feast「祝宴」は名詞としても動詞としても難なく使えるのに，banquet「宴会」は名詞として用いられる傾向が強いのだろうか？　tower「そびえる」のような非常に安定した経験を示す動詞や，a fire「火」や a flicker「明滅」や a glance「一瞥」のような一時的な経験を容易に示す名詞はどうなのか？　また，justice「正義」や mercy「慈悲」のような抽象概念はどうだろうか？　いずれの場合でも，時間的安定性の尺度がどれほど関与するかは明らかではない．

　ギヴォンの議論(Givón 1979)のもう一つの問題は，彼の想定するような形では形容詞が時間的安定性の尺度にはあてはまらないように見えるということである．トンプスンが指摘したように(Thompson 1988)，形容詞と結びついた典型的な性質はサイズ，形，質感などであり，これらはみな比較的安定した性質である．概念的には，これらが名詞と動詞の中間に位置すると明言することはできないように思える．さらに，形容詞を時間的安定性の尺度の真ん中に置くと，その形態・統語論的性質について不正確な予測をすることになる．例えば，形容詞的概念が名詞として語彙化される傾向がある言語においては，意味面では名詞よりも形容詞は時間的な不安定性をもっていることになるので，それを反映した何らかの形態・統語論的性質が見られてよいはずである．しかし，形容詞がこのようなふるまいを見せることは一切ないように思える．

---

[3] 生成文法の伝統では，語彙クラスは感覚経験が直接に反映されたものというよりは，生得的な言語能力の基本部分をなすものとされてきた．

4.1 語彙クラス

　この理由から，語彙クラスへの帰属は意味論的に決まるものではなく，談話的性質に基づいているのではないかと提案する言語学者もいる (Hopper and Thompson 1984; Thompson 1988)．形態論的アプローチや意味論的アプローチと同様に，語彙クラスへの帰属についての談話からの見方も，主要な品詞について最もうまくあてはまる．その中心となる発想は，プロトタイプ的な名詞は参加者や小道具(付随的な参加者)を談話の中に導入する傾向があるということである．これに対し，プロトタイプ的な動詞は出来事が実際に起こったことを談話の中で言明するものである．この説がどのように適用されるのかざっと見るために，以下の Hopper and Thompson (1984) からとった文を検討しよう．

(8) a. Early in the chase the hounds started up an old red FOX, and we hunted him all morning.
「狩りの初めから猟犬たちは老いた赤ギツネを追い立て，私たちは午前中ずっとそいつを追った」
b. After the break, McTavish THREW the log.
「一休みした後で，マクタヴィッシュは丸太を投げた」
c. We went FOX-hunting in the Berkshires.
「私たちはバークシャーにキツネ狩りに行った」
d. To THROW a log that size takes a great deal of strength.
「その大きさの丸太を投げるには相当の力が必要だ」

(8a) では，新しい参加者 fox が談話に導入されている．この名詞は単数形にも複数形にもなり，修飾を受け，格を標示することなどが可能である．この意味で，このプロトタイプ的な用法においては，名詞は通常の意味での名詞的な性質を全てともなって用いられている．しかし (8c) では，同じ語根が名詞の屈折をとったり修飾を受けたりすることはない(例えば，red-foxes-hunting という形はきわめて不適格である)．(8b) では，threw がプロトタイプ的な動詞の機能をもって現れており，各種のテンス・ムードをとったり，一致をしたりすることができる．(8d) では，この動詞語根が非典型的な機能をもって現れており，動詞的な性質は失われている．

　ある種の概念は参加者や小道具を導入するのにぴったりだが，別の種類の概念は出来事を表すのにより適している．その結果，時間の経過と共にそれぞれのタイプの概念は「語彙クラス」を作ることになる．しかしこの立場においては，名詞，動

4　基本的なカテゴリー

詞，形容詞は本来談話から派生したものなので，クラス間の境界は真に明確なものにはなりえない．実際，語によっては容易にその性質を変えることがある．

　要約すると，品詞の規定は形態論，統語論，意味論，談話といった種々異なる観点から行うことができる．それぞれが強みをもっているけれども，どれも全ての言語の全てのカテゴリーにわたって適用できるものではない．それゆえ，最も実り多いアプローチとは，昔も今もそれらを組み合わせて使うことである．

4.2　意味役割

　私たちは適格な文に対して自動的に意味を割り当てる．これは言語を知っていて使うということの一面である．文の理解はあまりにもやすやすとなされるため，この解釈の作業は大したことがないと思うかもしれない．しかしこれはとんでもない思い違いである．音や語の連なりから話し手がどのように意味を構築するのかは，今なお言語についての最大の謎なのだ．

　そうは言っても，言語学者は次のことを理解している．文を正確に解釈するということは，部分的には名詞句と文のほかの部分との間にある意味関係を理解することである．Spike barked「スパイクが吠えた」と Lenore stretched「ルノアが伸びをした」という文を考えてみよう．私たちは一つ目の例では Spike が吠える行為を実行する個体を，二つ目の例では Lenore が伸びをする個体を表すことを理解している．この点は自明に思えるが，非常に重要である．さらに，吠えることと伸びをすることは全く異なる種類の行為なのだが，私たちは Spike と Lenore がそれぞれの文中で果たす役割の間にある種の類似性があることも認識している．どちらの場合でも，Spike と Lenore は出来事を最も直接的に引き起こした者である．そこでこの概念的な類似性を捉えるためには，「動作主」のようなラベルを作ることが望ましい．このようなラベルは「意味役割」と呼ばれ，名詞句がそれを含んだ節に対してもつ関係を表す[4]．

　文はしばしば複数の名詞句を含み，それに応じて複数の意味役割が一つの文に結びついている．例えば，Last Monday, Mary baked a cake for John's birthday「先週の木曜，メアリーはジョンの誕生日のためにケーキを焼いた」という

---

[4] 意味役割についての意義深い問いの一つは，それらが純粋に概念的なものなのか(その場合，真に言語的ではないことになる)，それとも概念を言語構造と結びつける役目をもった言語的なものなのかという点である．私はここでは後者の立場をとる．

文では，名詞句 Last Monday は**時間**，Mary は動詞の動作主，a cake は**被動者**，John's birthday は**目的**という意味役割をもっている．

一般的に用いられる意味役割を(9)に示す[5]．

(9) 動作主(agent，行為の原因となる者)：
　　The cook has diced the carrots.
　　「そのコックはニンジンをさいの目切りにした」
　受益者(benefactive，利益を得る者)：
　　The chapter has been written for **Lindsay**.
　　「その章はリンゼイのために書かれた」
　随伴者(comitative，随伴を表す)：
　　I always go to the store with **my dog**.
　　「私はいつもお店に飼い犬と行く」
　経験者(experiencer，認知的刺激の受け手)：
　　Freud feared his mother.
　　「フロイトは自分の母親を恐れていた」
　着点(goal，移動の終着点)：
　　Ms. Marcos arrived at **the store** to buy shoes.
　　「マルコス女史は靴を買うためにお店に着いた」
　道具(instrumental，作業を行うさいに用いられる道具)：
　　Blake is walking with **a cane**.
　　「ブレイクは杖をついて歩いている」
　場所(locative，空間における点)：
　　Elvis lived at **Graceland**.
　　「エルヴィスはグレイスランドに住んでいた」
　被動者(patient，行為によって影響を受ける者)：
　　George chopped down **the cherry tree**.
　　「ジョージは桜の木を切り倒した」

---

[5]「意味役割」の他にも「論理的役割」(logical role)，「主題役割」(thematic role)，「θ 役割」(theta role)，「主題関係」(thematic relation)，「格役割」(case role)，「深層格関係」(deep case relation) など，多くの用語が言語学では使われている．

4　基本的なカテゴリー

　　　目的（purposive，行為の理由）：
　　　　The pauper washed dishes for **his supper**.
　　　　「その貧乏人は夕食のために皿を洗った」
　　　受容者（recipient，物体を受け取る者）：
　　　　Ivana will donate her diamonds to **the Humane Society**.
　　　　「アイヴァナは彼女のダイヤモンドを人道団体に寄贈するつもりだ」
　　　起点（source，移動の始発点）：
　　　　Whitney entered from **the rear of the stage**.
　　　　「ホイットニーは舞台の後ろから登場した」
　　　時間（temporal，時間における点）：
　　　　Father John left the church at **noon**.
　　　　「ジョン神父は教会を正午に出た」
　　　主題（theme，移動する物体）：
　　　　The Unabomber threatened to send **a package** to LAX.
　　　　「ユナボマーは（爆弾の）小包みをロスアンジェルス空港に送ると脅迫した」

　(9)のリストを挙げた意図は，言語学者が一般に採用している意味役割がどのようなタイプのものかについて概要を示すことにある．このリストは網羅的なものとはほど遠いし，このままの形で全ての言語学者が賛同するとも思えない．その理由は，意味役割のリストが厳密にはどうあるべきかについての合意がないからである．例えば，上のリストには主題という意味役割を挙げ，それを「移動する物体」に与えるラベルであるとした．この記述によって，主題の概念は被動者の概念とは区別される．しかし，言語学者の中にはこれら二つの意味役割は一つにまとめるべきだと提案する者もいる．

　このような曖昧さはなぜ存在するのだろうか？　問題の一部は，個々の意味役割を定義する方法について，何の合意も形成されていないという点にある（この点の議論はJackendoff 1987とDowty 1991を参照）．本章の導入部にあった，動作主という役割の定義において見られた困難を思い出してみよう．仮に意志，力，コントロールという意味的性質だけを考慮するなら，動作主を最も狭い意味でとり，これら三つの性質を全てそなえた名詞句と規定できるかもしれない．Mary angrily roled the ball down the hill「メアリーは怒ってボールを坂の下の方へ転がした」

という文中では，名詞句 Mary はボールを転がすことを決め（＝意志という性質をもつ），転がることを引き起こす（＝力という性質をもつ）個体を記述しているという点で動作主と見なせる．それに対して，Mary rolled the ball by mistake「メアリーは誤ってボールを坂の下の方へ転がした」という文では，名詞句 Mary は意志的に行為する個体を指していないのでもはや動作主とは呼べない．このような方針でいくと，別の意味役割を意志性のない文中での Mary について立てる必要がある．例えば，「実行者」といったラベルを使うことができるだろう．

これとは反対に，より広い範囲のものを一本化するアプローチによって意味役割を定義することもできる．このやり方をとると，動作主は意志，コントロール，力という性質の全てではなく，どれか一つをもった名詞句と見なせる．この場合，新たに「道具」などの意味役割を動作主の概念に統合することも可能となろう．だがその代償として，なぜ言語によっては意志をもった存在とそうでない存在を区別して扱うのかが説明できない，といった問題も出てくる．

この点を扱おうとした試みは数多く，それらを詳しく論じるつもりはない．ここでは，一般的にとられてきたアプローチは，できるだけ少ない数の役割を立てた上で，多くの言語において形態論・統語論上の証拠から必要と認められたときに限って新しい役割を認めるというやり方であるとだけ述べておく．例えば，経験者と動作主は非常に多くの意味的性質を共有する傾向にあるけれども（どちらも通常は有生で意識のある存在である），いくつかの言語における格標識のパタンを見ると，この二つは区別するのが最適であることがわかる．具体的には，かなり多くの言語が他動詞節において経験者を与格で標示できるが，動作主はそれができない．朝鮮語（朝鮮：韓国・北朝鮮）はそのような例である．

(10) Chelswu-eykey Swuni-ka mopsi kuli-wess-ta
　　　チュルス-与格　　スニ-主格　ひどく　焦がれる-過去-直説法
　　「チュルスがスニにひどく焦がれた」

(Gerdts 1991 から)

また，英語において経験者は一般に前置詞 to で標示されるが（The party was quite pleasing to me/exciting to me/exasperating to me「そのパーティーは私にはいたって楽しい/盛り上がる/腹立たしいものだった」など），これは動作主では不可能である．経験者と動作主はそれぞれ独自の格標識パタンで現れることが多いので，独自の意味役割を立てることは十分に正当化される．

別個の意味役割を立てるために，形態・統語論的な証拠を考慮するのは堅実な方法論上の条件である．だがそれでも，二つの名詞句の性質に微妙な違いが確認されるごとに意味役割が増えるという問題は残される．たった一つの言語で一つの形態論的区分が見られただけで，独自の意味役割を設けるに足るだけの論拠となるのだろうか？　もしそうなら，おそらく何万という意味役割があることになる．そうでないとしたら，どれだけの形態論的・統語論的区分，そしてどれだけの言語が必要なのだろうか？　今のところ，これらの問いにどう答えたらよいかについて意見の一致はない．とはいえ，ほとんどの分析者が支持する意味役割の数は 8 個から 20 個の間に収まっている．

4.3　文法関係

文法関係とは節内において句が果たす機能的な役割，すなわち主語，直接目的語，間接目的語などをいう．これらは特定の形態論的・統語論的な標識によって識別される．文法関係は，名詞句が意味役割と直接結びつけられない性質をもつときに，その存在が言語内ではっきりと認められる．例えば英語では，多くの異なる意味役割をもった名詞句が節の主語をつとめることができる(動作主：**John** bought the tickets「ジョンはその切符を買った」，被動者：**The tickets** were bought by John「その切符はジョンに買われた」，受容者：**John** was sent an anonymous letter「ジョンは匿名の手紙を送られた」など)．言い換えると，文法関係の主な存在意義は，形態論・統語論上の目的のために意味役割の区別を中和する(= 意味レベルでは異なるものを同一の形式的操作の対象とする)ことである．

文法関係を標示する方法は言語によって異なる．英語の主語について言えば，それは動詞の前にあって動詞の一致を引き起こす．代名詞が主語の場合は，主格(he, they, she や we)になり，目的格(him, them, her や us)にはならない．さらに，二つの文が and で結合されたら，二つ目の節の主語は省略できる(他の文法関係では不可)．例えば，Mary saw John, and then kissed him「メアリーはジョンに会って，それから彼にキスした」はよくても，Mary saw John, and then she kissed は容認されない．英語の主語を規定するためには他にも多くの性質が挙げられるが，他の言語ではまた大きく異なったやり方がとられることがある．例えばマラガシ語(オーストロネシア：マダガスカル)では，関係節化できるのは主語だけである．

(11) ny　mpianatra　[izay　nahita　ny　vehivavy]
　　 その　学生　　　関係詞　見た　その　女
「その女を見た学生」

(Keenan and Comrie 1977 から)

　関係節((11)で角括弧に入っている部分)については第 15 章で詳しく議論する．この例からわかる重要なことは，動詞 nahita「見た」の主語が関係節化されている要素だということである．英語ならば，目的語も関係節化できる (the woman whom the student saw「その学生が見た女」)．これに対して，マラガシ語では関係節化は主語に限られるため，この構文は主語という文法関係をこの言語で識別する方法として役に立つ．

　文法関係の普遍性は論争の尽きぬ話題である．それが広い範囲の言語で重要な役割を果たしていることを疑う者はいない．しかし文法関係が普遍性としての資格をもつかという点については，二つの面から疑問が出されている．第一に，世界の言語で見られる文法関係の集合が具体的にどのようなものから成り立っているのかは論争の的である．ここでも問題は部分的には定義上のものなのだが，経験的な問題点があるのも確かである(「主語」という概念を定義しようとする試みの中でもよく知られたものとして Keenan 1976 を参照)．第二に，文法関係が全ての言語に存在するのか，それともこの概念が無関係な言語がどこかにあるのか，といった問いかけをする者もいる．どちらの問題も次の節で扱う．

4.3.1　普遍性としての文法関係

　伝統文法でも，また現代の統語理論のいくつか(例えば関係文法や語彙機能文法)でも，節の中で名詞句が担う主要な文法関係には主語，直接目的語，間接目的語の三つがあると想定されている[6]．このような考えは，通言語的に繰り返し現れる一定の語彙的，形態論的，統語論的事実に基づいたものである．三つの文法関係を普遍的な集合として設定する第一の根拠は，動詞の項構造から来ている．動詞の本質とは状態や行為を表すものであることを想起しよう．行為の表現では，動詞はその出来事に参加する個体の数と役割を規定する．例えば，英語の話し手ならば動詞 fly は単独の参加者による動きを意味し，動詞 devour は参加者を二つ(貪る者と

---

[6] 関係文法では，文法関係の集合には他の関係も含まれることを指摘しておく．正確にいくつの関係が立てられるかは議論の的となっている．

4 基本的なカテゴリー

食われる者)要求することを知っている．動詞によってこのように規定されるものを**項**(argument)と呼ぶ．動詞についての興味深い事実の一つが，共に現れることのできる項の数には本質的な制限があるという点である．fly を核とする英語の文は少なくとも一つの項を含まなければならない．よって flew quickly という発話は英語話者には不完全だと即座に見なされる．同様に，動詞 devour は二つの項を要求する(*John devoured)．また，give のような動詞は三つの項を要求する．しかし，四つ以上の項を要求する動詞は，英語でもその他のいかなる言語でも見出すことはできない[7]．したがって，動詞の必須の項は三つが上限であると思われる．さらに，これらの必要とされる項の扱いは，言語の形態論と統語論において特権的な地位をもつ傾向がある．それらは文中に現れる他の名詞句には認められない形の標示を受ける．この点についてはすぐに立ち返る．言語には三つの特別な機能——あるいは文法関係——があるという提案は，これらの事実をストレートに捉えたものである．

第3節の最初で，文法関係は一連の形態的・統語論的性質によって決められ，多様な意味役割をもった名詞句を包含すると述べた．例として見たのは，英語の主語の性質だった．同様の意味役割の中和は，直接目的語や間接目的語でも起こる．以下の例はスペイン語(イタリック：スペインおよびラテンアメリカ)において間接目的語で中和が起きる例である：

(12) a. Mi madre le mandó una carta **a Carmita**
    私の 母　 3単数.与格 送った 一つの 手紙 に カルミタ
    「私の母は手紙をカルミタに送った」

b. Marta le recordó el asunto **a Pablo**
    マルタ 3単数.与格 思い出させた その こと に パブロ
    「マルタはパブロにそのことを思い出させた」

c. Esa mujer le robó un reloj **a mi padre**
    あの 女 3単数.与格 盗んだ 一つの 時計 に 私の 父
    「あの女は私の父から時計を盗んだ」

(Farrell 1994 から)

太字の名詞句は，節構造においてみな同じ形で表されている．それらはどれも動詞の後にあり，直接目的語に後続し，前置詞 a という印が付いていて，同時に動詞

---

[7] 一般的に見られるわけではないが，一部の言語では動詞が使役の接辞や適用形の標識をともなって現れるときには四つの項を要求することがある．詳細については第9章と第11章を参照．

の前の接語 le (三人称単数与格) で相互参照されている．こうした形態・統語論的性質の束によって，各文の特定の名詞句は間接目的語として同定できる．それらは (12a) では受容者，(12b) では経験者，(12c) では起点というように，多様な意味役割を担いうるものである．

諸言語の文法を見ると，意味役割の中和が起きる構造上の「スロット」は三つに限られているように思われる．これは同時に，普遍的な集合としては三通りの文法関係だけでよいとする立場を支持する証拠ともなる[8]．

主語，直接目的語，間接目的語が文法関係の普遍的な集合と考えられてきた最後の根拠は，動詞の一致はこれらの名詞句を表すことがよくあるが，他の種類の名詞句のために用いられることはないという事実である．この点は第9章であらためて詳しく扱う．さしあたっては，もしある言語で動詞が節の中の名詞句のどれかと一致するなら，それは主語，直接目的語，間接目的語と典型的に呼ばれる名詞句 (またはその全て) との間に起き，他のものとの間には起きないことが予測されると言っておけば十分だろう．

ここまで，文法関係の集合が三つのメンバーからなると見るべき理由をいくつか提供してきた．しかし，これら三つの関係がどの言語にも現れるかどうかについては，疑問が繰り返し提起されている．そうした異議は二通りに分けて考えることができる．第一に，あらゆる言語で三つの文法関係全てが使われるかどうかには疑問の余地があるだろう．三つの文法関係が全部使われないことを示す証拠は豊富にある．とりわけ，間接目的語という関係はどの言語でも役割を果たすわけではないようである[9]．むしろ，世界の言語は文法関係を二つ使う言語と三つ使う言語という二通りのグループに分かれる傾向がある．Gerdts (1992) に従って，これらを直接目的語中心の言語と，間接目的語中心の言語と呼ぶことにする．

これら二つの言語類型は一定の形態・統語論的性質によって特徴づけられる．直接目的語中心の言語は，格標識をわずかしかもたず，動詞の一致は主語だけ，または主語と直接目的語だけと起きる傾向がある．このタイプの言語はまた，受容者が直接目的語として現れるのを認める傾向がある．例えば英語では，受容者は前置詞 to で示されることもあれば (I gave the ball to Jim「私はボールをジムに与えた」)，直接目的語として扱われることもありうる (I gave Jim the ball「私はジムにボー

---

8) ルワンダ語 (ニジェール・コンゴ：ルワンダ) はこの絶対的な表明に対する例外である．他のバントゥー諸語も同様かもしれない (Gerdts and Whaley 1992; Whaley 1993 を参照)．
9) 英語に間接目的語が存在すると想定することの必要性を疑問視した論として Comrie (1989) を参照．

4 基本的なカテゴリー

ルを与えた」）．

　対照的に，間接目的語中心の言語は格標識の体系をしっかりもっていて，間接目的語との動詞の一致を認める傾向がある．さらに，このタイプの言語では被動者が間接目的語として表されることがよくある（直接目的語中心の言語では，被動者は直接目的語として扱われるのが普通である）．この現象は，例えばチョクトー語（ペヌーティ：アメリカ合衆国）で見られる．

(13) a. An-at-o　　iskali　chim-a:-li-tok
　　　私-主格-対比　お金　2.与格-与える-1.主格-過去
　　　「私がお金をあなたに与えた」
　　b. Chim-alikchi-li-tok
　　　2.与格-治療する-1.主格-過去
　　　「私があなたを治療した」

(Davies 1986 から)

　(13b)のチョクトー語の節に見られるように，被動者の名詞句「あなた」を動詞につけて表すのに使われる接頭辞(chim-)は，同じく間接目的語を標示するのにも使われている(13a)．

　以上，諸言語はほとんど例外なく三つ以内の文法関係を用い，二つ使う言語と三つ使う言語の間には一定の原理に基づいた区分があることを見た．それでは，文法関係を一つだけ使う言語，あるいは全く使わない言語はあるのだろうか．その可能性は低い．そのような言語はごく少数しか文献中に報告されていない．例えば，ヴァン＝ヴァリンはアチェ語（オーストロネシア：インドネシア）の文法は文法関係を用いないと主張している(Van Valin 1993b)．だがこの場合でも，ヴァン＝ヴァリンの分析は完全に意味的とは言えない二つの関係（彼は行為者 Actor と受動者 Undergoer と呼ぶ）に言及している．実際，彼の使っている関係は，異なる意味役割を一つにまとめる機能をもった抽象的な概念であり，この点で文法関係にとてもよく似ている．したがって，彼の議論はアチェ語では文法関係が使われていないという主張よりもむしろ，そこで使われている関係が伝統的に主語と直接目的語と呼ばれてきたものと同列には並ばないという議論だといえる．ここから，三つの文法関係を普遍的な集合として立てることについて第二の疑問点が出てくる．

　ある言語が二，三通りの文法関係を使うことがわかっている場合でも，それらが通常理解されるような主語と目的語と同等の関係なのかは疑問の余地がある．この

問いに対しては，言語によっては伝統的な概念と異なる文法関係が用いられるというのが答えであるように思われる．例えば，次のカルカトゥング語（カルカトゥンギック：オーストラリア）の格付与のパタンを例にとって考えよう．

(14) a. Kaun muu-yan-ati
   服.絶対格 汚れ-属性-始動
   「その服は汚い」
 b. Kuntu wampa-ngku kaun muu-yan-puni-mi
   否定 女の子-能格 服.絶対格 汚れ-属性-使役形-未来
   「その女の子は服を汚さない」

(Blake 1994 から，一部変更)[10]

主語に相当する名詞句は(14a)では kaun「服」で(14b)では wampangku「女の子」である．しかし，これら二つの「主語」は格標識が異なることに注意しよう．後者だけが格の接尾辞(-ngku)を伴っている．結果として，「主語」という概念によって格標識の規則を述べることはできない．カルカトゥング語の格標識は，異なった文法関係の体系に基づいてはたらいている．具体的には，この種の言語では**能格**(ergative)と**絶対格**(absolutive)という関係を導入することになる．能格名詞句は英語の他動詞節の主語と同等である．この用語法が混乱を招くようでも，今は心配しなくてよい．これについては第9章でもっと詳しく述べる．ここで理解すべき重要なことは，一般に知られた意味での「主語」や「目的語」という用語は，カルカトゥング語のような言語で中核となる項の格標識を記述するのには，役立たないという点である．とはいえ，この言語で主語と目的語という概念が全く実質のないものだということではない．文法の他の側面，例えば動詞と代名詞の一致などでは，一般に知られた文法関係を軸とした規則性が成り立っている．

(15) a. Nyinti yapatyarra-thati-nha-mpa-**n**
   あなた よい-なる-過去-完了-2.主語
   「あなたは回復しましたか？」

---

[10] Blake(1994)はオーストラリア諸語の研究者間の伝統をふまえて，「絶対格」ではなく「主格」という語釈を使っている．

b. Nyinti　waku　ithiti-mpa-**n**
　　　　あなた　革　　投げる-完了-2.主語
　　　「あなたはその革を投げましたか？」
　　　c. Itya-nyin-**kin**　　nyini　munthuntu
　　　　噛む-進行-2.目的語　あなた　ブルドッグアリ
　　　「ブルドッグアリがあなたを噛んでいる」

（Blake 1990 から）

　動詞の接尾辞（太字部分）はそれぞれの節において二人称の代名詞と相互参照している．(15a)と(15b)では，接尾辞(-n)が主語を標示している．これに対し(15c)では接尾辞(-kin)が相互参照する代名詞は目的語であることを表している．このように，一致のある側面においては，主語と目的語という文法関係を用いなければならない．

　能格と絶対格という区別を示すほとんどの言語は，カルカトゥング語のように，文法の中に主語と目的語という関係に基づいてはたらく側面を多くもっている．この一般化に対する例外はごく少数しか報告されていない．そのほとんどはフィリピン諸語とカフカース諸語である．しかしこれらの場合でも，これまで出された分析は細部においては議論の余地があり，何通りもの解釈が可能である．いずれにせよ，能格と絶対格という関係を認めた上でもなお，主語と目的語という概念が人間の言語にとって何らかの意味でより基本的なものであると考えねばならないのは明らかである．

　カルカトゥング語のような言語からの経験的事実を基に考えると，文法関係の普遍的な集合を拡張して能格と絶対格も含めねばならない．さらに，言語によっては文法内で最大で五通りの関係（主語，直接目的語，間接目的語，能格，絶対格）を使うという事実も認識しておく必要がある．ただし，一つの節においてこれらの中から三通りより多くの関係が現れることはない．最後に，個別言語における文法関係の重要性は，程度問題だということは強調しておいてよい．英語のような言語では，主語や目的語の概念は基本的な節構造の非常に多くの面を記述する上で不可欠である．だが他の言語体系では，意味役割が文法の構造により大きな影響力をもつ可能性がある．あるいは「話題」のような談話上の概念が，統語規則の定式化をする上で文法関係を上回る重要性をもつこともある．

4.4 まとめ

　本章では言語の基本的なカテゴリーをいくつか検討した．いずれの場合も，取り上げたカテゴリーはある意味では普遍的だが，その普遍性は多くの付帯条件と下位分類があって成り立つものだということがわかった．とりわけ，これらのカテゴリーの定義しだいで，それらが全ての言語に適用できるか，あるいは個々の言語内で一貫して適用できるかが影響されることを明らかにした．定義の問題については，本章では解決を与えるというよりは，語彙クラス，意味役割，文法関係の研究に関わる論争点を読者にわかりやすく導入することを旨とした．そうは言っても，言語分析にとってのこれらの概念の有用性は明らかになったことと思われる．続く各章を見れば，本章で議論した諸概念を常に使うことなしに類型論を行うのは，ほとんど不可能だということが明らかになるだろう．次の章では，語句の配列順序に見られる普遍性から取り上げていく．これは1960年代以降，類型論の中で特に多くの注目を集めた分野である．

第 II 部
語順の類型論

5
構成要素順序の普遍性

　類型論の代表的な研究分野の一つは，節や句の中での要素の順序を扱うものである．このタイプの研究は，第3章で普遍性の定義を論じたさいにすでにふれた．例えば，グリーンバーグの普遍性の多くは，(1)のようにさまざまな構成要素の順序を扱っている(Greenberg 1966)．

(1) グリーンバーグの普遍性17：偶然をはるかに越える頻度で，VSOの基本語順をもつ言語では，形容詞が名詞に後続する．

本章では，構成要素順序の普遍性を詳しく見るとともに，その説明の可能性を考えていく．

5.1　節の構成要素の順序

　類型論研究では，特に主語(S)，動詞(V)，目的語(O)の相対順序に関心が向けられてきた．個別言語で最もよく見られるこれらの三つの要素の配置は，時にその言語の「基本語順」と呼ばれてきた．しかし，多くの学者が指摘しているように，この用語は適切とは言えない．なぜなら主語(そして目的語)は常に一語(2a)とは限らず，句であったり(2b)節であったり(2c)するからである．

(2) a. **Phil** seems strange.
　　　「フィルは変に思える」
　　b. **The new neighbor** seems strange.
　　　「新しい隣人は変に思える」
　　c. **That the Red Sox won the pennant** seems strange.
　　　「レッドソックスがペナントを制したのは変に思える」

したがって，ここではS，V，Oの主要な線的順序を記述するのに「基本的な構成

要素順序」という用語を使う．

多くの言語において，基本的な構成要素順序は簡単に問題なく決められる．例えば，英語では OSV (3a) や VSO (3b) のような順序の節も見られるが，こうした順序は「特殊」なものであり，SVO (3c) が典型例なのは明らかである．

(3) a. Beans, I hate.
「ソラマメは私は嫌いだ」
b. Believe you me.
「私を信じて (= 本当だってば)」
c. Seymour sliced the salami.
「シーモアはサラミを切った」

母語話者のはっきりした直観だけでなく，(3c) が英語の基本的な順序であるとする理由はいくつもある．(3a) には固有のイントネーションの型——beans の後の小休止——があり，談話の中で特殊化された用法をもっている．例えば，話し手が beans を何か好きなものと対比させて，I like peas, but beans I hate「エンドウマメは好きだが，ソラマメは嫌いだ」などと言いたいときに使われる．実際，このような談話コンテクストなしには (3a) は奇妙に聞こえる．さらに，このような文は英語のあらゆる母語話者が文法的と判断しているわけでもない．(3b) は成句なので，基本的な構成要素順序を代表してはいない．実際，同じ VSO の順序で生じうる表現は，(4) に見るように非常に限られている．

(4) a.*Believe John Mary.
b.*Hit Jane Seymour.
c.*Surrender you your village.

SVO 以外の順序は用法に特別な制約があるので，このような制約のない (3c) の順序が基本順序と見なされることになる．

とはいえ，どんな言語でも英語のように語順が厳格に決まっているわけではない．基本的な構成要素順序を規定することがずっと難しい言語の存在は，類型論学者にしばしば難題を提供している．例えば古代ギリシア語 (ヘレニック) では，S, V, O は (5) のどんな順序でも現れる可能性がある．

5 構成要素順序の普遍性

(5) a. ho　didaskal-os　paideuei　to　paidi-on　　[SVO]
　　　冠詞　教師-主格　　教える　　冠詞　少年-対格
　　「その教師がその少年を教える」

　b. ho didaskalos to paidion paideuei　　[SOV]

　c. paideuei ho didaskalos to paidion　　[VSO]

　d. paideuei to paidion ho didaskalos　　[VOS]

　e. to paidion ho didaskalos paideuei　　[OSV]

　f. to paidion paideuei ho didaskalos　　[OVS]

語順は多様であっても，(5)の各文は意味をとる上では何の混乱もない．なぜならギリシア語の名詞句は格(case)の標示を受けているからである(格とは句や節の中での名詞句の文法機能を表示するための体系である．詳細な記述は第9章を参照)．(5)では主格の格接辞(-os)が名詞 didaskal-「教師」についており，その名詞句が節の主語であることを示している．同じく，対格の接辞である -on は名詞 paidi-「少年」について，それが節の直接目的語であることを示している．

ギリシア語では，ある種の語順が特別な談話機能を果たしていることは間違いないが((5e)や(5f)はそうした例である)，どの語順も特別な機能をもつと単純に考えることはできない．結果として，(仮に存在するなら)どの順序が基本的かをめぐっては意見の不一致が存在する．現時点では，この問題は注意を促すにとどめる．次章では，「自由な」構成要素順序をもった言語でV, S, Oの主要な順序を決めるにはどうしたらよいかを検討する．

S, V, O には六通りの論理的に可能な順序があるが，その全てが世界のいずれかの言語において基本的な構成要素順序となっていると言われている．それぞれの例を(6)に挙げる．

(6) SOV: タロウが　犬を　　見た
　　　　　主語　　目的語　動詞

　　　　　　　　　　　　　　　　　　　　　(日本語[日本・琉球：日本])

　SVO: Umugore　arasoma　　igitabo
　　　　女　　　　3単数-読む　本
　　「その女は本を読んでいる」

　　　　　　　　　　　　　　　　　(ルワンダ語[ニジェール・コンゴ：ルワンダ])

VSO: Bara　　　Elohim　et　　　ha-shamayim
　　　創造した　神　　目的語　冠詞-天
　　「神は天を創造した」

（聖書ヘブライ語［セム］）

VOS: Manasa　lamba　amin'ny　savony　ny　　lehilahy
　　　洗う　　服　　で.その　　石鹸　　その　男
　　「その男は石鹸で服を洗う」

（マラガシ語［オーストロネシア：マダガスカル］）

（White, Travis, and MacLachlan 1992 から，一部変更）

OVS: Toto　y-ahosiye　　　　kamara
　　　男　　3 単数/3 単数-つかまえた　ジャガー
　　「そのジャガーはその男をつかまえた」

（ヒシュカリヤナ語［カリブ：ブラジル］）

（Derbyshire 1985 から）

OSV: pako　xuã　　u'u
　　　バナナ　ジョン　彼が.食べた
　　「ジョンはバナナを食べた」

（ウルブー語［赤道トゥカノ：ブラジル］）

（Derbyshire and Pullum 1981 から，Kakumasu の引用）

　節の主要な構成要素順序の六通りの可能性はどれも確認されているが，それらは世界の言語の中で均等に分布しているわけではない．ここから，人間の言語の重要な構成原理についての手がかりが得られる．もしも S, V, O の順序がランダムであるなら，それぞれの構成要素順序のタイプがほぼ同じ頻度で現れるはずである．だが実際には，ある順序は比較的よく見られるのに対し，あるものはきわめて稀である．表 5.1 は各々の語順タイプの相対頻度を示している．

　SOV と SVO の現れる頻度は注目に値する．基本的な構成要素順序が，言語の何らかの原理によって支配されているのでなければ，潜在的に可能な六通りの順序は統計上おおよそ同じ頻度（約 16%）で現れるだろう．ところが，SOV と SVO は共にサンプルとした言語の 40% 以上に見られ，両者を合わせると全体の 90% 近くにもなる．明らかに，構成要素順序の分布はランダムなどではなく，特定の順序

表 5.1 基本的な構成要素順序の頻度

語順	言語 数	比率(%)
SOV	180	45
SVO	168	42
VSO	37	9
VOS	12	3
OVS	5	1
OSV	0	—
合計	402	

表 5.2 SO 順序の相対頻度

語順	言語 数	比率(%)
SO	385	96
OS	17	4
合計	402	

出典：Tomlin(1986: 22)より

が統計的に多数派であるという事実は説明が必要である[1].

　表5.1のデータを少し組み換えて，SとOという二つの基本的な構成要素だけの相対順序を見ると，もう一つの非常にはっきりしたパタンが明らかになる(表5.2)．

　主語を目的語の前に置く言語(96%)は，主語を目的語の後に置く言語(4%)に比べて，はるかに広く見られる．グリーンバーグはこの分布にも着目し，普遍性1として表している(Greenberg 1966).

(7) グリーンバーグの普遍性1：名詞句の形をとる主語と目的語をもった平叙文では，主要な順序はほとんど常に主語が目的語に先行する配置である．

この普遍性は主語が目的語に線的順序の上で先行することを述べてはいるが，なぜそれが言語において一般に成り立つかの説明はない．コムリーによれば，主語が目的語に先行するという明白な事実は機能的な説明が可能だという(Comrie 1989: 93)．そうしたパタンの背後には情報を構造化する認知のはたらきがあると思われる．他動詞節(主語と目的語をもった節)では，主語は一般に動詞が表す行為を始動し，その行為をコントロールする存在である．一方，目的語は行為の影響を受ける存在である．主語はこのような特徴をもつため，ヒトの認知において目的語よりも際立ったものとなり，言語においてはその卓立性が構成要素順序の発達に反映され

---

1) 本節の議論の大部分は，「有意な」パタンという概念を直観的に捉えている．数値の定量的な有意性を示す標準的な検定は使わずに済ませた．ただし，語順を包括的に取り扱おうと思えば，検定を各類型の相対頻度に適用して，その分布が説明を要する本当に統計的に有意なパタンであって，予想される頻度からの単なるランダムな誤差ではないことを示すことになる．

て，主語が目的語の前に来るようになるのである[2]．

表 5.1 はもう一つの興味深いパタンを明らかにしている．データからは，O と V が隣接した言語が非常に多いことがわかる．つまり，基本的な構成要素順序において，V と O が S によって隔てられていないものがずっと広く見られる．具体的には，そうした言語がサンプルの 365 言語（91%）で見られる．V と O の結びつきが，V と S や O と S の間の結びつきに比べてずっと強いということは，言語学の中ではしばらく前から知られている．統率・束縛理論（GB 理論）では，こうした密接な結びつきは句構造の普遍的な規則によって形式化されている．GB 理論でこれらの規則が具体的にどんな形をとるかを理解するには，長い説明が必要なのだが，ここでは簡略化して (8) の形で表す（S は文，NP は名詞句，VP は動詞句）．

(8) S → NP（主語）; VP
    VP → V; NP（目的語）

これらの規則は節の中で構成要素がとるべき構造を決める．一つ目の規則は「節は名詞句（主語）と動詞句からなる」と読む．二つ目の規則は「動詞句は動詞と名詞句（目的語）からなる」ということを述べている．規則の右辺にあるセミコロンは，二つの構成要素がどの順序で現れてもよいということを示している．二つの規則を合わせると，次のような構造が生成される．

(9) NP（主語） V NP（目的語）   [=SVO]
    NP（主語） NP（目的語） V   [=SOV]
    V NP（目的語） NP（主語）   [=VOS]
    NP（目的語） V NP（主語）   [=OVS]

句構造規則はヒトの言語能力の生得的な面であると考えられており，OSV や VSO のように V と O が隣接しない構造は生成しない．したがって，これらの順序を可能とするには，例外的な言語の属性を何らかの形で導入し，結果として OSV や

---

2) 本章の査読にあたった人物は，主語を目的語の前に置く傾向について別の角度からの説明を指摘している．非常に単純化して言えば，言語には話題を節の先頭に置く一般傾向があるので，節の主語は談話の話題となる傾向が強い．主語が話題と重なることが多くなれば，結果として目的語（あるいは他のいかなる中核的な構成要素）よりも節の先頭に現れることになる．多くの言語では，節の先頭の位置は，主語を置くための標準的な場所となる．Kayne (1994) は非常に異なった観点からではあるが，同様の結論に達している．彼は統率・束縛理論における理論内の考察から，SVO は普遍文法の一部をなすと主張している．

表 5.3 S, V, O の配列原理

語順	主語の卓立性	句構造規則
SVO	+	+
SOV	+	+
VSO	+	−
VOS	−	+
OVS	−	+
OSV	−	−

VSO が（可能ではあっても）あまり見られないものとして規定されるようにする必要がある．

　一方で，(8) の規則が VOS や OVS といった順序を生み出してしまうことに気づいた人もいるだろう．これらはきわめて稀にしか見られない順序である．この事実はどうやって説明すべきだろうか？　この点については，S, V, O の順序が句構造規則だけでなく，コムリーの言う主語の卓立性のような原理にも従っているとすれば，こうした順序の希少性は理解できる．試みに，これまで論じた二つの原理の相互作用によって，選好される構成要素順序のパタンが決まると仮定してみよう（Tomlin 1986 も似た提案をしている）．表 5.3 はある構成要素順序が原理に従うか（+）否か（−）を表している[3]．

　両方の原理に従う構成要素順序は最もよく見られるタイプである．一方の原理だけに従う順序はあまり見られない．OSV はどちらの原理にも反しているので，きわめて稀である（もしくは存在しない）．このアプローチは，ソンにならって主語の卓立性の原理をより重視することで，さらに精緻化することができる（Song 1991b）．この修正案では，SVO と SOV が最もありうるパタンで，より重要な原理に従う VSO がこれに続き，その後に重要度の低い原理に従う VOS と OVS が来る．OSV はやはり最も見出しにくいタイプである．この予測は，表 5.1 のトムリンのデータ（Tomlin 1986）と完全に合致することに注目しよう．

　語順に対するこのようなアプローチが正確な予測をすることは評価に値する．しかしいくつかの重要な問題が残るのも事実である．第一に，表 5.1 のデータは，語族のサイズに合わせて言語を選ぶサンプル方法に基づいている．例えば，オーストロネシア語族が世界の言語全体の 10% を占めるなら，表 5.1 の言語の 10% はオーストロネシア語族だということになる．しかし第 3 章で見たように，この方

---

[3] Tomlin(1986) は正にこのような原理間の相関を用いている．ただし，彼の枠組みは二通りではなく三通りの原理を使っているという点で，若干複雑である．

法は語順などの性質について純粋に言語的な傾向を示すものではない．なぜなら語族のサイズとは，部分的には民族集団の歴史的な関わり合いといった言語外の要因によって決まるからである．とはいえ，異なるサンプル手法に基づいた基本的な構成要素順序の頻度の研究からも，主な点では表 5.1 と一致する結果が出ているのも事実である．他のサンプル手法をとった場合でも，SOV 言語と SVO 言語の優位は動かず，VSO は少数，VOS と OVS はきわめて稀で，OSV はほぼ皆無である．

　第二の問題は，少数派の言語がなぜそもそも発生するのか，何の説明もないという点である．主語の卓立性と句構造規則が言語構造の本質的な側面であるなら，ある言語がこれらの制約(場合によっては両方)に抵触するような形で発達するのはなぜだろうか？　最終的には，この問いへの答えを得るには，問題となる言語を個別に見ていくしかないだろう．VOS 言語についての研究(Dik 1978: 176-177)や目的語が先頭に来る言語についての研究(Derbyshire 1985: 101-104)は，「予期せぬ」語順を特殊な歴史的要因によって説明している．

5.2　構成要素順序の相関

　グリーンバーグの普遍性を見ると，V, S, O の順序を前提条件として他の構成要素の順序について述べることが非常に多いことに気づく(普遍性 3-5, 7, 10, 12, 13, 15-17, 21)．この事実から，レーマンは動詞と目的語の順序はどんな言語においても，構成要素の順序全般を決める基礎なのではないかという結論に達した(W. Lehmann 1973, 1978a)[4]．だとすれば，V と O の相対順序を知っていれば，他の組み合わせ(名詞と属格，接置詞と名詞，名詞と形容詞，疑問詞と節，接辞と語根，など)の順序についても予測できることになる．レーマンの挙げる一連の相関は表 5.4 にまとめた．

　オロチョン語(満州・ツングース：中国)のような言語は，これらの相関を示すみごとな例である．この言語は SOV であり(10a)，後置詞をもち(10b)，名詞の前に所有者(属格)を置き(10c)，名詞の前に形容詞を置き(10d)，関係節は修飾する名

---

[4] グリーンバーグは V と O だけを基に論じることはほとんどなかった．彼はほとんど常に S を含めて論じた．これに対し，レーマンは相関についての提案に S を組み入れようとはしていない．

表 5.4　レーマンによる構成要素順序の相関

VO	OV
前置詞 ＋ 名詞	名詞 ＋ 後置詞
名詞 ＋ 属格	属格 ＋ 名詞
名詞 ＋ 形容詞	形容詞 ＋ 名詞
名詞 ＋ 関係節	関係節 ＋ 名詞
文頭の疑問詞	文頭以外の疑問詞
接頭辞	接尾辞
助動詞 ＋ 主動詞	主動詞 ＋ 助動詞
比較の形容詞 ＋ 基準	基準 ＋ 比較の形容詞
動詞 ＋ 副詞	副詞 ＋ 動詞
否定語 ＋ 動詞	動詞 ＋ 否定語
従位接続詞 ＋ 主節	主節 ＋ 従位接続詞

詞の前に置かれる (10e)[5]．

(10) a.　**主語**　　　　　　**目的語**　　　　**動詞**

　　　ʃiː　　əri　　tʃɔmɔ　　araki-wa　　umtʃaj
　　　あなた　この　杯　　　酒-目的語　　飲む

　　「あなたはこの一杯の酒を飲んだ」

b.　**名詞**　　**後置詞**

　　kɔːkanmi　dʒaːlin
　　子供　　　（ため）に

　　「子供のために」

c.　**属格**　**名詞**

　　minŋi　araki-w
　　私の　　酒-1 単数

d.　**形容詞**　**名詞**

　　ɔrɔbkun　təːtiwə
　　濡れた　　服

---

5) 助動詞と従位接続詞についてのデータは出していない．その理由は，オロチョン語の既存の文法書である Hu(1986) と Zhang, Li, and Zhang(1989) の二冊が，これらがどのように使われるかについて十分な情報を提供していないからである．オロチョン語の関係節 (10e) は伝統的には形容詞化された動詞として記述されてきたことにも注意したい．また，オロチョン語で接尾辞が主にとられることは，(10) のデータのどれを見てもわかるので，別個に例示はしなかった．

e.   関係節   名詞

  bu: ugtʃi-rə-tʃə-wun murin
  私たち 乗る-関係詞-現在-1 複数 馬

  「私たちがよく乗る馬」

f.   疑問詞   疑問の小辞

  ʃi: irə ŋənəni jɛ
  あなた どこ 行く 疑問語

  「あなたはどこへ行くのか？」

g.   基準 比較の形容詞

  ʃin-du gugda
  あなた-与格 背が高い

  「あなたより背が高い」

h.   副詞 動詞

  nɔ:nin əlkədʒi gətetʃən
  彼 ゆっくり 目覚める

  「彼はゆっくりと目覚めた」

i.   否定語 動詞

  bi: əʃi-m umna
  私 否定-1 単数 飲む

  「私は飲まない」

レーマンの提案は，上で示したような単純な形で考えるなら，言語のあり方について驚くべき事実を捉えているように見える．相対順序という観点からは，あるカテゴリーは動詞と同じふるまいを示し，別のカテゴリーは目的語と同じふるまいを示す．つまり，動詞と目的語の関係は言語の基軸となる構成原理を代表していることになる．

 ただし，残念ながらレーマンの主張する相関を支持する経験的証拠はあまり強力なものではない．第一に，予測されるパタンと完全には合致しない言語はよく見られる．英語はその一例である．ある面では，英語は VO 言語について予測されるパタンを見せる．英語は前置詞をもち，名詞–属格が可能で（the house of John），関係節を名詞の後に置き，助動詞，様態副詞，否定語を動詞の前に置き，節の先頭に従属節の標識を用い，比較級の形容詞を比較の基準の前に配置する．その一方，英語は形容詞–名詞の順序をもち，属格–名詞のパタンをもち（John's house），接尾

5 構成要素順序の普遍性

語の使用が支配的であるという点で, レーマンの予測に反している.

このような類型論的「非一貫性」を説明するために, レーマンは歴史的な説明にうったえている.「言語が予測に合わないパタンを示すときは, 変化の最中であると考えられる」(W. Lehmann 1973: 55). したがって, 一貫した OV パタンと一貫した VO パタンの言語は理想型であるが, あるタイプから別のタイプへと変化する過程にある言語は, OV と VO の両方の性質を備えるというわけである.

類型論的に一貫しない言語についてこのような留保をしても, 語順の相関についてのレーマンの提案にはまだ問題がある. 最も重要と思われる問題は, 言語一般について彼が成り立つと考えたパタンの一部は, 統計的に有意な相関ではないという点である. 例えば, ドライヤーは動詞-目的語と名詞-形容詞という二つの順序について, これらの相関を支持する証拠がないことを明らかにしている (Dryer 1988a). 第3章で見た通り, 世界のほとんどの地域で, OV 言語は表5.4の相関ペアが示すように形容詞を名詞の前に置くことはせず, 形容詞を後置する傾向が強い. 加えて, レーマンの主張した接辞の順序, 否定語と動詞の順序, 関係節と名詞の順序もまた疑問視されている.

レーマンの挙げる相関リストの第二の問題は, そこに見られるような相関がなぜ生じるのか, 何の明示的な説明もしていないという点である. 名詞と関係節, 動詞と助動詞, といった要素の順序が, 動詞と目的語の順序に応じて決まる原因は何なのだろうか? おそらく最も広く知られた説明は, フェンネマンのものである (Venneman 1973, 1974b, 1976). 彼はこれらの相関には, より深い機能的な関係があると主張する. それは, 言語には単語のクラスに関わりなく**主要部**(head)と**依存部**(dependent)の順序を一定に保つ傾向があるというものである[6]. 大まかに言って, 主要部とはある構造の中心的要素である. 依存部はその反対に, 主要部を修飾したりその項となる要素のことである.

主要部と依存部という概念を使って, フェンネマンはレーマンの挙げる各種の相関を, 一つの原則に一般化する[7]. レーマンと同じく, フェンネマンは語順が類型論的に一貫しない言語の存在を容認した上で, 依存部-主要部および主要部-依存部という斉一な順序をもった言語を理想型とし, 現実の諸言語はその型に向けて変化

---

[6] フェンネマンは主要部を「オペランド(演算項)」(operand), 付加部-修飾部を「オペレータ(演算子)」(operator)と呼んでいる. 本書ではこの用語は避け, より広く使われている用語である「主要部」と「依存部」を採用する.

[7] 実際のところ, フェンネマンは彼の図式にレーマンの挙げる相関の全部をあてはめようとしたわけではない. 例えば, 接頭辞と接尾辞の対立は取り上げていない.

するものだと考えた．

　フェンネマンの説明は，レーマンの主張とは次の点において決定的に異なったものとなっている．語順の普遍性を主要部と依存部という枠組みで規定することによって，フェンネマンは全ての相関を双方向的なものとした．すなわち，ある言語における接置詞と名詞の順序がわかれば，動詞と目的語の順序について予測ができるという立場がとられることになった．動詞と目的語の順序はもはや一連の相関において基軸とはならず，その他の主要部と依存部との組み合わせと同じ資格のものと見なされるようになった．これは重要な転機である．要素の順序は依存部と主要部という抽象概念に基づいて規定されるため，動詞と目的語が構成要素順序の相関を予測するための出発点となる理由を説明する必要がなくなったのである．

　こうした深いレベルでの機能的な構成原理にうったえることは，新たな問題をはらんでもいる．主要部−依存部の一貫性という予測に反するケース，例えば名詞と形容詞の順序はどう扱うべきだろうか？　また，もしも一貫して主要部−依存部である言語や，一貫して依存部−主要部である言語が理想型であるというなら，実際に理想型となっている言語はなぜかくも少ないのだろうか？

　これらの問題に重要な洞察を提供した言語学者の一人がジョン・ホーキンズである(特に Hawkins 1983 を参照)[8]．彼が出したきわめて重要な提案の一つは，レーマンやフェンネマンが用いた VO 言語対 OV 言語という区分は適切ではないというものである(この点は Mallinson and Blake 1981 や Comrie 1989 によっても指摘されている)．その代わりに，ホーキンズは動詞先頭型，動詞末尾型，動詞中間型(=SVO と OVS)という三通りの区分を提案した．この三分法が実際に経験的な実証に耐えるものかは議論の余地があるが(Dryer 1991 参照)，ホーキンズの提案の意義は，語順の類型を論じる者たちが，構成要素順序の相関について長い間とられてきた前提を再検討することになったという点にある．

　第二に，ホーキンズは統語的要素の構成原理を適切に記述するには，単に依存部−主要部という観点ではなく，**通カテゴリー調和**(cross-category harmony)の原理に照らして行うべきだと論じた．この原理はおおよそ，「最も広く見られる言語類型は，あるカテゴリーにおいて主要部に先行する依存部の割合が，他のカテゴリーにおいて主要部に先行する依存部の割合と等しい言語である」というものであ

---

8) ホーキンズの議論は以下の点でフェンネマンとは重要な違いがある．(a)双方向的な含意関係を使わない，(b)単に統計的な言語分布でなく絶対的普遍性を追究している，(c)語順の相関において S を重要な要素として改めて取り入れている．

る[9]．この原理によれば，ある言語が名詞の依存部(属格，形容詞，関係節)を全て名詞の前に置くならば，動詞の依存部(目的語，副詞，否定語など)も全て動詞の前に置くことが予測される．同様に，もし名詞の依存部のほとんどが名詞の前に現れるならば，動詞の依存部のほとんどは動詞の前に現れることになり，名詞において依存部が先行しないのなら，動詞の依存部も動詞には先行しないことになる．この原理はフェンネマンのものと似た発想に立っているが，順序の一貫した言語とは何かという定義を緩和している．そのため，例外は少なくなっている．

　ホーキンズの貢献として，最後に次の点に注目したい．彼は各カテゴリーにおける主要部-依存部の線的順序をただ一つの原理によって説明することの困難さを認めている．原理の競合の最もよく知られた例は，名詞と関係節の関係に見ることができる．名詞の修飾要素として，関係節は主要部-依存部の一貫性の原理(あるいはその改訂版としての通カテゴリー調和原理)に従うことが予測される．VO言語において関係節が名詞の後に置かれる傾向が強いのは確かであるが，その鏡像関係(OV言語で関係節＋名詞というパタン)は成り立たない．事実，世界の多くの地域で，OV言語でありながら関係節を名詞の後に置く傾向が顕著なケースが見られる．そして全てのOV言語を数えるならば，OV言語全体では名詞の後に関係節をとる傾向がわずかながら見られるのである(Dryer 1992)．これは予測されるパタンに対する例外となる．ホーキンズはこれに対し，関係節の場合には第二の機能的原理，すなわち**重構成要素の原理**(heavy constituent principle)を考慮しなければならないと提案している．

　重構成要素とは，多数の文法要素を含んだ構成要素である．関係節はいくつもの句によって成り立つのが普通であり，明らかにこの種の構造をなす．この原理によれば，重構成要素はそれが修飾する主要部の後に置かれる傾向がある．したがって，主要部-依存部の原理が関係節＋名詞という順序を予測する場合でも，重構成要素の原理によって名詞＋関係節という順序が得られることがある．この競合のために，OV言語は名詞と関係節の順序については一貫性を欠くことになる．

　こうして見ると，フェンネマンの当初の提案がもつ難点のうち，二つはホーキンズによって部分的ながら解決されたことになる．第一に，予測される相関に対する反例の一部は，競合する構成原理という観点から説明可能と思われる．第二に，一貫性を欠く言語が比較的よく見られるという点についても，主要部-依存部の一貫

---

9) Hawkins(1990, 1994)は語順の相関を文処理機構によって説明しようとしている．

性原理よりも緩やかな制約を認めることで説明できそうに見える．

　しかしながら，難しい問題が残っているのも確かである．主要部や依存部として定義されたカテゴリーは，本当にそう見なしてよいものなのだろうか？　主要部-依存部の組み合わせの中でも，名詞と形容詞のように，いかなる一貫した類型論的パタンも示さないようなものはどう考えるべきだろうか？　次に，こうした問いに対して有力な答えを提供すると思われる構成要素順序の相関に対する最近のアプローチの概要を示す．

5.3　分岐方向理論

　マシュー・ドライヤーは，上で見た主要部-依存部という区分に基づいたアプローチの背後にある二つの基本的な想定を再検討した(特に Dryer 1992 を参照)．彼は主要部-依存部の順序が一貫するという立場に対し，一部の組み合わせには予測されるようなパタン(形容詞-名詞や指示詞-名詞など)が見られないことを指摘した．そして構成要素の順序に関する原理の説明力は，二つの要素のどちらを主要部とするかに全面的に依存しているという事実に注意をうながした．この点については，問題のないケースもあるが(例えば，動詞と副詞では前者が主要部，後者が依存部となる)，議論の余地があるケースも見られる(接置詞と名詞，従位接続詞と節，動詞と助動詞，等)．

　ドライヤーは構成要素順序の普遍性に関する代案として，(11)のような分岐方向理論を提示した．

(11) 分岐方向理論(Branching Direction Theory)：動詞(V)とその目的語(O)の順序を基に見た場合，動詞とパタンを同じくするものは句をなさない(非分岐的)カテゴリーであり，目的語とパタンを同じくするものは句をなす(分岐的)カテゴリーである．すなわち，XとYという要素がXYの順序をとる頻度がVO言語において(OV言語に比べ)有意に高いと言えるのは，Xが句をなさないカテゴリーで，Yが句をなすカテゴリーであるときに限られる．

ここで示す分岐方向理論は，句構造によって規定されるという点で，統語論に基づいたものである．ここで最も重要なのは，分岐カテゴリーと非分岐カテゴリーの区分である．分岐カテゴリーとは内部構造をもったものをいう．例えば，books

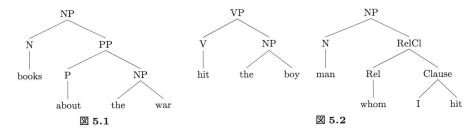

図 5.1   図 5.2

about the war「戦争についての本」のような名詞句は分割不可能な単位ではなく，部分に分けることができる．books は句の主要部であり，about the war はそれを修飾する前置詞句である．両者の関係は，図 5.1 のような樹形図を使って表すことができる．

この図が示す通り，名詞句(NP)は二つの構成要素へと分岐している．books という名詞(N)は内部の統語構造をもたず非分岐的である．これに対し，前置詞句(PP)は主要部の前置詞(P)とその補部の名詞句(NP)をもった構造として分析可能であり，この点において分岐的である．これに加えて，分岐方向理論をはたらかせるために，あるカテゴリーを分岐的と見なすには，それが上記の例のように非分岐的な主要部と，句をなす補部から組み立てられているときに限る，という条件を設定する．例えば，very quiet という形容詞句は二語からなる内部構造をもってはいるが，修飾のはたらきをもった程度語の very が句ではないため分岐カテゴリーとは見なされない(very はいかなる形でも修飾・拡張されない)．

以上の用語の定義をふまえて，分岐方向理論の主張を考えてみよう．この理論が予測するのは，言語は一貫して分岐カテゴリーを非分岐カテゴリーの後に置くか，またはその逆の順序をとる傾向をもつということである．言い換えれば，言語は一貫して**右分岐**(right branching)か一貫して**左分岐**(left branching)になる傾向がある，ということになる．英語は右分岐型言語の好例である(図 5.2)．

図 5.2 の一つ目の構造(左側)では，hit という動詞(V)が the boy という名詞句(NP)の前に見られる．この名詞句は内部構造をもっており，分岐カテゴリーをなす．したがって，hit と the boy という要素の組み合わせでは，分岐カテゴリーが非分岐カテゴリーの右に置かれている．二つ目の構造(右側)では，関係節(RelCl)が内部構造をもっており，分岐カテゴリーをなす．ここでもまた，分岐する要素は非分岐構造の右側に現れている．また関係節の内部では，関係代名詞 whom (それ自体は内部構造をもたない)が，節である I hit の前に置かれている．

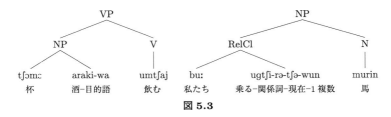

図 5.3

　これをオロチョン語と比べてみよう．この言語は左分岐型である（図5.3）．図5.3のどちらの構造においても，構造的により複雑な要素は左側に置かれている．すなわち，これらの構造は左分岐をなしている．

　分岐方向理論はフェンネマンやホーキンズの提案に比べ，二つの点で優れている．第一に，分岐方向理論は主要部と依存部という概念ではなく（これらは語順に関する事実を離れて独自に正当化するのは困難なことがある），統語的な概念に依拠している．この意味で，この理論は語順についての内的説明（第3章参照）となっている．

　第二に，分岐方向理論は形容詞-名詞のような要素の組み合わせが予測通りのパタンを示さないという事実に対して，説明力をもった考え方を提供している．形容詞句が名詞の修飾に使われるとき，とれる形はきわめて限られている．例えば英語では，形容詞単独か(12a)，程度語で修飾するか(12b)，不定詞の補部をともなうか(12c)である．

(12) a. the <u>happy</u> **scholar**
　　　　「喜んでいる学者」
　　 b. the <u>very happy</u> **scholar**
　　　　「とても喜んでいる学者」
　　 c. the **scholar** <u>happy to help others</u>
　　　　「喜んで人助けをする学者」

フェンネマンによる構成要素順序の理論では，英語は依存部を主要部の後に置く言語とされるため，(12a)と(12b)は例外となる．しかし，分岐方向理論の観点からは，最初の二つの例で使われている形容詞表現については，要素の順序に関する予測は何も行わない．ドライヤーの議論では，名詞の前に来る形容詞は句による補部をとれないため（the happy to help others scholar は不適格），分岐カテゴリーにはならない(Dryer 1992)．これに対し，(12c)では形容詞句が分岐カテゴリーとな

っていて，非分岐的な主要部の後に置かれている．これは理論の予測に正しく合致する．

分岐方向理論は構成要素順序についての内的説明として提案されているが，ドライヤーはその背後にあると思われるより一般的な機能的説明についても考察している(Dryer 1992: 128-132)．彼は分岐方向の統一性は言語処理の効率を向上させるのではないかと示唆している(Kuno 1974 および Hawkins 1990 を参照)．つまり，もしもある言語が一貫して左分岐であるか右分岐であるなら，解釈の困難な構造は生じにくいというわけである．

5.4 まとめ

基本的な構成要素順序，および各統語カテゴリー間に見られる順序の並行性は，Greenberg(1966)の先駆的研究からずっと類型論の中心的な関心であった．基本的な構成要素順序の研究にまつわる難点の全てが克服されたわけではないが，主語が先頭に置かれ，VとOが隣接する言語構造が選好されるという事実は広く認められている．こうした選好はいくつかの機能的原理の相互作用によって説明される．

言語構造においてある種の要素の順序が相関するという事実は驚くべきものである．とはいえ，このような相関を説明するのは，込み入った作業であることが明らかになっている．比較的最近の提案である分岐方向理論は，今後の研究に向けた有望な方向性を示している．分岐方向理論には問題がないわけではないが，多くの語順のパタンが節の階層構造と関係しており，階層構造は究極的には言語処理についての原理に基盤をもつのではないかという示唆が行われている[10]．

---

[10] Dryer(1992: 115-128)は分岐方向理論についての問題点と，予想される反論を示している．

6
基本的な構成要素順序の決定

　構成要素順序の類型論は,「言語とは何か？」という問いに答えるための有力な研究方向として確立されているが,この方面でいまだに論争中の基本的課題がいくつかあるのも事実である.その多くはこれまでの章で簡潔ながらも取り上げた——データベースの構成とサイズ,相関する組み合わせの正確な規定,構成要素順序のパタンの説明,などである.本章では,もう一つの重要な問題を論じる.すなわちある言語において基本的な構成要素順序をどうやって決定するのか,とりわけその言語がかなり自由な構成要素順序をもっている場合にはどうするのか,というきわめて実際的な問題である.

6.1　構成要素順序の変異

　多くの（おそらくは全ての）言語は主語(S),動詞(V),目的語(O)を配置する複数のやり方をもっている.かなり固定した構成要素順序をもつ言語では,ある種の順序は明らかに談話構成上の特別な機能を果たすために用いられる.例えば,英語でOSV構文(Beans, I like)が現れるときには,非常に限られた文脈だけで使われるため,英語において基本的とは見られないことは明らかである.しかし多くの言語では,二つ（またはそれ以上）の語順が普通に現れて,どれも特定の談話機能をもつようには見えないことがある.このような場合,基本語順がどれかを決めるにはどうすればよいだろうか？　また,言語学者の中には,基本的な構成要素順序によって言語を分類しようとするなら,基本的な順序というものを全くもたない言語というカテゴリーも設けるべきだと提案する者もいる(Thompson 1978)（図6.1）.
　この見方に立てば,言語類型の最初の分岐点は,構成要素順序が主として語用論的な理由によって決まるか（自由語順）,あるいは統語論的な理由によって決まるか

図 6.1 基本的な構成要素順序の類型

(固定語順)である[1]．この提案は，節を構成する単位の線的な配列にこれといった規則性のない言語に対して，固定した構成要素順序の分類を押しつけずに済むという点で，確かに魅力的である．とはいえ，このような形で類型を拡張しても，それなりの問題は生じてくる．

最初に出てくる問題は，諸言語における構成要素の配列順序は，さまざまに程度の異なる柔軟性を示すという事実である．一方の極には，英語のようにきわめて厳格な語順をもった言語がある．SVO のパタンはごく少数の(すでに見たような別の原理に従った)例外を別とすれば，あらゆる節に厳格に適用される．反対の極には，ワルピリ語(パマ・ニュンガ：オーストラリア)のような言語がある．次の文では，節の構成単位の順序に対する制約は，助動詞が文の二番目の位置を占めるという一点のみである．

(1) a. Ngarrka-ngku ka wawirri panti-rni
男-能格 助動詞 カンガルー 槍で射る-非過去
「男がカンガルーを槍で射ている」
b. Wawirri ka panti-rni ngarrka-ngku.
c. Panti-rni ka wawirri ngarrka-ngku.

(Hale 1983 から)

ワルピリ語は，節の主な構成要素の位置が自由だというだけでなく，構成要素順序の非常に柔軟な言語に見られる典型的特徴を，他にも二点ほど示している．一つは**不連続構成要素**(discontinuous constituent)を許すという点である．例えば，(2)では限定詞 yalumpu「その」はそれが修飾する名詞である wawirri「カンガルー」の隣りにはない．よって，この名詞句は不連続と見なされる．

---

[1] D. Payne(1992b)と Downing and Noonan(1995)所収の論文には，柔軟な構成要素順序をもった言語についての豊富なデータと分析が収められている．

(2) **Wawirri** kapirna panti-rni **yalumpu**
　　カンガルー　助動詞　槍で射る-非過去　その
　　「私はそのカンガルーを槍で射るつもりだ」

ワルピリ語がもつ，柔軟な構成要素順序をもった言語に特有のもう一つの特徴は，代名詞主語省略が広く見られるという点である（第3章第4節参照）．(3)にあるように，動詞は明示的な名詞句の項なしに使うことができる．ここでは，動詞のとる項は三人称単数の代名詞であることが助動詞の形態から理解される．

(3) panti-rni　　ka
　　槍で射る-非過去　助動詞
　　「彼/彼女は彼/彼女/それを槍で射ている」

多くの根拠から，ワルピリ語が柔軟な構成要素順序をもった言語として分類されるのは明らかである．同じく，英語が固定した順序の言語なのも明白である．問題なのは，これらの両極端の間に来るような言語について分類を決めようとするときである．ある言語が柔軟な構成要素順序をもつと見なせるのは，両極端の間のどの辺からだろうか？

　この問いへの答えは，見た目は柔軟な構成要素順序をもっているが，ある面においては確たる構造性を示す言語を前にしたとき，さらに不明瞭になる．オッダム語（ユート・アステック：アメリカ合衆国/メキシコ）はこのような言語である[2]．ワルピリ語と同じく，オッダム語においても，頻度の差はあるがS，V，Oはあらゆる順序で見られる[3]．構成要素の配列を決めるのは語用論的な配慮である（D. Payne 1987, 1992aを参照）．しかし，オッダム語の文法に見られるある種の特徴からは，文法の抽象的なレベルではSOVの順序をもつことが示されている（Hale 1992）．そこでオッダム語の構成要素順序については，次のような図式が出てくる．

(4) 抽象レベル　SOV
　　表層レベル　柔軟な順序

[2) オッダム語は言語学の文献では一般にパパゴ語と呼ばれている．
[3) Dryer (1989a) はVSとVOがテクストでは最もよく見られる順序であるとしている．Saxton (1982) はオッダム語は動詞先頭型であると言う．

6　基本的な構成要素順序の決定

もしこれがオッダム語の的確な記述であるなら,「基本構成要素順序」は文法のどのレベルで成り立つのだろうか？

現在の類型論研究では,こうした難問に独断的な答えを出すことはもはや許されない.しかし,次のように考えることで暫定的な答えを出すことは可能である.まず前章で見たように,構成要素順序の相関を説明する最近の試みでは,構成要素のパタンを予測する上でOやVの優先性は認めていない.例えばドライヤーの分岐方向理論は,構成要素間の階層構造に基づいている(Dryer 1992).それは分岐カテゴリーと非分岐カテゴリーの順序の相関について予測を行うものである.非分岐カテゴリーVと分岐カテゴリーOは,この理論が予測を行う要素のペアの一つにすぎず,特に基軸となるものではない.この意味で,柔軟な構成要素順序をもった言語とは,S, V, Oだけを見て定義すべきものではない.ある言語が柔軟な順序をもっていると見なせるのは,構成要素の主要なペアのほとんどにおいて配列が自由なときである.

さらに,統語論の抽象的レベルが言語の本質を理解するために有意義なのは確かだが,このレベルは表層的レベルの統語構造からはっきり分ける必要がある.つまり,「基本構成要素順序」には二つの意味があり,一方は抽象的な統語構造,もう一方は表層的な統語構造で規定されるわけである[4].これまで類型論では,基本構成要素順序という概念は言語の最も表層的なレベルにおける語句の配列を指してきた.この点は注意しなくてはならない.本書では特に断りがない限り,今後も構成要素の統語構造をこのレベルに限って検討していく.

最後の点として,何通りかの構成要素順序が現れる言語においても,いくつかのテストを組み合わせることで基本順序を決定できることが多い(具体的には本章の後半で述べる).したがって,「柔軟な順序」というラベルは,二通り以上のパタンが見られ,なおかつどれが基本的かを一貫した方法で決定できないケースに限るこ

---

[4] この点は統率・束縛理論ではっきりと示されている.この理論でとられる句構造理論の大半において,基本構成要素順序は強い制限を受けており,SVO, SOV, OVS, VOSといった順序だけが深層レベルでは認可されるようになっている.これらの順序が表層レベルの文法で変更を受けるのは移動規則によるものとされる.Kayne(1994)は抽象的な構成要素順序についてさらに大胆な立場を表明している.彼の議論では,全ての言語は深層ではSVOであり,それ以外の順序は移動の操作によって起きる.彼はこのような移動の性質を詳しく論じてはいないが,OVS, OSV, VOSの順序をもった言語の少なさは,それらを深層のSVO順序から派生するために必要な移動の余剰性に(部分的には)起因すると考えているようである.非常に単純化して言うなら,表層のSVO順序は移動なしで得られる.SOVとVSOを得るには,一つの構成要素(=V)がもう一つの構成要素(=S)をまたいで移動することが必要である.これに対し,OSVを派生するにはOがSとVの両方をまたいで移動せねばならない.さらにOVSとVOSの場合には,VとOの両方が移動することが要求される.

とが必要である．

このような考察を行った上であれば，図 6.1 に示した類型は，節内の要素の線的順序が柔軟である言語を認めているという点で，構成要素順序の研究への重要な貢献となっている．柔軟な順序をもった言語は，英語のように線的順序についての制限が決定的な役割をもった言語とは明らかに違っている．

6.2 基本順序の決定

構成要素順序がそこそこの柔軟性をもった言語では，基本順序の有無をどうやって決めるべきかという現実的な問題が出てくる．母語話者の直観は，この問いに答える上で大いに役に立つことがよくある．ある種の順序は，時に「容認しにくい」とか「より不自然な」ものと受け取られる．私がルワンダ語の構成要素順序を調べていたときには，コンサルタントとなった話者が元のコンテクストから抜き出したルワンダ語の文を見ながら，このような感想をしばしば強い口調で表明するのをよく聞いたものだった．とはいえ，このような直観の信頼性はいくつもの要因によって大幅に変化する．それは言語によっても違うし，構成要素の違いについて話し手の直観がどれだけはたらくか，また，調査する側が構成要素順序の何について知りたいのかをどれだけ適切に伝えられるかによっても違ってくる．

幸いにして，構成要素順序の決定にあたって使える「テスト」は他にも何通りかある．そうしたテストの有効性は，当然ながら適用する言語によって左右される．一つのテストで基本的な構成要素順序が決定できるような言語もあるが，いくつものテストを組み合わせねばならないような言語もある．

6.2.1 頻　度

基本構成要素順序を分析するにあたり，テクストを選んで各構成要素順序のタイプの生起例を数えることから始めるのは良い方法である (Hawkins 1983)[5]．この手順をとれば，どれか一つのタイプがはっきり優勢であると示される可能性がある．例えば，もし VSO の生起が全体の 70％ を占め，他のタイプの生起例が 15％ を越えないのならば，VSO が基本語順であることはほぼ間違いない．とはいえ，残念ながら基本構成要素順序が問題となる言語においては，各タイプ間の統計的な

---

[5] このテストは原則としてどの言語にも適用できるが，実際にはテクストが収集されていないために適用できない言語がたくさんある．

相違がこれほど大きくなることはめったにない．

　テクストの生起例を数えるさいには，注意すべきことがいくつかある．第一に，テクストは各部分で典型的な談話機能が異なっている．テクストの始まり，あるいは主要エピソードの始まりは，設定を描写し，人物を紹介することがよくある．このような導入部分は，特別の構成要素順序によって描かれることがある．これは英語においてもある程度は言えることである．場面の転換では，(5)のようにXVS順序（Xは何らかの副詞句）をとることがある．

(5) Over the hill came the troops.
　　 「丘を越えて軍勢が来た」

したがって，テクストの生起例を数えるときは，テクスト構成のために用いられる談話上のメカニズムを理解することがまず不可欠である．

　同様に，統計的に最も頻度の高い順序がテクストのジャンルによって異なる可能性もある．アグタイヌン語（オーストロネシア：フィリピン）では，動詞が先頭に来るVSの節が物語テクストでは優勢だが，説明的な談話ではSVの順序が最もよく見られる（Quakenbush 1992）．このような交替は，二つの談話タイプがもつ性質によるものと考えられる．この場合には特に次の二つの要因が関連している．すなわち，物語テクストは時系列に沿って線的に配列された事象からなるという事実，そしてテクスト内で**情報量の多い**(highly informative)ものは多くの言語で節の先頭に置かれる傾向があるという事実である．第一の点については，動詞先頭型の言語ではVSの順序を時系列に沿った内容を表す節で使い，SVの順序は時系列に沿っていない節で使うということをマイヒルが示している（Myhill 1992a, 1992b）．第二の点については，テクストのある種の要素——談話に新情報を加える要素，聞き手の予想に反する可能性の高い情報，テクストの先行する要素と対比される情報，など——は動詞の前に生起する傾向をもつことを多くの言語学者が指摘している．アグタイヌン語の説明的談話では，主語はしばしばこの種の情報量の多い部分を表す．これら二つの事実を合わせれば，VSとSVという順序と特定のジャンルとの相関が説明される（ジャンル間の相対頻度が基本構成要素順序という概念に及ぼす影響についてはDryer 1995の議論を参照）．

　言語によっては，SとOが一つの節に共に完全な名詞句として現れることがめったにないため，テクストの生起例を数える有効性は低くなる．このような言語では，名詞句は新しい参加者をテクストに導入するために主として使われる．導入が

済めば，参加者は一致の標識や接語を使って指示される．カユガ語(アルモサ・ケレスー：カナダ)の例を挙げる．

  (6) Shakó-ṇohwe'-s
       彼が/彼女を-好き-習慣
      「彼は彼女を好きだ」

(Mithun 1992 から)

このような文が広く見られる言語では，S，V，O のパタンを確定するには大量のテクストが必要となるだろう．さもなければ，別の方法を使って基本構成要素順序を決めねばならない．

6.2.2 有標性

基本的な構成要素順序は，形式的な標示の最も少ない発話で典型的に見られる．これは音韻論，形態論，統語論という文法の全レベルで成り立つ．音韻論的な有標性という点で違いの出るケースは，第5章で英語の例を示した．以下に再掲する．

  (7) a. I like beans.
        「私はソラマメが好きだ」
     b. Beans, I like.
        「ソラマメは私は好きだ」

これら二つの文はイントネーションの旋律という点で異なっている．(7a)では中立的なイントネーション——ゆるやかに下降するピッチで，発話の最後になってより明確に下がる——が使われる．(7b)はこれと違って，短く高いピッチ(beansにかかる強勢による)で始まり，短いポーズがそれに続き，その後は(7a)と同じ中立的なイントネーションが続く．(7b)は特別な音韻論的要素が「加わって」いるという点で，**有標**(marked)であると言える．その一方，(7a)は**無標**(unmarked)である[6]．結果として，(7a)の語順が基本的であるという仮定が立てられる．

[6) 「有標」「無標」という用語は，言語学全体を通じて最も一貫性を欠いた形で使われてきた用語の内に数えられる．元々この用語は音韻論において比較的明確な意味で使われていた(Trubetzkoy 1931, 1939, 有標性のよくまとまった概観としては Croft 1990 を参照)．その後，この用語は生成文法，生成音韻論，類型論，および談話研究で微妙に異なる使い方で取り入れられることとなった．本章では，「有標」という語は追加的な形式的標示(形態素，単語，イントネーションなどの追加)があるときに限って使う．

6 基本的な構成要素順序の決定

クーテナイ語(アルモサ・ケレスー：カナダ/アメリカ合衆国)は形態論的有標性の好例である．

(8) a. wu·kat-i palkiy-s tiqat'
   見る-直説法 女-離却形 男
  「その男がその女を見た」

 b. wu·kat-aps-i tiqat'-s palkiy
   見る-逆行形-直説法 男-離却形 女
  「その男がその女を見た」(または「その女がその男に見られた」)

(Dryer 1994 から)

これらの文は，VOS(8a)とVSO(8b)という二つの構成要素順序を示している．しかし(8b)では動詞の接尾辞として，-apsという(8a)にない逆行形の標識が付いている．この追加の標識は，(8b)を有標の構造と認定するのに役立つ．この理由から，(8a)は基本構成要素順序を具現すると考えられる[7]．

最後に，統語論的な有標性によって基本構成要素順序が明らかになるケースがある．ドイツ語(ゲルマン：ドイツ)は主節ではSVOの順序をもつが，従属節ではSOVである．

(9) a. Der Mann sah den Jungen
   その(主格) 男 見た その(対格) 少年
  「その男はその少年を見た」

 b. Ich weiss, dass der Mann den   Jungen sah
   私(主格) 知っている ということ その(主格) 男 その(対格) 少年 見た
  「私はその男がその少年を見たことを知っている」

(Comrie 1989 から)

現代ドイツ語でSVOが基本であると考える理由は二つある．第一に，従属節を導くには従位接続詞((9b)ではdass)を用いるが，主節には特別の形態は現れない．したがって，従属節が有標である．第二に，歴史的変化についての通言語的証拠によれば，従属節は古い語順パタンをよりよく保つ傾向があることが知られている．そこで，ドイツ語はかつては全ての節でSOVだったが，基本順序はSVOへ

---

7) 注意すべきは，(8b)は受動態の節ではないという点である．この節は他動詞節としてふるまう．

と推移したと考えられる．この新しい順序は主節に現れ，一方で従属節は変化せず SOV を保っているのである．

　有標性は言語における基本パタンを判別する手がかりとして有効である．ただし，異なる構成要素順序が必ずしも形式的な有標性の差を伴うとは限らないことには注意した方がよい．有標性のテストが使えないことはしばしばある．そして標示の少ないものが基本パタンであるという経験則には多くの例外があるのも事実である．また，有標性の考慮はテクスト中の頻度と相反する結果をもたらすことがある．次のヤワ語(赤道トゥカノ：ペルー)の例を見てみよう[8]．

(10) a. Rospita suuta Anita
　　　　 ロスピタ　 洗う　　アニタ
　　 b. Sa=suuta Rospita=níí Anita
　　　　 彼が-洗う　 ロスピタ-彼女を　アニタ
　　 「ロスピタがアニタを洗う」

(Everett 1989 から，一部変更)

有標性という規準からは，(10a)の SVO 順序の方が基本的である．(10b)の VSO 順序には追加の接語が伴っており，この点で有標と言える．しかし，頻度と語用論(6.2.3 参照)の観点からは，基本的なのは VSO 順序である(D. Payne 1985)[9]．

6.2.3　語用論的に中立のコンテクスト

　ある言語の基本的な構成要素順序について仮説を立てるときに，もう一つ考えるべきことは，対象とする節の語用論的機能である．一般に，話し手(または書き手)が特定の構成要素を際立たせているような文は，その言語の基本順序の例としてふさわしくない．より有用なのは，この点から見て中立な節である．

　この意味で，談話コンテクストから独立した形で文を採取する方法は役に立つことが多い．ただしこの方法には欠点もある．ある種の言語では，基本構成要素順序

---

8) (10b)で使った「＝」の記号は，後続する形態素が接辞ではなく接語であることを示している．接語とは，音韻論的には隣接する語に依存しているが，統語論的には依存していない形態素のことをいう．例えば，(10b)で「彼女を」と語釈した níí は，それがつく主語名詞句とは何の直接的な統語的関係ももたないが，ヤフ語の音韻論から見ると，その名詞句と共に単一の語をなしている．
　なお，元のデータでは接語の語釈は性を示していないこともここで記しておく．Everett(1989)では三人称単数という語釈しかない．ここではデータをわかりやすくするために語釈を変えた．
9) この意味で，ヤワ語は文法の表層レベル(VSO が支持される)と抽象レベル(SVO が支持される)とで節要素の順序に食い違いが見られる言語の一例と見なせるかもしれない．

と思われる文や，特定の談話上の動機づけがないと思われる順序をコンテクストから独立して採取するのが困難なことがある．このような場合には，次善の策として，あるコンテクストの中から採られてはいるが，特別な節のパタンが採られそうな個所（例えば談話の大きな単位の先頭）には現れないデータを使うという方法がある．

6.3 残された問題点

これまでの議論で，基本構成要素順序を分析するための基本となる点をいくつか示した．ここまで見ればわかる通り，基本順序の決定はコンサルタントの話者から文をいくつか採取して済むことはめったにない．ここで構成要素順序の類型についての議論を締めくくるにあたり，さらにいくつかの問題提起をする必要がある．

まず，コムリーは「主語」や「目的語」という概念の規定自体が難しいので，基本順序の決定が単純にはいかないという問題を指摘している（Comrie 1989）．ある種の言語では，主語を決める代表的な規準（格接辞，一致，再帰代名詞のコントロールなど）のあてはまる名詞句が一つに決まらないことがある．これらを A，B とすると，そのような言語で A と B のどちらを主語とするか，それともどちらも主語としないのかは，理論的な立場に依存して決まることが多い．これはフィリピンやオーストラリアの言語の一部，および能格型と呼ばれる言語において，特に難しい問題となってきた．この問題には第 9 章で立ち戻る．

本章では，ほとんど S，V，O の順序に限って論じてきた．しかし柔軟な構成要素順序は，より小さい言語単位でも見られる．時には語の内部でさえも，接辞の順序が固定しないことがある．ルンディ語（ニジェール・コンゴ：ブルンディ）では，場所接辞 ha- がある種の目的語接辞と共起するときには，位置が固定されない．

(11) a. Y-a-rá-**ha**-zí-shize
   彼-過去-位格-そこに-それ-置く
   「彼はそれをそこに置いた」

   b. Y-a-rá-zi-**há**-shize
   彼-過去-位格-それ-そこに-置く
   「彼はそれをそこに置いた」

(Sabimana 1986 から，一部変更)

より一般的なのは，句のレベルでの柔軟性である．例えば古代ギリシア語(ヘレニック)では，形容詞と名詞の順序は可変的である．

(12) a. kalon　karpon
　　　　美味い　果物
　　b. karpon　kalon
　　　　果物　　美味い

このような場合には，基本順序は S, V, O について行ったのと同じ方法で決めることになる．

6.4　まとめ

　これまで 2 章にわたって基本構成要素順序の概念を概観してきた．今ではその何たるかは明らかになったと思う．しかし，S, V, O の順序に何通りものバリエーションがある言語では，基本順序を確立するのは必ずしも容易ではない．ある言語の基本構成要素順序を見出すための方法としては，以下のものを検討してきた．

- 母語話者が基本順序だと強く感じるものは基本順序であることが多い．
- 最も頻度の高い順序は基本順序であることが多い．
- 最も有標性の低い順序は基本順序であることが多い．
- コンテクストから独立して現れる，あるいはテクスト内で語用論的に最も中立的な部分に現れる順序は基本順序であることが多い．

もちろん，これらの規準を組み合わせてみても，基本順序の決められない言語に出会うことはあるし，その場合には構成要素順序は自由であると見るのが最もよいと思われる．結果として，第 5 章で示した類型は拡張されることになる．

　本章で示したのは，基本的な構成要素順序を文法の表層レベルで判定するための分析道具だった．だがここでも見たように，多くの言語学者は基本構成要素順序が抽象的な文法のレベルでも成り立つであろうと考えている．ケインなどは全ての言語の深層において普遍的に SVO の順序が成り立つという議論をしている (Kayne 1994, 詳しくは脚注 4 を参照)．

　言語学者が表層レベルと抽象レベルのどちらで成り立つ基本順序を探究している

にせよ，構成要素の線的順序は自律した言語構造でないという点については共通理解がされている．つまり，それは言語の他の形式的な特性と結びついているわけである．そのような特性の一つとして，言語の形態論的構造がある．第7章ではこの話題を論じる．

第III部
形態論的類型論

7
形態素

　意味を担う言語の最小単位は**形態素**(morpheme)と呼ばれる．例えば uncovers「覆いを取る，露わにする(三人称単数)」という単語には，動詞語根 cover，接頭辞 un-，接尾辞 -s という三つの形態素がある．単語全体の意味はこれらの部分の総和である．**語根**(root) cover は，語全体が表す中心的な概念を規定する．すなわちあるもの(毛布，埃，手など)が別のもの(ベッド，テーブル，絵画など)の表面を遮蔽するように配置される，という意味を与える．un- という形態素は，覆うという過程がそれまでに起きており，いまはその逆に遮蔽状態を取りのぞくプロセスが起きていることを表す．-s という形態素の役割は，覆いを外すという動作を行う主語の特徴の一面を識別することである．具体的には，その主語は三人称単数(「彼」「彼女」「それ」にあたるものであり，「あなた」「あなたたち」「私」「私たち」「彼ら/彼女ら/それら」ではない)であることが要求される．

　この例からわかる通り，形態素には大きく異なったタイプのものがある．あるものは語を作る土台となり(例：cover)，他のものはこの土台の意味に何らかの形で変更を加える．後者のタイプの形態素が与える意味もさまざまである．例えば，接頭辞 un- は動作そのものの性質のある面を表す．一方，-s はその動作を実行する主体についての情報を与える．この意味で，同一言語においても，記述すべき形態論の中身は多様である．

　形態素を通言語的に分析すると，多様性はさらに劇的なものとなる．世界の諸言語は形態論のみごとな多様性を示している．一方ではよく知られた複数の形態素(例：英語の cats における -s)があり，他方ではアツゲウィ語(ホカ：アメリカ合衆国)の方向接尾辞 -ict(文中では ićta)「液体の中に」のように，一見すると奇妙な形態素(1)もある．

(1) ċwa-staq-ícta
それ.風で-臓物-液体の中に
「臓物が風に吹かれて小川に落ちた」

(Talmy 1985 から，一部変更)

世界中の言語に現れる膨大な数の形態素を逐一分析していくことは無理である．しかし，観察される形態素の種類やそれらが結びつくパタンについては，ある種の通言語的な規則性があることに気づく．ここから考えられるのは，人間の言語がもつ形態論システムには，利用可能なオプションの範囲を制限する原理があるということである．

この章では，形態素の基本的なタイプ分けを導入する．ただし，目標とするのは諸言語を形態論の観点から分類することではなく（これは第8章で取り上げる），人間の言語に現れる形態素を一般的な観点から分類することにある．したがって，ここで論じる区分があらゆる言語で観察されるわけではないという点は注意が必要だが，そのような区分を無効にするような言語に出会うことはないと思われる．

7.1 拘束形態素 対 自由形態素

形態素を記述するために伝統的にとられてきた第一のパラメータは，拘束形態素-自由形態素という区分である．一般に，**拘束**(bound)形態素は単独では生起せず，語を構成するには他の形態素と一緒に現れなければならない．**自由**(free)形態素とは，他の形態素なしに単独で生起できるものをいう．英語では，dog, the, and, walk, very, happy, must はみな自由形態素の例であり，-s (dog-s)，un- や -ed (un-cover-ed) は拘束形態素の例である．

拘束性は言語の統語論的な特性にも影響を及ぼしうるが，拘束性という性質そのものは音韻論的なものである．その意味で，文法的な依存性だけでは形態素が拘束的であるかどうか決定するには十分ではない．例えば，the は英語の統語論においては主要部名詞と共起しなければならないが，次の理由から拘束形態素ではない．(a)他の語が the と主要部名詞の間に入ることができる (the black dog「(その)黒い犬」)，(b) the はコンテクストによっては単独で強勢を受けることがある (Caren is *the* woman for me「カレンこそが私の(パートナーとすべき)女性だ」)，(c)非常にゆっくりと正確に話した場合には，the はポーズで区切ることができる．例え

ば，二人の子供が話している場面を考えてみよう．ジェニーは弟に同じ文を三度も繰り返して聞かせたのに，わからないのでイライラしている．そこで四度目には，目をギョロリとさせながら，間にポーズを挟んで一個一個の単語をゆっくり Mom_said_to_take_out_the_garbage「お母さんがゴミを出すように言ったのよ」と発声していく．このような場面では，the と garbage の間のポーズは自然に聞こえる．

このような the の性質を，複数の標識である -s と比べてみよう．-s とそれがつく名詞を分離するような語は存在せず，-s に強勢は置かれないし，それがつく名詞との間にポーズを挟むこともできない[1]．こうした理由から，-s は明らかに拘束形態素である．

ある形態素が拘束か自由かという判断は，意味から導くことは完全にはできない[2]．一部の言語では，定性を英語の the のような自由形態素ではなく，拘束形態素によって標示する．デンマーク語（ゲルマン：デンマーク）(2)はそのような例である[3]．

(2) dag   「一日」   park   「公園」   vise   「歌」
    dag**en** 「その日」 park**en** 「その公園」 vis**en** 「その歌」

(Haugen 1987 から)

その逆に，複数の標示は英語などとは違い接辞を使わないこともある．接辞の代わりに，次の例(3)のように別個に複数を表す語が用いられることがある．

---

1) ここに概要を示すテストは，ある形態素が拘束か自由かを示唆することはできるものの，そうと決定するには不十分である．例えば，un- という接頭辞を考えてみよう．これが拘束形態素であることは間違いないが，実際にはここで挙げた三つの規準に照らすと，the のような語と似たふるまいをする．標準的ではない会話では，un-freaking-believable (unbelievable は「信じられない」，freaking は「チョー」や「メチャ」のような強調語）のような表現に見られるように，un- は語根から離すことができる．また，un- は文脈次第では強勢を置くことができる（例：I didn't say I was happy, I said I was *un*happy「嬉しいって言ったんじゃなくて，嬉しくないって言ったの」）．最後に，強勢が置かれたときには，非常に短いポーズによって語根から離れて発音されることがある．
2) したがって，意味を基にある形態素が拘束か自由かを初めから決めてかかることはできない．これは個々のケースを検討しながら決めていくべき経験的問題である．とはいえ，拘束性と意味内容との間にある種の相関が観察されているのも確かである．例えば，Dahl (1985)によれば完了（第 12 章参照）は拘束形態素で表される傾向があるという．
3) デンマーク語における定性の表し方は，ここのデータが示すよりも複雑である．デンマーク語には自由形態素である定冠詞も存在する．この自由形式の定性標識は，名詞が形容詞によって修飾されているときに使われる．例：det store hus「その大きな家」．

(3) グルン語(チベット・ビルマ：ネパール)
　　cá　pxra-báe　　mxi　**jaga**
　　その　歩く-形容詞形　人　　複数
　　「それらの歩いている人たち」

(Dryer 1992 から，Glover の引用)

　自由形態素という概念は，語根とよく混同されるが，あらゆる語根が自由形態素というわけではないので，二つの用語は別物である．例えば古代ギリシア語では，(4)のように名詞は格接尾辞と共に現れなくてはならないので，ほとんどの名詞語根は拘束的と見なければならない．

(4) log-os　「言葉(主格)」　　log-oi　「言葉(複数主格)」
　　log-ou　「言葉(属格)」　　log-ōn　「言葉(複数属格)」
　　log-ō　　「言葉(与格)」　　log-ois　「言葉(複数与格)」
　　log-on　「言葉(対格)」　　log-ous　「言葉(複数対格)」

ここでは log- という名詞語根ははっきり識別できるが，そのままの形では生起しない．よってこれは拘束形態素である．

　ある言語において，拘束的な語根の数が多いか少ないかはその言語の形態論的な特性を端的に示す．ある種の言語(北京官話など)では拘束的な語根はほとんど無いか皆無である．その他の言語，例えば英語などはごく少数の拘束的な語根をもっている(例：-logy「学・論」は geology「地質学」，zoology「動物学」，biology「生物学」，morphology「形態論」などに現れるが，単独では現れない)．さらに別の言語(ギリシア語など)では，特に開いた語類においては主として拘束的な語根が見られる．

7.2　接頭辞と接尾辞

　拘束形態素を分類する一つの方法は，語根との形式面での関係を見ることである．最も単純なのは接辞の関係である．拘束形式の中で，それ自体語根ではなく，語根の前に接辞として置かれるものを**接頭辞**(prefix)という(5)．語根の末尾に接辞として置かれる拘束形式は**接尾辞**(suffix)という(6)．

7　形態素

(5)　**in**-adequate「不十分な」
　　　re-use「再利用する」
　　　pro-life「(胎児の)生命尊重の」

(6)　pleas-**ing**「喜ばしい」
　　　institut-**ion-al-ize-s**「制度化する，施設に収容する(三人称単数現在)」

例(6)からわかるように，語根によっては複数の接辞が現れる．接辞の順序はたいてい固定している(例外については第6章(10)を参照)．したがって，形態論を包括的に記述しようとすれば，接辞の順序もまた定式化する必要がある．

　接尾辞と接頭辞はどちらも広く見られるが，通言語的には接尾辞をとる傾向が明らかに強い．バイビーたちの研究によれば，接尾辞は接頭辞に対して3：1近い比率で優勢である(Bybee, Pagliuca, and Perkins 1990)[4]．注目すべきことに，接尾辞の優勢の度合いは基本構成要素順序に応じて変わることが知られている．接尾辞の接頭辞に対する比率は動詞末尾型の言語では約5：1，動詞中間型(SVOとOVS)の言語では約2：1，動詞先頭型の言語では約1：1であったという．ここから出てくる疑問は，全言語を通じて接尾辞をとる傾向が優勢なのはなぜか，そして構成要素順序のタイプによって接頭辞と接尾辞の比率が異なるのはなぜか，の二点である．

　これらの問いへの答えは，一面では言語変化，また別の面では言語処理の観点から得られるように思われる．まず歴史的な面から見ていこう．言語変化の中で起きるプロセスの一つに**文法化**(grammaticalization)がある．文法化においては，自由な語彙的形態素の意味が一般化されると同時に，音韻的に縮約される．やがてそうした形態素は拘束的な接辞となる．

　スワヒリ語(ニジェール・コンゴ：中央アフリカ)の未来の標識 ta- はこのような発達の例である．

---

[4]　この研究で使われたデータベースは71言語で，それらは事前に決められた系統分類の中からランダムに選ばれた．このアプローチはデータベースにおいて系統的な偏りが出ないよう制御することを旨としたものである．それは広範囲から見た地域的偏りを制御するにはあまり有効ではない(詳しい議論は第3章を参照)．

(7) a. n-a-taka　　　ku-la
　　　私-過去-欲する　不定形-食べる
　　　「私は食事をしたかった」

　　b. ni-ta-ku-la
　　　私-未来-不定形-食べる
　　　「私は食事をするつもりだ」

(Givón 1973 から)

　未来の接辞は歴史的には動詞 -taka「欲する」から来ている．この語は今でも(7a)のようにスワヒリ語で使われている．完全な動詞として使われるときには，テンスの標識をもち(上の場合は接頭辞 a-)，不定形を導く(kula「食べる」)．時代が下ると，この動詞の意味はあるコンテクストでは一般化されて，「未来の時点でXが起きることを欲する」という具体的な意味から，(7b)のように「未来の時点でXが起きる」という意味になっていった．こうした意味の一般化と並行して，音韻の縮約が起きた．すなわち，二音節の -taka という形からの第二音節の脱落である．形と意味がこのように変わっていった結果，この形態素はテンスの接辞としての性質をもつようになり，テンスの体系の中で生産的な(=どの動詞にも付く)メンバーとなった．スワヒリ語の未来の標識が接尾辞ではなく接頭辞であることは，歴史的に元の形である -taka が不定形の後ではなく前に生じたという事実から導かれる．

　(7)のような例は広く見られるので，言語学者の中には，形態素の順序はその言語の歴史の古い段階における語の順序をかなりのところまで反映したものだという立場をとってきた者もある．ギヴォンは次のように述べている．

> 拘束形態素が…主として自由な「語彙的」形態素から生じるというのが事実で，かつ統語論によって自由な「語彙的」形態素の配列を派生のどこかの段階で決定されるのであれば，その言語の統語論は変化の行き着く先［の拘束的形態素の配列］をも決定する．(Givón 1971: 409)

　接尾辞が全体として優勢なのは，拘束形態素へと発達する傾向をもった自由形態素が，後に接辞となって付くことになる要素の後ろに生起する割合が高いからだ，という可能性がある．これはまさに，バイビーたちが発見したことである(Bybee et al. 1990)．この観察を基に考えると，拘束形態素が接尾辞となる傾向が強いのは，主として歴史的な偶然の結果だということになる．この見方が(少なくとも部分的

7　形態素

に)正しいとすれば，接尾辞をとる傾向の強さが言語の基本構成要素順序によって違うという事実の説明もつく．この傾向が最も強いのは動詞末尾型の言語だが，このタイプの構成要素順序をもった言語では文法的要素を後置する割合が最も高い．これは言い換えれば，文法化を通じて拘束的な接辞となる可能性の最も高い形態素が，それが付く語の後に生じるということである．したがって，それらは接辞となるときには接尾辞の形をとることになる．

そうは言っても，歴史的な説明は諸言語が接尾辞をとる強い傾向をもつ理由の一面にすぎないという可能性もある．より適切な理解のためには，これに加えて人間の心が言語入力を処理する方法に目を向けることも必要となる(Hall 1988)．言語とは音が連なりとなって生起するのを利用して符号化するものだから，語(あるいは句や文)の最初の部分がそれに続く部分よりも先に聞き手に届くことは当然の真理である．脳は語全体が発せられるのを待たずに，受け取った音響データの解釈をほぼ即座に始める(例えば Marslen-Wilson and Tyler 1980)．言い換えれば，脳は語に含まれる音が実際に全部耳に届くよりも前に，それがどんな語かを「憶測」しようとする．言語をこのように処理することのメリットは大きい．それによって，語全体が発せられるのを待ってから処理を始めるよりも，速やかな理解が可能となるからである．

カトラーたちは，このような方式の言語理解が最適な効率を得るのは，語についての最も重要な情報が語頭に来るときであるという提案をしている(Cutler, Hawkins, and Gilligan 1985)．さらに，実験からの多くの証拠を基に，語幹が表す情報は接辞のもつ情報よりも語を理解する上でずっと重要であると論じている．つまり語の処理は，語幹が先頭に来ているときに最も効率的になるわけである．このように考えると，接頭辞を生むような歴史的プロセスに対しては，接尾辞にはないような歯止めがかかるという予測が成り立つ．

7.2.1　その他のタイプの接辞

接頭辞と接尾辞に加えて，世界の言語にはこの他にも語根とならない形態素が何通りか見られる．あまり見られない接辞としては，**接中辞**(infix)と呼ばれるものがある．接中辞は次のアッカド語(セム)のデータが示すように，語根の内部に置かれる．

7.2 接頭辞と接尾辞

(8) išriq   「彼は盗んだ」
    iš**ta**riq 「彼は自分のために盗んだ」
    imḫaṣ   「彼は打った」
    im**ta**ḫaṣ 「彼は戦った」（文字通りには，「彼は他の者を打った」）

(Marcus 1978 から)

この例では，接中辞 -ta- は語根の第一音節の後に置かれ，再帰的あるいは相互的な意味を表している．注意を要するのは，接中辞の定義は語根の内側に現れる接辞であるという点である．したがって英語の institut-ion-s「施設（複数）」のような語における形態素 -ion は，語の端には現れないが，語根 institut の後に付いているので，接中辞ではない．

それほど一般的ではないが多種多様な言語に現れる接辞として，**接周辞**(circumfix)と**重複形**(reduplication)という二つのタイプがある．接周辞は二つ（またはそれ以上）の部分からなり，間に立つ要素（接辞であれ語根であれ）によって隔てられている．次の例はカイオワ・ワラニー語（赤道トゥカノ：ブラジル）からである．

(9) a. c-gʷapi-ta
       3-座る-未来
       「彼は座るだろう」
    b. ⁿd-o-gʷapi-ta-i
       否定-3-座る-未来-否定
       「彼は座らないだろう」

この例では，否定が不連続な形態素によって表されている．これを二つの形態素の共起ではなく接周辞の例と判定するのは，ⁿd- と -i は一緒に現れなくてはならず，意味の上でも両者を分別できないという事実に基づいている．

重複形とは，接辞の形が語根の一部（または全部）を繰り返すことで決まるというタイプの形態論的な標示手段である．このプロセスは，例えば古代ギリシア語の完了動詞の形成 (10) に見られる．

(10)　語根　　　　完了形　　　　　意味
　　　paideu-　　**pe**-paideuka　　「私は教えた」
　　　de-　　　　**de**-deka　　　　「私は縛った」
　　　keleu-　　　**ke**-keleuka　　「私は命じた」
　　　lu-　　　　**le**-luka　　　　「私は解放した」

このデータ中の接頭辞には共通の意味があるが（動詞は完了の意味をもつ），語根によって音韻上の形は異なっていることに注意しよう．接頭辞の形は，それが付く語根によって決まる．語根が[p]で始まれば接頭辞も[p]で始まり，語根が[d]で始まれば接頭辞も[d]で始まる．ただしどの場合も，接頭辞の母音は同じである．そこで，当面は関わりのない細部を省くなら，接頭辞の形は「Ce，C=動詞語根の最初の子音」として記述できる．

　ここで，拘束的な形態の全てが，これまで論じてきた各種の接辞のように語根から容易に分離できるとは限らないという事実は注意すべきである．例えば，ある種の英語動詞は第二音節から第一音節へと強勢を移すことによって名詞化される．

(11)　動詞　　　　　　　　　　名詞
　　　convíct「有罪宣告する」　cónvict「受刑者」
　　　convért「転換・転向する」cónvert「改宗者」
　　　rejéct「拒絶する」　　　　réject「拒絶」
　　　pervért「曲解する」　　　 pérvert「曲解」

強勢の移動は接辞形態素とよく似た影響(-tion が動詞 pollute「汚染する」に付いて名詞 pollution「汚染」となるように)を語根に与える．そのため，このタイプの形態論的プロセスは時に**かぶせ辞**(suprafix)による転換と呼ばれる．

　形態素のタイプについてこれまで2節にわたって論じてきたが，そこでは通言語的に見られる語の構造のバリエーションに簡単に触れただけであった．とはいえ，それは主要な接辞のタイプを識別し，諸言語における各タイプの分布が不均衡であることを示すには十分な情報である．ここで後者の点について，接頭辞や接尾辞に比べて，なぜ接中辞，接周辞，重複形があまり見られないかを問うことにしよう．

　接中辞の頻度が低い理由は，おそらく言語処理の仕方から説明できる．言語というものは，一般に単位を分断しない傾向があるように思われる．だが接中辞の場合

7.2 接頭辞と接尾辞

には，ある形態素が語根を構成する音の連続を分断している．さらに，ホーキンズとカトラーが指摘するように，接中辞が現れる語の真ん中の部分は際立ちが最も低い(Hawkins and Cutler 1988: 309)．それは語の処理において注意が最小になる部分である．よって接中辞が稀なのは，接辞というものが一般に「語中の最も際立ちの低い位置に挿入するには情報量が多すぎる」(Hawkins and Cutler 1988: 309) ためであると考えられる．これに加えて(あるいは代案として)，接中辞があまり見られないのは，要するにそれが言語内で発達するような歴史的プロセスは稀だからだとも考えられる．そもそも接中辞がどのように語根の中に挿入されるようになるのかというのは，たいへん興味深い問いである[5]．

接周辞の稀少さも同じく処理上の理由によると言えるだろう．先の説明で，接周辞では単一の情報を示すために二つの接辞が使われると述べた．見方によっては，これら二つの接辞はまとまった情報の単位をなしており，分離すべきではないと言える．また接周辞は，経済性の高い構造を選好するという言語一般の傾向に反してもいる(第3章，3.4.3参照)．接周辞の表す意味はその一部だけからも理解可能なので，二つの接辞を使うのは不経済というわけだ．

重複形がわりあい少ない理由はこれに比べるとはっきりしない．とりあえず，重複形はかつて語彙的要素であったものが拘束形態素へと文法化した例ではない，という観察はできるだろう．もしも拘束形態素の大半が元は自由形態素だったものから生まれるとすれば，重複形の見られる頻度が低いのは，それがあまり一般的ではない歴史的プロセスから生じることに起因するのかもしれない．さらに，重複形が典型的にもつ意味概念の種類や範囲はかなり限られている．例えば，重複形が現れるときには，たいてい複数性，反復性(事象が繰り返し起きる様子)，進行(事象が時間の中で連続して成立する様子)などを表す．注目すべきことに，これらのカテゴリーはどれもある種の「繰り返し」を表すという点で共通している．そこで，こうした意味上のカテゴリーと語根の一部または全部を繰り返す重複形の間に類像

---

[5] 本章の査読者の一人は，接中辞が生まれるに至る二つの歴史的プロセスを示した．第一に，音位転換(metathesis)という音韻プロセスは接中辞を生み出す可能性が潜在的にある．音位転換においては，二つの音(または音節)が語中で位置を入れ替える．ABCという音連続(または音節連続)があるとして，この連続がACBとなると，BとCの間で音位転換が起きたことになる．BとCが別々の形態素に由来する形であるなら，結果的にC(元来の接尾辞)は接中辞となる．第二の可能性は，語根Aと自由形態素B，Cが与えられたとき，文法化によってB，CともにAに付く接辞となる可能性がある．仮にCがさらに時を経てそれ自体の意味を失うと，もはや接辞ではなく語根と結びついた一部と見なされることもありうる．言語変化のこの時点では，Bを接中辞としてもったABCという連続が生じることになる．

7　形態素

な関係を見出したくなるのも道理である．重複形において類像的な意味関係が典型的に見られるなら，それが言語の中に生じる状況もきわめて限られてくる．このような理由から，重複形は接頭辞や接尾辞に比べて類型論的に限られた範囲でしか見られないと言える．

7.3　派生形態論 対 屈折形態論

　第2節では，語根と接辞の構造的関係を検討した．これに加え，接辞は**派生的**（derivational）か**屈折的**（inflectional）かという観点から分類することもできる．最も一般的な言い方をすれば，派生形態素は明確な意味情報を与える（例：英語のun-, re-, -tion, -ly）．屈折形態素は主に文法情報を与える（例：英語の -s, -ed, -ing）．この節では，この区分をより明確にしたい．

　一例として，establishments「確立・設立したもの，制度，施設（複数）」という語は三つの形態素をもつ．語根のestablish「確立・設立する」と，接尾辞の-ment「すること・もの」と -s「複数」である．establishmentsという語の形成において，二つの接尾辞の役目は大きく異なっている．-ment という接尾辞は動詞概念を名詞に変換するという点で，新しい概念を形成するはたらきをもつ．establishが表す動作に代わって，establishmentは事物を表すわけである．この意味で，-ment は派生形態素に分類される．その一方，-s という接尾辞はestablishから新しい概念を導くわけではない．それは同じ概念の具体例が複数あることを示しており，屈折の接辞に分類される．このように，どちらの接尾辞も語全体に意味情報を提供してはいるが，両者がもつ情報は質的に異なっている．

　派生と屈折の区分をさらに検討していくと，それぞれのカテゴリーと相関する一連の性質が見えてくる（表7.1参照）．

　接辞を加えることで受ける意味上の作用が大きいか小さいかは，当然ながら主観的な面がある．しかし他の規準と一緒に使うならば，全体として派生と屈折の違いは明らかである．まず指摘すべきは，最も目を引く意味の転換は，語根の品詞が変わるケースだという点である．この点は表7.1の第二の規準として挙げた．establishmentの例を考えると，-mentが動詞語根に付く場合には，得られる語幹は名詞となる．こうした品詞の転換は，形態素が派生的であると決定するための十分条件となるのが普通だが，必要条件ではない．例えば，re- という接頭辞を考えてみよう．これが派生形態素であることは疑いないが，それが動詞語根に付いても

表 7.1 派生と屈折の判定規準

性　質	派　生	屈　折
意味上の作用	大きな変化	小さな変化
語類への作用	転換しうる	転換しない
生産性	限定的	非限定的
対立要素の範列	ない	ある
意味上の予測可能性	ない(個々に見るしかない)	予測可能
配　置	語根の内寄り	語根の外寄り

品詞が変わるわけではない．つまり，それは動詞から新たな動詞を派生する．以下に例を挙げる．

(12) 　turn　　　　「転回する」　　　return　　　「回帰する」
　　　distribute　「分配する」　　　redistribute「再分配する」
　　　mold　　　　「型に入れる」　　remold　　　「型に入れ直す」
　　　seed　　　　「種を蒔く」　　　reseed　　　「新たに種を蒔く」
　　　type　　　　「タイプする」　　retype　　　「タイプし直す」

　派生形態素は部分的な生産性しかもたない．つまり，それが接辞として付くと思われる語根のクラスの一部だけに適用される．例えば，名詞化接尾辞である -ness を見よう．その機能は形容詞語根から名詞を作ることである．-ness は他の多くの派生形態素よりもずっと生産的なのだが，それが付かない形容詞は数多く存在する．?beautifulness, ?bigness, *floralness, *volcanicness などはそうした例である．ここで，-ness が付かない形容詞は意味的にまとまりのあるクラスをなしていないという点は重要である．そのため，-ness という形態素が上に挙げたような語根と共起できない理由ははっきりしない．これを典型的な屈折形態素である複数形の -s と比べると，違いは明らかである．-s は明確に規定された例外(固有名詞や物質名詞など)，および不規則な複数形を保った一部の語(child, ox, datum, mouse など)を別にすれば，あらゆる名詞に付くことができる．

　多くの場合，屈折形態素は対立する要素からなる範列(paradigm)の中に現れる．対立要素の範列とは，相反する意味をもった相互排他的な形態素の集合をいう．例えば，テンスの標識は対立要素の範列をなすことが多い．一つの動詞は，過去と未来，あるいは過去と現在の形を同時にとることはないので，これらのカテゴリーを標示する形態素は共起することはない．だが派生形態素については，この種の範列をなすものは見出すことができない．

7　形態素

　屈折と派生のもう一つの違いは，それらのもたらす意味がどこまで予測可能かという点にある．比較級の -er のような屈折形態素(tall-er「より高い」，happi-er「より嬉しい」，dumb-er「より愚鈍な」)では，接辞が付くことで得られる意味は100% 予測可能である．これは -age のような派生形態素とは大違いである．この形態素が leaf「葉」に付くと，「落葉樹もしくはその他の葉の出る植物から落ちた葉の集合体」という意味になる．orphan「孤児」に付けば「孤児たちを集めて養う建物」という，関連性はあるが明らかに異なった意味をもつ．-age が suffer「受難」，bond「契約」，pilgrim「巡礼」などと共に現れるときには，さらに別の意味が出てくる．

　形態素を屈折的か派生的かに分ける最後の規準は，語根との相対距離である．一般原則として，派生形態素は屈折形態素よりも語根に近いところに置かれる．institut-ion-al-ize-s のような語では，唯一の屈折形態素(複数形の -s)は派生形態素の連続の外側にある．

　表 7.1 の判定規準は，一緒にあてはめることで接辞が屈折的か派生的かを分類する信頼性のある方法となる．とはいえ，判定をしてみると種別のはっきりしない，扱いに困る形態素が見られることも事実である．英語の名詞化接尾辞 -ing(例：their constant fight-ing kept us awake all night「彼らの絶え間ない喧嘩のせいで私たちは一晩中眠れなかった」)はそうした例である．この接尾辞は完全に生産的であり，英語のいかなる動詞語根にも付く．意味もまた，完全に予測可能である．これらの規準からすれば，-ing という接尾辞は屈折形態素の文句なしの例であるかに見えるが，それは対立要素の範列中には現れない．また，-ing は複数の -s のような屈折形態素の内側に現れ(例：these happen-ing-s are hard to explain「これらの出来事は説明し難い」)，そして最も重要な点として，それは付く動詞の品詞を変えるはたらきをもつ．上の説明では，「品詞の転換」が形態素を派生的と見なすに十分な判定規準であるとした．だとすれば，この規準だけを基にすれば，-ing は派生的ということになる．ただし，この規準が本当に派生形態素を定義する十分条件たりうるのかを再検討することも可能であろう．もし十分条件でないとすれば，-ing のような接辞の分類はいっそう不明瞭なものとなる．

　こうした -ing のような接尾辞があるために，一部の言語学者は屈折と派生の間にはっきりした区分はなく，派生的な性質を強くもった形態素と屈折的な性質を強くもった形態素を両極にもつ連続体のみが存在し，同時に派生と屈折の両方の性質を等しくもった形態素もまた存在する，という議論を展開してきた(Bybee 1985)．

しかしながら，-ing のような接辞が示す分類上の問題を認めた上でもなお，屈折と派生の区分が明確なものであると考える理由はいくつか存在する．第一に，グリーンバーグはある言語において屈折形態論の存在は派生形態論の存在を含意することを発見している (Greenberg 1963)．これは次の絶対的普遍性として提案されている．

(13) グリーンバーグの普遍性 29：ある言語が屈折をもつならば，その言語は必ず派生ももつ．

グリーンバーグがこの普遍性を派生と屈折の典型例に基づいて打ち立てたことは確かである．しかし屈折と派生の間にこのような含意関係があるという事実は，両者が明確なカテゴリーをなすということの少なくとも弱い証拠にはなる．

第二に，アンダースンが指摘するように，**かばん** (portmanteau) 形態素のふるまいを見ると，屈折と派生の分離をした方がよいことがわかる (Anderson 1992)．かばん形態素とは一つの単位で二つの意味カテゴリーを表しているものをいう．例えば，フランス語の du (英語でいえば of+the) は前置詞 de (英語の of) と男性の冠詞 le (英語の the) の合体したものを表すが，構成部分に割ることはできず，単一の単位となっている．アンダースンは，かばん形態素は屈折と派生のカテゴリーを合体させることはありえないと見ている．このような相違は屈折と派生の明確な区分が保たれて初めて何らかの形で議論することが可能となる．

最後に，失語症患者 (脳障害によって言語を産出する能力の何らかの面が失われた患者) の研究によれば，屈折形態論を活用する能力は失っても派生の能力は保たれた患者の例があるという (例えば Micelli and Caramazza 1988)．言語行動のこのようなパタンは，屈折形態論と派生形態論とが脳の別の領域にたくわえられていることを示唆するものである．

7.4 接辞の順序

最後に，接辞について通言語的に成り立つ特徴として，接辞の生起には予測可能な順序があるという点を取り上げる．このことは一般論としては表 7.1 で指摘した．そこでは屈折形態素が派生形態素と比べて語根から離れた位置に生じることを見た．さらに屈折形態素どうしの中でも，特定の接辞の順序が最も広く見られることが知られている．例えば，グリーンバーグの次の観察を考えてみよう．

7　形態素

(14) グリーンバーグの普遍性 39：数と格の形態素が生起し，共に名詞語幹に後行するか先行するのであれば，数を表す形態がほとんど常に名詞語幹と格を表す形態の間に立つ(Greenberg 1963)．

アルメニア語(アルメニア：中東)はこうした普遍的傾向を示す例である．

(15) ənker-ner-ic
　　　同志-複数-奪格
　　「同志達によって」

(Kozintseva 1995 から)

この例では，名詞語根の直後に数を表す形態(複数の接尾辞 -ner)が続いており，そこにさらに奪格の格標識 -ic が続いている．
　動詞の屈折においてもまた，一定の順序に従って接辞が現れる．例えば，バイビーは諸言語において次のような順序(またはその裏返し)が見られる強い傾向があることを発見した(Bybee 1985)[6]．

(16) 動詞語根 + 態 + アスペクト + テンス + ムード + 人称/数

実際には，これらのカテゴリー全てが別個の接辞によって明示される言語は見出しにくい．また，その中の相当数が明示的な接辞によって表される言語においても，動詞語根の片側に全部が現れるとは限らない．バイビーの予測はそれゆえ，ある言語において(16)のカテゴリーの一部が動詞語根の同じ側に現れるならば，それらは一定の順序に従う，と解釈すべきである．(17)はそうした例である．

(17) muŋda-w-dʒa-ra-n
　　　打つ-受動態-進行-現在-3 単数
　　「彼は打たれている」

オロチョン語(満州・ツングース：中国)の動詞部分はバイビーの規定した順序に従

---

6) Bybee(1985)は 50 言語からなるサンプルを用いて(16)の配列順序に至った．そのさい，形態素のタイプをペアごとに比べ，そこから全体像を類推することで普遍的な順序に到達するという方法をとった．つまり，アスペクトとムードの順序，アスペクトとテンスの順序，等を逐一比べていったわけである．これらの順序の分布はほとんどの場合，非常に明確な傾向を示した．最も弱い傾向はムードと人称の相対順序だった．サンプル中では 18 の言語において，ムードと人称が明示的に標示され，かつ動詞語根の同じ側に生起した．18 の言語中，13 の言語が予測される順序に従った(72%)．

っている．動詞の後には態の一種である受動態の接尾辞 -w（態の標識とは，動詞が能動態，受動態，中間態のどれかを示す形態をいう）が来ている．その後には，進行のアスペクトを表す接尾辞，現在のテンス，そして主語の数と人称の標識が続いている．

7.5 まとめ

　本書の他の多くの章とは異なり，この章はかなり基本的な概念の解説にあてた．それは意図があってのことで，よく知られた「接頭辞」「拘束形態素」「屈折」などの概念でも，多くの興味深い類型論的問題を生み出すことを示したかったからである．そのため，以上の各節では，最も基本的なレベルの類型論的問題を取り扱った．そこでの目的は言語や構文を分類することではなく，基本的な言語カテゴリーにどのようなものがあるかをはっきりさせることだった（これは第4章でも行った）．第8章では，形態論を引き続き論じていくが，切り口は大幅に違うものになる．第8章は類型論の中でも最も歴史の古い問題に目を向ける．それは諸言語が形態論的手段によって類型化できるか，という問題である．

8
形態論的類型論

　第7章では，形態素の基本的な類型を示した．そこでの目標は，諸言語に最もよく見られる形態素のタイプを示し，各種の形態素の相互作用の中から一部を選んで記述することだった．だが同時に，各言語がとる主要な形態論的手段は大幅に異なるので，そうした手段を規準に言語を類型化することも広く行われる．どれほど大きな多様性があるかを見るために，次のヤイ語（ダイ：中国）の文(1a)とオナイダ語（アルモサ・ケレスー：アメリカ合衆国）の文(1b)を比較されたい．

(1) a. mi⁴　ran¹　tua⁴　ŋwa¹　lew⁶
　　　　否定　見る　類別詞　蛇　　完結
　　　「(彼は)蛇を見なかった」

　　　　　　　　　　　　　　　　　　　　　　　　（Gedney 1991 から）

　　b. yo-nuhs-a-tho:lé:
　　　　3 中性.被動者-部屋-母音挿入-寒い.状態
　　　「部屋が寒い」

　　　　　　　　　　　　　　　　　　　　　　（Michelson 1991: 133 から）

ヤイ語とオナイダ語はいくつものレベルで異なっている．例えば，音についてはヤイ語には声調があり[1]（上付き数字で示している），語のカテゴリー（ヤイ語にはtua⁴ のような類別詞がある）や文構造のレベルでも違いがある．本章の観点から注目したいのは，二つの言語における語の構成である．ヤイ語では接辞がなく，全ての語が単一の形態素からなっている．一方，オナイダ語では，文自体が複数の接辞をともなった一つの語からなっている．ここでの例に限って言えば，語は二つの語根を含んでいる（名詞 nuhs「部屋」と状態動詞 tho:lé:「寒い」）．

　言語間の形態論上の違いは，各言語に独自の「感触」を与える．言語学者が過去

---

[1] 声調とは音節と結びついた特定のピッチ（音の高低）のことをいう．

2世紀にわたって，形態論的手段の豊富さに注目し，そのタイプによって言語を分類してきたのも頷けることである．形態論的な分類を行うための方法は時代によって変わってきたが，形態論が重要な言語の特徴を明らかにするという考えは不変である．

8.1 形態論的タイプから見た言語

エドワード・サピアは，19世紀の形態論的類型論を拡充する形で，言語間の形態論的な相違は二つのパラメータによって規定されるという考えを広めた(Sapir 1921)[2]．第一のパラメータは**総合の指標**(index of synthesis)と呼ばれるものである(この用語は Comrie 1989 から取り入れた)．これはそれぞれの言語において語中に見られる接辞の多さを表すラベルである．第二のパラメータは**融合の指標**(index of fusion)と呼ばれ，これは個々の形態素が互いにどのくらい容易に分離できるかを表す．

8.1.1 総合の指標

総合の指標は段階性をもった連続体と考えるのが最適である．一方の極には純粋な**孤立型**(isolating)言語が置かれる[3]．すなわち，全ての語が単一形態素からなるような言語である．この連続体の反対の極にあるのは，純粋な**総合型**(synthetic)言語，すなわち完結した発話が単一の語根に接辞を付けて作られるような言語である．

この指標を図式化すると図8.1のようになる．ヤイ語，オナイダ語，英語がこの連続体のどこに位置するかも示した(ただし，それぞれの位置は厳密なものというより，印象にたよったものである)．もっと完全なものにしたければ，連続体上の相対位置を捉えるための計量手法を導入することも可能である．その場合，各言語から大量のテクストサンプルを取り，一語あたりに生起する形態素の数を計量化することになる．Greenberg(1954)はこのような測定方法を使ってどのように総合の度合いを確定するかの概要を示している．

---

2) Sapir(1921)による形態論的類型のモデルを提示するにあたっては，かなり私の都合で変更を行った．場合に応じて，用語の変更，追加，削除をした．ここでの記述はサピアの考えを単純化したものである．ただし，このような変更はしても，サピアの元の提案の主旨は保たれていると考える．
3) 孤立型言語は**分析型**(analytic)言語と呼ばれることも多い．

```
孤立的 ←——×————×————————×————→ 総合的
         ヤイ語 英語           オナイダ語
```
図 8.1 総合の指標

北京官話(シナ：中国)はヤイ語と同じく，総合の指標上で最も孤立的な側に近いところに位置する言語の一例である．

(2) a. 他　在　图书馆　　　看　　报
　　　 tā　zài　túshūguǎn　kàn　bào
　　　 彼　で　図書館　　　読む　新聞
　　　「彼は図書館で新聞を読んでいる」
　 b. 小　　　黄　　　快　　要　　来　了
　　　 Xiǎo　Huáng　kuài　yào　lái　le
　　　 若年の　黄　　速い　未来　来る　相
　　　「黄君が今すぐ来る」
　 c. 他　吃　　了　　一　　个　　　油条
　　　 tā　chī　le　　yi　　ge　　　yóutiáo
　　　 彼　食べる　完了　一つ　類別詞　揚パン
　　　「彼は揚パンを一つ食べた」

(Li and Thompson 1981 から，一部変更)

見ての通り，(2)では形態素と語との間に一対一対応が成り立っている．これは孤立型言語の決定的特徴とされるが，実際には完全な孤立型言語というものは存在しない．北京官話においても，ごく少数ながら屈折的な接辞が存在する(「朋友们 péngyǒu-men」(友人達)における複数接尾辞「们 -men」のごとく)．また派生プロセスもある程度は存在する．例えば，接頭辞「可 kě-」は「靠 kào」(頼る)のような動詞語根と結びついて，「可靠 kě-kào」(頼れる)のような形容詞を作る．同時に，北京官話は語形成において複合語を非常に多く用いるのも事実である．例えば，(2a)にある「图书馆 túshūguǎn」(図書館)は，「图书 túshū」(書物)と「馆 guǎn」(小屋・宿屋)という二つの形態素から出来ている．孤立型言語という概念は，この意味で相対的なものである．北京官話やヤイ語を孤立型と見なすのは，複数形態素からなる語を許容する度合いが他の言語に比べてはるかに低いからであり，一単語＝一形態素という理想形の規準に合致しているからではない．

孤立型言語には他にも(常にというわけではないが)共通の特徴がある．第一に，

複雑な声調の体系がしばしば見られる．例えば北京官話では，四つの音韻的声調がある．したがって，同じ音の連続であっても，四つの声調の中でどれがとられるかによって，四通りの互いに無関係な意味が表される．

(3) 衣 yī (1声, 高く平ら)　　　「衣服」
　　 疑 yí (2声, 上昇)　　　　「疑う」
　　 椅 yǐ (3声, 低く下降-上昇)　「椅子」
　　 意 yì (4声, 下降)　　　　「意味」

(Li and Thompson 1981 から, 一部変更)

孤立型言語と複雑な声調体系との相関は，言語の本質的な性質を反映したものとは言えないかもしれない．それは地域的な言語特徴という可能性もある．孤立性の高い言語のほとんどは東南アジアで話されており，同時にこの地域は最も複雑な声調の体系が見られるところでもある．中国語やヤイ語はこの地域で話される言語である．したがって，この相関が通言語的な主張として意味があるのか，それとも単に顕著な地域的特性なのかを判断するのは難しい．

孤立型言語によく見られるもう一つの特徴は，連動詞(serial verb)が用いられることである．次のヤイ語の文を見てみよう．

(4) may^{6}faay^4　koŋ^2　ma^1　rop^1　caw^3　hauɰ^3　ku^1
　　竹　　　　　曲がる　来る　撫でる　頭　　与える　私
　「竹が曲がって来て私の頭を撫でてくれる」

(Gedney 1991 から)

この例からわかるように，連動詞構文は動詞または動詞句が連なったもので，それらの間の関係を示すような標識はない．動詞は単に次々に並べられているだけである．この意味で，英語の I love to fish「私は魚釣りが好きだ」のような構文は，動詞の連鎖を含むとはいっても連動詞構文とは一線を画する．というのも英語の場合，to fish という不定詞は love という動詞に従属することを明示する標識をともなっているからである．さらに，連動詞はよく英語の前置詞のように使われることにも注目したい．英語ならば for という前置詞を使うところを，ヤイ語は hauɰ^3「与える」という動詞を使う[4]．

---

[4]「与える」という意味の動詞が連動詞構文で受益を表すために広く用いられるというのは興味深いことである．

8 形態論的類型論

　総合の指標のスケール上で孤立型の極に近い位置にある言語に見られるもう一つの特色は，語順が厳密に決まっているということである．これは機能的観点からは予想のつくことである．この種の言語は格標識や動詞に付く複雑な標識をもたず，動詞と依存する項との間の関係を示す形態論的手段をもたない．文法関係を形態論的に表すことがなければ，どの名詞句が主語となり，どれが目的語となっているかを示すには語順は便利な手段となる．

　孤立型言語に対し，総合の指標上で対極に位置づけられる言語は総合型と呼ばれる．総合型言語は語を作り上げる上で形態論を豊富に使うという特徴がある．次のバレ語（赤道トゥカノ：ベネズエラ）の節はそうした例である．

(5)　nu-khniñani　hme-muduka-na-ka　bǐ　　babuka　Varela　abi
　　　1複数-人々　　3複数-殺す-完了-継起　あなた　まわり　ヴァレラ　一緒に
　　　「私の一族はヴァレラのためにあなたを撃った」

　　　　　　　　　　　　　　　　　　　　　　　　　（Aikhenwald 1995 から）

バレ語の節の最初の二つの単語では，接辞がたくさん使われている．nukhniñaniでは，自立した代名詞の代わりに，接頭辞が所有を表すために使われており，動詞にもいくつもの接辞が見られる．当然のことではあるが，バレ語のような総合型言語では，派生形態や自立語ではなく，接辞によって文法カテゴリー（一致，態，テンス，アスペクト，結合価，ムードなど）を標示するのが普通である．

　総合の度合いが特に高い言語は多総合型（polysynthetic）と呼ばれる．南ティワ語（タノ：アメリカ合衆国）はその好例である．

(6)　a.　Ti-khwian-mu-ban
　　　　　1単数-犬-見る-過去
　　　　　「私はその犬を見た」

　　　b.　Men-mukhin-tuwi-ban
　　　　　2双数-帽子-買う-過去
　　　　　「あなたたち二人は帽子を買った」

　　　c.　In-khwian-wia-che-ban　seuanide-ba
　　　　　一致-犬-与える-受動態-過去　男-具格
　　　　　「その男は私にその犬をくれた」

　　　　　　　　　　　　（Allen, Frantz, Gardiner, and Perlmutter 1990 から）

ここでは，語が複数の形態素からなっているだけでなく，一語に二つの語根がある

ことに注目しよう．(1b)でも見られたこの現象は，**名詞包入**(noun incorporation)と呼ばれる．それは複合語(英語の bird-watching など)と似たところもあるが，いくつかの点で独自の性質をもっている(Baker 1988)．例えば，英語で名詞語根と動詞語根を結合するときは，結果として得られるのはたいがい名詞であるが，名詞包入の場合には結果として動詞が得られる．さらに，英語の bird-watching のような複合語では，名詞は特定の鳥を指すことはできない．その意味で，複合語の中の名詞は非指示的ということになる．しかし名詞包入においては，包入された名詞が特定の対象を指すことが可能であることが多い((6a)と(6c)の「その犬」という語釈が適切なのは，特定の犬が意図されているからである)．

多総合型言語に広く見られるもう一つの特徴は，複雑な一致の体系をもつ傾向があるという点である．南ティワ語もその一例である．この言語の一致の体系は二つの点で込み入っている．第一に，動詞がとる三通りの異なった項についての情報が，一致の接頭辞の選択によって表される．

(7) 'U-ide **tow**-keuap-wia-ban
    子供-A類 1単数：C類：A類-靴-与える-過去
    「私は靴を子供に与えた」

この例では，tow- という接頭辞は(a)与えるという動作の主語が一人称単数であり，(b)授与の直接目的語が C 類に属し(南ティワ語の名詞クラスは有生性とそれが単複どちらであるかによって決まる)，(c)授与の間接目的語が A 類に属する，ということを示している．これは見方によれば，動詞が三つの異なった要素と一致しているということである．英語のように動詞の一致が現在形だけで見られる言語と比べると，これは非常に複雑な体系と言える．しかも英語などでは，一致が表すのは文中の一つの要素，すなわち主語だけについての情報である．

南ティワ語ではこれら三通りの要素についての情報が一つの形態素で表されるので，どれか一つの要素でも変わればこの形態素は違う形をとる．

(8) 'U-ide **tam**-musa-wia-ban
    子供-A類 1単数：B類：A類-猫-与える-過去
    「私は猫を子供に与えた」

授与の目的語はここでは B 類に属し，(7)の C 類とは違っているため，動詞には一致を表す別の接頭辞が現れている．南ティワ語のもつ複雑性の第二の側面は，一

図 8.2 融合の指標

致を標示するために相当な数の形態をもっているという点である．実際，節の主語が一人称単数のときに限っても，15以上もの接頭辞が使われるのである．

　完全な孤立型言語が存在しないのと同じく，完全に総合的な言語もまた存在しない．もしそのような言語があれば，あらゆる文は一単語からなり，それは語根に一連の接辞が加わったものになるだろう．だが実際は多総合型言語においても，たいていの文は複数の単語からなっている．要するに，総合の指標も連続体であり，ある言語で使われる接辞の相対量はその尺度上に位置づけられるわけである．

8.1.2　融合の指標

　総合の指標と同じく，融合の指標もまたさまざまなタイプの言語からなる連続体として描き出すのが最もよい．それは一方に理想的な**膠着型**(agglutinative)言語を置き，もう一方に理想的な**融合型**(fusional)言語を配置した形をとる(図8.2)．

　膠着的な言語とは，語の中に生起する形態素が容易に分節可能であるものをいう．言い換えれば，一つの形態素が終わり，次の形態素が始まるのがどこかが明確な言語である．例えば(9)にあるミチョアカン・ナワトル語(ユート・アステック：メキシコ)の名詞を比べてみれば，語を構成するそれぞれの形態素が容易に分割・識別されることがわかる．

(9)　　no-kali　　　「私の家(単数)」　　　no-pelo　　　「私の犬(単数)」
　　　　no-kali-mes　「私の家(複数)」　　　mo-pelo　　　「あなたの犬(単数)」
　　　　mo-kali　　　「あなたの家(単数)」　mo-pelo-mes　「あなたの犬(複数)」
　　　　i-kali　　　　「彼の家(単数)」　　　i-pelo　　　　「彼の犬(単数)」

(Merrifield et al. 1982から)

(9)では，語根kali(家)とpelo(犬)が共起する接辞に関係なく一定であり，また接頭辞や複数接尾辞も形に変化はない．したがって語における各形態素の境界は明瞭である．

　反対に，融合的な言語とは形態素の境界を決定するのが難しいものをいう．結果として，いくつかの形態素が融合・混合したように見えることになる．古代ギリシア語(ヘレニック)はこの種の言語の一例である．

(10) lu-ō　　　1単数：現在：能動態：直説法　「私は解放している」
　　 lu-ōmai　 1単数：現在：能動態：叙想法　「私は解放するだろう」
　　 lu-cmai　 1単数：現在：受動態：直説法　「私は解放されている」
　　 lu-cimi　 1単数：現在：能動態：祈願法　「私は解放せんことを」
　　 lu-etai　 3単数：現在：受動態：直説法　「彼は解放されている」

ギリシア語に見られるこれらの接尾辞は，それぞれ主語の人称と数，テンス[5]（上のデータではどれも現在），態（能動態，中間態，受動態），ムード（直説法，叙想法など）などの意味を含んでいる．接辞をこれ以上意味のある部分に分割することは不可能である．ただし，一つの形態素をさらに分割する明確な方法はなくても，あたかも分割が可能であるかのように思わせる規則性があるのも確かである（例えば，後舌円唇母音 o が一人称形に現れる，といったように）．これは融合型言語に典型的に見られる現象である．

　ここで改めて，完全に膠着的な言語は存在しないし，いかなる言語も完全に融合的ではないことを確認しておきたい．特に後者の可能性はほとんどありえない．というのも，Comrie (1989) が指摘するように，完全な融合型言語には分節可能な形態素や形の一定した形態素が全く存在しないからである．この場合，形態論は全面的に**補充法**(suppletion) によって成立することになる．補充法的な形態素とは，他の形態素と形の上では全く無関係だが，意味的には何らかの点で同等の単位をいう．例えば，英語は -en という複数の標識（例：oxen）をもっているが，これは複数を表す補充法的な形態素である．それは複数の規則形 -s とは形の類似はもたないが，どちらも全く同じことを意味している．ある言語の形態論がことごとく補充法によって成り立っているなら，その言語にはとてつもない数の語彙項目が存在することになる．例えば，一人称現在の動詞 jufwuf「私がささやく」があるとしよう．完全に融合的な言語では，一定した形の形態素が無いわけだから，この語に対応する二人称現在の動詞は一人称形と何の関係もないような形になるはずである．あくまで架空の例として，二人称形は blim「あなたがささやく」だとしよう．さらに，ささやくという動作を二人称の過去形として表したいなら，また別の無関係な形——例えば quast「あなたがささやいた」——が用いられることになる．この言語は，どんな人間にとっても，学習の異様に難しい言語であろうし，わずかなり

---

[5] 古代ギリシア語で伝統的に「テンス」と呼ばれてきたものは，アスペクトとして記述する方が適切であると思われる（Fanning 1990 の議論を参照）．

ともこれと似た言語は存在しない．この意味で，融合の指標の両方の極点はあくまで理想化された言語タイプである．諸言語は理想形にある程度まで近づくことはあるが，完全にその特徴を示すことは実際にはありえない．

8.1.3 二つの指標の関係

厳密に言えば，融合の指標は単語を作るために形態素を連ねることのない孤立型言語にとっては無意味である．しかし，総合型言語については，総合の指標と融合の指標の間にはっきりした相関があり，この種の言語は膠着性を強くもつ傾向がある．この相関は(5)-(9)に見ることができる．そこで例文をとった言語は，どれも総合的かつ膠着的であった．総合型言語が膠着的となりがちなのは，直観的にも予測されることである．総合型言語は文法情報を接辞にもってくる傾向があり，そのような情報(動詞の項の人称や数，格，性，テンス，アスペクトなど)は多くの語根に関わってくるので，文法情報を示す形態素は，他の接辞や語根の有無によって形を変えるより，一定の形に保っておいた方が効率がよい．

この点は仮定の例によって示すのが最もわかりやすい．動詞にテンス，態，主語の人称を標示するのが義務的である言語を考えてみよう．それぞれの文法カテゴリーについて，次の三通りの選択肢があると仮定する．

(11) | テンス | 態 | 人称 |
| --- | --- | --- |
| 過去 | 能動態 | 一人称 |
| 現在 | 受動態 | 二人称 |
| 未来 | 中間態 | 三人称 |

総合型言語(典型的には膠着型)ではこれら九つのそれぞれが一つの形態素で表される．例えば，ある形態素は過去，ある形態素は受動態，ある形態素は三人称を表すことになる．これとは反対に，総合型言語でも純粋な融合型では，あらゆる可能な組み合わせについて異なった接辞が要求される．例えば，ある形態素は過去-能動態-一人称の組み合わせ，ある形態素は過去-受動態-一人称，ある形態素は過去-中間態-一人称を表すようになる．全ての可能な組み合わせを表すには，この言語では27通りの異なる接辞が必要だが，これは膠着型言語で必要な数の三倍である．結果として，総合型言語の中でも膠着型の形態論をもつ言語の方が経済的である．もちろん，言語構造を理解する上で，言語形式の経済性だけが重要な要因というわけではない．あらゆる総合型言語の形態論が完全な膠着型でないのは，まさにこの

8.1 形態論的タイプから見た言語

8.1.4 形態論的類型の歴史的変化

　1800年代以来，言語の形態論的類型は歴史を通じて変化する傾向があるという考えを言語学者は出してきた．この洞察は，当初は明らかに自民族中心の観念に立っていた(第2章参照)．ドイツ語，ギリシア語，サンスクリット語などの言語は，ヒトの言語の根源的な性質を体現していると考えられた．そのため，この時代の類型論学者は諸言語はドイツ語に近づく(あるいはギリシア語やサンスクリット語に近づく)形で進化すると信じていたのも驚くには値しない．例えばアウグスト・シュライヒャーは，諸言語は孤立型から膠着型を経て融合型へと洗練の度合いを高めながら進化すると提案した．

　言語変化についての目的論的(特定の構造に向かって変化するとする見方)かつ文化優越主義的な考えは放棄されてきたが，言語がある形態論的類型から別の類型へと変化するという主張については，経験的な支持が与えられてきた．クローリーはメラネシア諸島ピジン英語(帰属なし：ソロモン諸島/バヌアツ)のデータを示し，この言語は現在，孤立型から膠着型へと変化している最中だと述べた(Crowley 1992)．その証拠の一つとして，前置詞と後続する名詞句との関係を見ると，現在では独立した単位としてではなく，接頭辞として発音されているとクローリーは指摘する．

(12)　a. aus bloŋ mi → aus blo-mi 「私の家」
　　　　家　　の　　私　　　家　　の-私
　　　b. loŋ aus → l-aus 「家で」
　　　　で　　家　　で-家

矢印の左側の形は，これらの表現がこの言語で文字化された状態を表している．それはこれらの形態素が明らかに前置詞としてふるまい，より完全な音韻論上の形(bloŋ「の」，loŋ「で」)をもっていた時代を表している．矢印の右側は，これらの句が今どのように発音されるかを示している．ここでは前置詞が音韻的に縮約され

---

6) 本章の査読者の一人は，たとえ融合が非効率であっても，それをしのぐ利点をもちうることになるシナリオを示した．接尾辞が語幹の音韻変化を同時に引き起こす場合，語幹の変化は接辞の存在を識別しやすくする効果がある．その接辞が特に重要なカテゴリーを表すときには，この利点は非常に大きい．結果として，その接辞が現れるときは，使用頻度の高い語幹の集合(おそらくは少数)が融合的傾向を発達させる(またはその傾向を保持する)ことが予測される．

```
              意味的・音韻的縮約
  孤立型 ─────────────────────→ 膠着型
           図 8.3  孤立型から膠着型への変化
```

ており(最後の鼻音が脱落)，後続する名詞への音韻的な依存度が強くなっていることに注意しよう．こうした理由で，クローリーは blo- と l- が接辞であると見なしている．

音韻的な縮約は形態論の変化にともなって広く見られる．また，それと同時に意味的な縮約(＝抽象化)も起き，音韻・意味の両面で隣接する語とより強く結びついた形態素が新たに作り出されることもよくある．このプロセスは図 8.3 に図式化した通りである．

孤立型言語から膠着型言語への変化と同じく，膠着型言語が融合型になるプロセスもまた，多分に縮約のはたらきによるものである．この場合には，二つの隣接した形態素が頻繁に共起することで，その組み合わせが一つの単位として再分析されることになる．いったんそうなると，元の形態素がもっていた音韻的・意味的特徴がこの単位の中で融合する．パアマ語(オーストロネシア：バヌアツ)の遠未来を表す接頭辞は，このような変化の一例と思われる．

(13) a.*na-i-lesi-ø   →   ni-lesi-ø
        私が-未来-見る-それを   私が：未来-見る-それを
        「私はそれを見るだろう」
     b.*ko-i-lesi-nau   →   ki-lesi-nau
        あなたが-未来-見る-私を   あなたが：未来-見る-私を
        「あなたは私を見るだろう」

(Crowley 1992 から)

歴史的には，主語の接頭辞 na- と ko- は未来の接頭辞 i- とは独立していた(上のデータで * 印は歴史的記録のない再構形であることを表す)．だが時を経て，これらの形態素は融合し，今の形はかばん形態素となっている(「かばん形態素」とは，通常なら 2 個の単位と結びつくべき意味情報が 1 個の分割不可能な単位で表されたものをいう．前章第 3 節参照)．図 8.3 の形態論的変化の図式は，(13)のような膠着型から融合型への推移を捉えるべく，図 8.4 のような形に修正できる．

図 8.4 は正にシュライヒャーが提案した図式だが，完全なものではない．シュライヒャーはそれが言語の進化についての全体像を表すと信じていたが，現在では

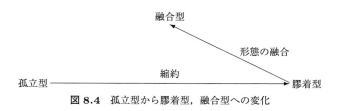

図 8.4 孤立型から膠着型,融合型への変化

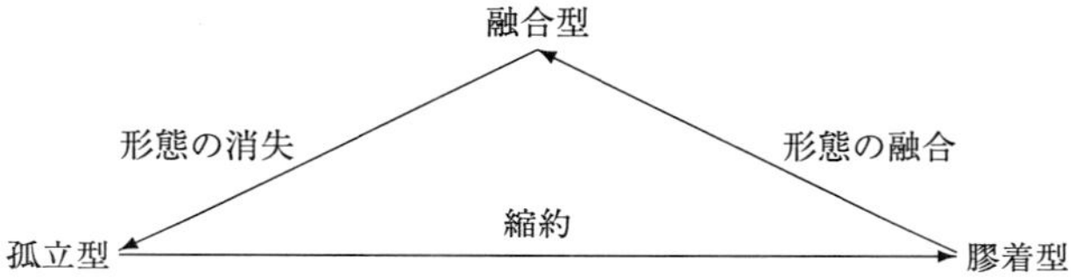

図 8.5 孤立型-膠着型-融合型のサイクル

融合型言語が孤立型になることがあると考えられている．これは例えば，古期英語（融合型の確固とした形態論的体系をもっていた）から，ほとんど孤立型といってよい現代英語への発達において起きている．その意味で，形態論的類型の変化の可能性は図 8.5 のようにサイクルで表すのが適切である．

　このような提案は(元は Sapir 1921 による)，言語がなぜ理想的な形態論的類型に達することが実際にないのかを理解する助けにもなる．ある類型へと向かう変化は，理想型を目指して起きる発達ではない．現実の言語変化とは，体系内で起きるさまざまの細かい変化が反映されたものである．変化はあるときは音韻的なものであり，あるときは部分的に意味の変化を含んだものである(例えば文法化の場合)．また別の場合には，変化は形態論の一部が失われることであったりする．各種の変化はそれぞれ独立に起きうるので，それらが互いに協調して理想型の言語を生み出す可能性は低い．その代わりに，ある言語において音韻的な縮約がある部分を膠着型へと導き，一方で形態論的な融合が他の場所で起きる，という事態がありうるのだ．

　図 8.5 で示した仮説は直観的には非常にもっともで，多くの支持を得てはいるが，以下の二点について注意を促しておきたい．第一に，この図式は過度に単純化されたものである．理想的な形態論的類型というものが実際には存在しない以上，ある言語が孤立型へと変化しつつあると言うためには，その前提としてどの程度の融合性をもっていなければならないか，あるいはある言語が融合型になりつつあると言うためには，元々どの程度の膠着性をもっていなければならないか，といった疑問が出てくる．さらに，図 8.5 は言語全体の規模で起きる変化を表したものなの

か，あるいは形態論のある部分に限ったものなのか，といった点も疑問となる．実際のところ，図 8.5 のようなサイクルを完全に経た言語が存在するという確たる証拠はない．その最大の理由は，言語の形態論的類型が変化するには非常に長い時間がかかり，サイクルを一巡する様子を再構できるだけの古い歴史的記録が得られないということである．いずれにせよ，図 8.5 の変化のモデルは立証されない仮説にとどまるということは重ねて言っておく必要がある．

8.2 構成要素間の形態論的な結びつきの類型

　これまでの形態論の議論（第 7 章と本章のこれまでの各節）では，二通りの分類に注目してきた．すなわち (a) 個々の形態素のタイプ分けと，(b) 総合の指標と融合の指標に基づいた言語分類である．しかし言語をいろいろと見ていくと，このような分類方法では，形態論的標示についての他の重要な特徴を明らかにできないことがただちにわかる．本節では，形態論的パタンにおける二通りの区分をさらに検討する．一つ目は支配と一致という伝統的な区分である．二つ目はより最近になって提案された，主要部標示型と依存部標示型という区分である．

8.2.1 支配と一致

　次の古代ギリシア語のデータでは，どの格接辞が名詞に付くかの選択は，前置詞（太字で表した）によって決まる．

　（14）　a.　**ana** skē:ptr-ō:（与格）　　「杖の上に」
　　　　　b.　**apo** tou hipp-ou（属格）　　「馬から」
　　　　　c.　**en** Spart-ē（与格）　　　　「スパルタにて」
　　　　　d.　**eis** basil-ea（対格）　　　　「王に対して」

どの前置詞も，特に形態論的変化はしない．いずれも単一形態で，後続する名詞が何であっても形は一定である．これは**支配**（government）の古典的なケースで，二つの構成要素間の統語的関係が，依存する構成要素（= 名詞句）への義務的な標示によって表されている．すなわち，ギリシア語の例では前置詞が特定の格を「支配する」ということになる．例えば，ana「上に」は与格を支配する．

　次に見るスペイン語（イタリック：ラテンアメリカとスペイン）のデータでは，事情は異なってくる．

(15) a. la **elefanta** negr-a 　「黒い象（単数）」
　　 b. las **elefantas** negr-as 　「黒い象（複数）」
　　 c. el **gato** negr-o 　「黒い猫（単数）」
　　 d. los **gatos** negr-os 　「黒い猫（複数）」

(14)と異なり，(15)では統語的に依存する構成要素（= 先行する冠詞と後続する形容詞）が主要部名詞に対応する形をとっており，三つの要素がみな**一致**（agreement）している．(15a)では，elefanta「象」という主要部名詞は女性・単数である．したがって，依存する要素についても，女性・単数の冠詞 la が使われ，形容詞は女性・単数の接尾辞をともなう必要がある．他のデータでも，冠詞と形容詞は，同じように名詞と性・数について一致しなければならない．

こうした二通りの形態論的な結びつき——支配と一致——は依存する構成要素の形態が主要部（(14)では前置詞，(15)では名詞）によって決まるという点で似ている．両者の違いは，支配においては構文中の形態論的特徴が文法上の影響を受けるのは依存部だけで，主要部には関係ないという点である．(14)では名詞句の格は前置詞によって決定されるが，格という特徴そのものは前置詞の形態には関係ない．これに対し，一致においては，構文中に現れる形態論的特徴は主要部と依存部に等しく影響する．(15a)-(15d)において冠詞と形容詞が数と性について一定の値をとるのは，主要部の名詞自体に「性」や「数」という特徴が指定されているからである．

8.2.2 主要部標示と依存部標示

支配と一致という概念は，構成要素間の結びつきが形態論的にどのように現れるかを記述するために用いられる．依存部の形態論的標示が主要部によって決まり，主要部の意味的・文法的特徴が転移していなければ，この関係は支配と見なされる（ギリシア語の例(14)参照）．これに対し，依存部の形態論的標示に主要部の意味や文法上の特徴が転移していれば，それは一致である（スペイン語の例(15)参照）．しかしこのような概念は，機能的によく似た構文であっても，形態論的標示の現れる場所が言語によって違うケースを記述する手だてとしては十分ではない．

例えば，次の例について考えてみよう．

(16) a. a man's **house**(所有者に標示)
   b. az　ember　**h'az**-a(被所有者に標示)
      その　男　　家-3 単数

　これら二種類の所有構文について,これまで導入してきた用語では,英語のパタン(16a)とハンガリー語(フィン・ウゴル:ハンガリー)のパタン(16b)の間の重要な区分は適切に捉えられない.統語関係を見れば,二つの例は同じであり,主要部名詞が所有者によって修飾されている.(16a)については,依存部 man「男」が主要部 house「家」との関係によって属格の標識 -s をとっているので,支配の一例として記述されるかもしれない.だが,(16b)では標示を受けているのは依存部である所有者の ember「男」ではなく,主要部である被所有者の h'az「家」である.依存部には何の標示もないので,(16b)の構文はこれまで定義してきた意味での支配や一致の例とは言えない.

　ここで見ている構文では,被所有者が名詞句の主要部となっているので,ハンガリー語は**主要部標示型**(head marking),英語は**依存部標示型**(dependent marking)のパタンをもっている[7].これらの用語は,主要部と修飾部との統語論的依存関係が,構文のどの部分に形態論的に標示されるかを捉えたものである.(16)の例は,二つの言語における所有構文についてこの区分を示したものだが,主要部標示型と依存部標示型という用語は,主要部-依存部の関係をもったいかなる構文についてもあてはめることができる.

　「主要部」と「依存部」という概念はすでに理解されているだろう.これらが語順の類型論についての多くの研究において大きな役割を果たしてきたのは周知の通りだし,前の節でも支配と一致を論じるさいにふれた.理想的には,あらゆる言語学者が一致して認められるような主要部のリストと依存部のリストがあるとよいのだが,これまでも見た通り,これは現実とはほど遠い.したがって,主要部標示と依存部標示をめぐる議論は,主要部の定義をどう考えるかと密接に結びついている(Hudson 1987; Zwicky 1985 参照.他にこの問題を検討したものとして,Corbett, Fraser, and McGlashan 1993 収録の論文も参照).

　ここでは,ニコルズによる準統語論的な定義を採用する.「主要部とは他のカテゴリーの生起可能性を支配する,あるいは決定するカテゴリーである」(Nichols

---

7) 本節は Nichols(1986)を基としている.データおよび用語のほとんどはこの文献からとられている.

表 8.1 ニコルズによる主要部-依存部のペア

レベル	主要部	依存部
句	被所有名詞 名詞 接置詞	所有者 修飾的形容詞 接置詞の目的語
節	述語 助動詞	項と付加部 語彙的動詞(主動詞)
文	主節の述語	従属節

Nichols(1986)より.

1986: 57).この定義に基づいて,ニコルズは主要部-依存部のペアを表8.1のような形で導いている.

　これらの構文において,主要部と非主要部の間に成り立つ統語論的関係は,常に形態論的な標示を受けているわけではない.コボン語(ニューギニア:ニューギニア)では,所有者と被所有者を単に(17)のように並置するだけで,上で見た英語やハンガリー語と意味の似た所有構文が作れる[8].

(17) Dumnab　ram
　　 ドゥムナブ　家
　　「ドゥムナブの家」

依存関係が形態論によって表されているときには,その標示は(16)で示したように,主要部・依存部のどちらかに現れる.例外的なケースとして,依存関係の標示が主要部と依存部に同時に現れることもある.この現象は**二重標示型**(double marking)と呼ばれ,次のトルコ語の所有句はその一例である.

(18) ev-in　　**kapı**-sı
　　 家-属格　ドア-3単数
　　「家のドア」

この例では,属格の標識が所有者名詞 ev「家」につき,一致の接尾辞が主要部名詞 kapı「ドア」についているのがわかる.どちらの形態素も,適格な所有構文を作るには必須である.

　ここまで,所有構文の例を見た限りでは,ある句が主要部標示,依存部標示,二

---
8) 例は Davies(1981: 57)による.

重標示のどれかはかなり明確だった．だが(19)のように，ある形態素がどちらの構成要素に結びついているのか不明確なこともある．

(19) asb-e-mard
　　　馬-連接辞-男
　　　「その男の馬」

このペルシャ語（インド・イラン：イラン）のデータ(19)は[9]，依存関係を表す形態素をどちらか一方の構成要素に帰属させることが不可能な例である．そのため，これは「連接辞」(linker)と呼ばれる．クロフトは，連接辞は(a)通常は形が変化しない，(b)多くの場合名詞句内に見られる，という共通の特徴があると指摘している(Croft 1990)．

多くの場合，形態素が表す唯一の情報は依存関係の存在である．英語やハンガリー語の例(16)と同じく，ヘブライ語（セム：イスラエル）の特別な所有形はこの種の形態素である．

(20) bayit　　　　　「家」
　　 bet sefer　　「学校（書物の家）」
　　 bet kafe　　 「カフェ（コーヒーの家）」
　　 bet holim　 「病院（病人の家）」
　　 bet keneset 「シナゴーグ（集会の家）」

名詞 bayit は「家」という意味で，この所有構文の主要部として使われるときには語幹母音が変化して bet になる．(20)の例では，依存（＝所有）の関係が標示されるのはこの主要部名詞の方なので，主要部標示のケースと見なされる．

その他の場合には，依存関係の存在だけでなく，依存関係のタイプも形態論的に表される．例えば古代ギリシア語では，節レベルの名詞句に現れる対格は，その名詞句が動詞に依存しているという情報と，依存関係が直接目的語の関係（すなわち間接目的語や受益者と対立する関係）であるという情報を表している[10]．

---

9) ペルシャ語の例は Mace(1962) に基づく．議論は Croft(1990) による．
10) 古代ギリシア語の対格はここでの議論からうかがわれるよりも広い範囲で使われている．対格はある種の付加部を標示するためにも使われる．

(21) tuptei   ho   anēr   ton   paid-a
　　 打つ　　その　男　　　その　少年-対格
　　「その男はその少年を打つ」

前の節でも論じたように，ここでは名詞の形態論が動詞による直接目的語の支配関係を表している．

　統語的な依存関係を標示するために使われる形態論的手段は，性，数，人称などの情報を示すためにもよく使われる．それはこれらの情報を相互参照するはたらきをもつので，一致の一種といえる．ルワンダ語（ニジェール・コンゴ：ルワンダ）では，主語の依存関係が動詞の接頭辞（太字で示した）によって表されており，主要部標示型のパタンが見られる．依存関係に加えて，この接頭辞は以下に示すように主語の名詞クラス（1類）およびそれに伴って人称（三人称）と数（単数）という特徴も同時に示している．

(22) Umugore   **y**-oohere-je-ho   isoko   umubooyi
　　 1類.女　　1類-送った-相-位格　市場　　料理人
　　「その女は市場に料理人を送った」

（Kimenyi 1980 から）

8.2.3　普遍性への示唆

　ここまで，世界の言語に頻繁に見られる主要部標示と依存部標示のさまざまな例を挙げてきた．その一方，個々の構文に注目する代わりに，依存関係を標示するための主要な手段を規準にして言語の類型化をすることも可能である．ニコルズは60の言語をデータベースとして，諸言語は次の四通りの主な類型に分けられることを発見した（Nichols 1986）．

1. 主要部標示型　依存関係を表す主要な手段は，主要部への標示である（例：ブラックフット語，ラコタ語）．
2. 依存部標示型　依存関係を表す主要な手段は，依存部への標示である（例：ギリシア語）．
3. 二重標示型　相当数の構文において，主要部と依存部の両方に標示を行う．そのため，主要部標示–依存部標示というカテゴリーに収めるのは現実的で

8　形態論的類型論

　　　はない(例：アリュート語，アラビア語)．
　4. 分裂標示型(split marking)　主要部標示型と依存部標示型のパタンをほぼ
　　　同じ度合いでもつ(例：バントゥー諸語では，節レベルが主要部標示型であ
　　　り，句レベルが依存部標示型である)．

これらの四タイプについて，いくつかコメントしておく．まず，第一から第三のタイプの言語は，完全に一貫した標示をとることはないと思われる．例えば，依存部標示が支配的な言語でも，主要部標示の見られる部分が散見されるだろう．この意味で，上記の四タイプは傾向を表すものであって，明確な境界をもった集合ではない．ニコルズが得たもう一つの結論は，第一と第二のタイプが最もよく見られるものだということであった．そして，第四の分裂標示型言語における主要部標示と依存部標示の分布はランダムではなく，二つの基本原理に従うことをニコルズは発見した．

　ニコルズは「二種類の大きな分類上の原理を見出すことができる．一方は各種の構成要素の分類で，もう一方は標示されるカテゴリーや関係の分類についてである」と述べている(Nichols 1986: 75)．一つ目の原理については，ニコルズの調査に従い，図 8.6 に構成要素のタイプを，主要部標示を受けやすい順に並べる[11]．

　図 8.6 に示した知見に基づき，Nichols (1986: 75)は次の二つの含意的普遍性を提案している．

- ある言語がどこかのレベルで主要部標示型の形態論を支配的なパタンとしてとるならば，その言語は節レベルでも主要部標示型をとる．
- ある言語が節レベルで依存部標示型の形態論をとるならば，その言語は句レベルでも依存部標示型をとる．

ニコルズが規定したもう一つの大きな分類上の原理——ある種の文法カテゴリーは主要部標示か依存部標示のパタンのどちらかに従う——についての表明はやや明瞭さに欠ける．Nichols (1986: 77-78)は，人称，数，性などの文法カテゴリーは，依存部標示型言語においても，主要部に標示されるのが一般的であると指摘するにとどまる．その一方で，節の付加部(時間，場所，様態の表現など)の依存関係が主要

---

[11] この図に出てくる用語のいくつかは，言語学について限られた背景知識しかもたない読者にはなじみのないものかと思われる．そのほとんどは本書で適宜説明していくので，それぞれのパタンをここで例示するよりは，索引を参照して各種の構文を理解していくことを勧める．

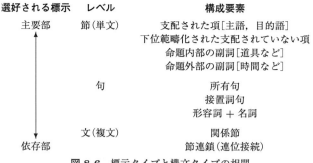

図 8.6 標示タイプと構文タイプの相関

部に標示されることは稀であり，普通はそれ自体が格標示を受けたり，接置詞によって表されたりする．

8.2.4 主要部標示と構成要素順序

ニコルズは依存関係の標示パタンと基本語順の間に，次のような相関を提案している (Nichols 1986: 81ff)．「主要部標示型の形態論は動詞先頭型の語順を好む傾向がある一方，依存部標示型の形態論はこの語順を避ける傾向がある」．この相関についての機能的 (と見なしうる) 説明として，言語というものは中核的な文法関係を節の中でできるだけ早いうちに確定させる傾向がある，という考えを彼女は提唱している．したがって，動詞先頭型の言語ならば，中核的な文法関係を示す形態は一致の形で動詞に付随することになる (＝ 主要部標示型のパタン)．反対に，動詞先頭型でない言語では，文法関係は格標識の形で名詞の項によって表されるのである (＝ 依存部標示型のパタン)．

8.3 まとめ

本章では，諸言語の形態論的な構造に見られるパタンを調べていくために使われる主要な用語を導入し，言語分類に使われる二つの大きな類型を概観した．第一のものは，サピアの研究に基づいて，語の中にどれだけ多くの形態素が含まれるか (総合の指標)，そしてそうした形態素がどれだけ容易に分節されるか (融合の指標) という観点から言語を分類する (Sapir 1921)．第二のものは，依存関係が主要部と依存部のどちらに標示されるかという規準で言語を分類する．これら二つの方法は，言語の非常に異なった側面を捉えるために考え出された．そのため両者の間に

8 形態論的類型論

直接の関係はない．

　これら二つの類型論的方法で規定された各言語類型が世界でどう分布しているかについては，統計情報は取り入れなかった．これは諸言語の形態論的構造には系統的・地域的要因がきわめて大きく影響しているからである．例えば，8.1.1 では高度に孤立的な言語の大半は東南アジアに集中していると述べた．これに加えて，こうした言語の多くはオーストリック諸語かシナ・チベット語族に属している事実を指摘することもできる．同様に，インド・ヨーロッパ語族はおおむね依存部標示型である．北米には主要部標示型の言語が多く見られる．このような事実を前にすると，適切なサンプルを作った上で形態論的タイプの分布を調べ，人間の言語一般にとって何が典型的なのかを決めるという作業は困難になる．むしろ 8.2.3 で示唆したように，類型論的タイプの分布をより説得的な形で見出そうとすれば，各言語の中の特定の構文に限って分析するのがよい．このように見た場合，主要部標示は節（単文）レベルでは通言語的に好まれる方法である，というような興味深い相関が見出される（図 8.6 参照）．

第 IV 部
名詞句の関係的・意味的性質

9
格と一致の体系

　格と一致という概念は，これまでの章で行ってきた多くの議論で用いられてきた．しかし，これらの体系が言語においてどのように作用するか，あるいはそれらがどのような複雑さを示すかについては，あまり論じてこなかった．本章ではこのような問題について議論を深めていく．最初の節では，格と一致の相互作用について検討する．第2節では，格と一致が諸言語においてどのくらい見られるのかという問題を扱う．議論を広げすぎないために，考察の対象は動詞と名詞句の間の一致と，節レベルの格の役割に限ることにする．

9.1　文法関係の標識

　これまでの章で何度か指摘したように，格標識，一致，構成要素の順序はどれも節のレベルで名詞句が動詞に対して担う関係を表す機能を果たしうる．例えば，第8章の8.2.2では，動詞の項を標示するための格接辞の使用を依存部標示の一種とした．一方，動詞につく一致の接辞の使用は，これに対応する主要部標示の手段と見なした．そして，構成要素の順序の利用は，無標識の例であった（つまり，主要部である動詞，依存部である名詞句どちらについても，それらの統語的結びつきを反映するための形態論的な標示がない）．実際，全ての自然言語は特定の文法関係（例えば主語，目的語）や意味関係（例えば動作主，被動者）をもった名詞句を明示するために，上記の標示手段のうち少なくとも一つを使っているものと思われる．
　全ての言語は，文法関係や意味関係を言語化するのに，構成要素の順序，格，一致のどれか一つだけに頼っているのではなく，それらの手段のうち二つか三つを利用している(1)．

(1) umugabo   y-ataaye   umwaana   mu   maazi
　　1類.男　 1類-投げた　 子供　　　に　 水

「男は子供を水に投げ込んだ」

ルワンダ語（ニジェール・コンゴ：ルワンダ）の文(1)において，umugabo「男」が節の主語なのは明らかである．なぜなら，ルワンダ語は主語を動詞の前に置くとともに，主語の一致の接頭辞は義務的に動詞に現れなければならないからである．umwaana「子供」は動詞の後に生起しているという点で典型的な直接目的語である．同様に，maazi「水」は前置詞 mu という印がついているので場所表現だということもわかる（なお，接置詞はしばしば格標識の一種と見なされる）．こうして見ると，ルワンダ語では三つの標示手段が全て利用されている．すなわち，主語は構成要素の順序と一致，目的語は構成要素の順序，他の名詞句は前置詞によって表されている．

　名詞句が節に対してもつ文法・意味関係を明示するために，諸言語はさまざまなメカニズムを備えている．ここから，それらの使用は何らかの典型的あるいは普遍的なパタンに従っているのだろうかという問いが生じてくる．次節ではこの問いに対していくつかの答えを示す．

9.1.1　格と一致の階層

　言語が標示の手段を複数通り利用するとしても，その使い方はバラバラではなく，いくつかの基本的な原理に従っている．第一に，全タイプの標示手段を利用する言語であっても，特に中核的な関係（主語，直接目的語，間接目的語）については，どれか一つの優勢な手段をもつのが一般的である．しかし，その言語の一部の構文や下位体系は，そのような手段に収まらないことがよくある．例えば，英語は主語と目的語を区別するためにほとんどの場合は構成要素の順序を使うけれども，代名詞のときには補助的に格も用いる（例：主語の she，目的語の her）．

　もう一つのはっきりした原理は，一般に格と一致はある種の関係の階層に従ってはたらくということである．一致の階層を図 9.1 に示す．この階層は次のようなことを予測する．もし動詞の一致が，どれか一つだけの文法関係を表すために用いられるならば，その一致は主語との間に起きる．もし一致が二つの名詞句との間に起きるとしたら，それらは主語と直接目的語である（以下同様）．この階層は絶対的なものではないけれども，典型的な状況を捉えている．一例を挙げれば，間接目的語

主語 > 直接目的語 > 間接目的語 > その他
図 9.1 一致の階層

その他 > 間接目的語 > 直接目的語 > 主語
図 9.2 格の階層

　　　　　主語 > 直接目的語 > 間接目的語 > その他
←一致──────→　　　　　　　　　　　　　　　　　←──────格→
図 9.3 格と一致の関係

は動詞と一致するけれども，主語とは一致しないような言語に出くわすことは稀にしかないと予想されるわけである．注目すべきことに，階層の右に行くにつれて，一致の見られる度合いは激減する．つまり，主語との一致は非常に一般的だが，直接目的語との一致はかなり頻度が下がり，間接目的語との一致はかなり稀で，それ以外の名詞句との一致はきわめて稀である．

興味深いことに，文法関係と格の間の相関関係を示す階層は，逆方向に作用する（図 9.2）．この階層から予想されるのは，主語は格で標示するけれども他の文法関係には格標識をもたない言語はまずないだろうということであり，主語と間接目的語は格で標示するのに直接目的語には格を使わないような言語はないだろうということである．

以上のことから，この二つの階層は自ずと一本化される（図 9.3）．言語が格と一致を両方使う場合，役目を分担して名詞句の文法関係が二重に標示されないようにする傾向がある．したがって，ある言語で一致が階層のある部分までを受けもつときは，格が残りの部分をほとんど重複なしに引き受ける．トルコ語（チュルク：トルコ）はそうした例である．

(2) a. Ben bu makale-**yi** yarın bitir-eceğ-**im**
　　　私　これ　論文-対格　明日　終わらせる-未来-1 単数
　　「私はこの論文を明日終わらせよう」

　b. Hasan çocuğ-**a** elma-**yı** ver-di
　　　ハサン　子供-与格　リンゴ-対格　与える-過去
　　「ハサンはリンゴを子供に与えた」

　c. Kitap-lar masa-**dan** yer-**e** düş-tü
　　　本-複数　テーブル-奪格　床-与格　落ちる-過去
　　「本がテーブルから床に落ちた」

（Kornfilt 1987 から）

トルコ語では，動詞の一致は主語についてのみ起こる．結果として，(2a)では接尾辞 -im は一人称単数の主語の存在を標示している[1]．そして主語には格がないが，他の名詞句は格の接尾辞で標示されている．

諸言語はこのように形態・統語論を使って節内の関係を標示するという点では共通しているが，節の構造にとってどんなタイプの関係が中心的かという点については，時として大きく異なる．もし全ての言語で「主語」と「目的語」が基本的に英語と同じであったら，言語学者の仕事は簡単だろう．しかし，現実は違う．次の節では，各言語がどの文法関係を形態論や統語論で表すかという点について，一般的に見られる類型を取り上げて考察する．

9.1.2 S, A, P

節のレベルで標示される文法関係について，諸言語が英語とどのように違うかを議論するには，いくつかの術語を導入する必要がある．まず(3)の文を考えてみよう．

(3) a. John crushed the can.「ジョンが缶をつぶした」
　　 b. Bill disappeared.「ビルが消えた」

(3)の文のペアのうち，最初の文は他動詞文で(つまり，直接目的語がある)，二番目の文は自動詞文である(つまり，直接目的語がない)．他動詞構文か自動詞構文かに関わらず，名詞句 John と Bill が主語であることは疑いない．実際，英語の話者にとっては，John と Bill がそれぞれの文ですんなり主語として扱われる以外の可能性があるとは理解に苦しむだろう．

しかし，実際には諸言語は John と Bill に相当する名詞句の扱いについて異なりを見せる．ある言語では，(3b)の Bill に該当する名詞句は，形態・統語論的に，(3a)の主語(John)よりも直接目的語(the can)と似た扱いを受ける．これは例えばラコタ語(アルモサ・ケレス一：アメリカ合衆国とカナダ)にあてはまる[2]．

---

[1] 動詞は三人称単数の主語とは一致せず，特定の環境でのみ三人称複数の主語と一致する．そのため，(2b)-(2c)では主語との一致の標示はない．
[2] データは Rosen(1984)から採った．実際には，ラコタ語は(4)に示された一致のパタンに常に従うわけではない．むしろ，ラコタ語は(この章の後で説明する)分裂自動性をもった言語の一例である．

9　格と一致の体系

(4) a. a-**ma**-ya-phe
　　　位格-1-2-殴る
　　「あなたは私を殴った」

　　b. **ma**-haske
　　　1-高い
　　「私は背が高い」

　ラコタ語の最初の文では，動詞の一致は主語（ya- は二人称を標示）と目的語（ma- は一人称を標示）を表すために用いられている．だが(4b)では驚くべきことが起こっている．動詞には主語を表す一致の形態の代わりに，唯一の参加者（=「私」）が（他動詞文における）目的語と一致する接頭辞によって表されているのだ．

　ここで起きていることを記述するには，新しい術語が明らかに必要である．(4b)の「私」を「主語」と呼ぶのは，それが目的語の一致によって表されていることを隠してしまうことになる．かといって「私」を「目的語」と呼ぶと，この文が(3b)と対応するということが見過ごされてしまう．よって表9.1に，格と一致の体系を概観するさいにかなり標準的となっているラベルを導入する[3]．

　これらの用語は，他動詞節と自動詞節を記述する上で，名詞句がどのように表示されているかに関わらず用いることができる．

(5) a. Juan-ø　　　aywa-n
　　　ホワン-格標識　行く-3 単数
　　「ホワン(S)が行く」

　　b. Juan-ø　　　maqa-ma-n
　　　ホワン-格標識　殴る-1 単数-3 単数
　　「ホワン(A)が私(P)を殴った」

　　c. Juan-ø　　　Pedro-ta　　maqa-n-ø
　　　ホワン-格標識　ペドロ-格標識　殴る-3 単数-3 単数
　　「ホワン(A)がペドロ(P)を殴る」

（Weber 1981 から，一部変更）

---

[3] この種のラベルはディクソンが初めて提案した（Dixon 1972）．Aというラベルは，他動詞節の主語は典型的には意味上の動作主だという理由で選ばれた．Pというラベルは，他動詞節の目的語は典型的には意味上の被動者だという理由で選ばれた．しかし，本質的にはこれらのラベルは統語的なものであり，他動詞節の表面上の主語が意味的に動作主である必要はない．John suffered the humiliation「ジョンは辱めを受けた」という文では，John は動作主ではなく経験者である．

表 9.1

S	英語の自動詞節の主語に対応する名詞句
A	英語の他動詞節の主語に対応する名詞句
P	英語の他動詞節の目的語に対応する名詞句

(6) a. W-as-ø　　　　　w-ekér-ula
　　　男性-子供-格標識　男性-走る-現在
　　「少年(S)が走る」

　　b. Inssu-cca　j-as-ø　　　　　j-écc-ula
　　　父-格標識　女性-子供-格標識　女性-ほめる-現在
　　「父親(A)が少女(P)をほめる」

(Blake 1994から一部変更，Ebelingの引用)

(5)のケチュア語(赤道トゥカノ：ペルー)のデータは，SとAが形態・統語論的に同じように扱われているという点で，英語の中核的関係の標示パタンを思い起こさせる．具体的に言うと，両方とも動詞の語根の直後に生起する接尾辞によって標示されていて，格の標示はゼロ形態である(データでは語釈に「格標識」と示されている)．一方，Pは有形の格で標示され，それを示す一致の接尾辞はAを表す一致の接尾辞の外側に生起している．SとAが同じ仕方で言語化されるとき，この体系はふつう**主格-対格**(nominative-accusative)型と呼ばれる．これに対し，(6)のアバール語(北東カフカース：ロシア)の文は，前に挙げたラコタ語のデータに一見似てSとPが同じように扱われている．これは，(6a)と(6b)の格標識と一致のパタンを比べるとはっきりする．SとPの名詞句は明示的な格形式をもたないが，動詞との一致を示している．代わりに，Aの名詞句は格の接尾辞をもっているが動詞との一致をしていない．SとPがこのようにまとめられるとき，その体系は一般に**能格-絶対格**(ergative-absolutive)型と呼ばれる．

能格-絶対格の体系は，特に格標識と一致において広く見られる．構成要素の順序がこのパタンに従うケースはずっと頻度が低いが，次のマクシー語(カリブ：ブラジル)のデータが示すように，ないわけではない．

(7) a. pemonkon-yami　witi-'pi
　　　男-複数　　　　行く-過去
　　「男たち(S)が行った」

b. tuna ekaranmapo-'pi uuri-ya
   水   求める-過去   私-能格
   「私(A)が水(P)を求めた」

(7)では，SとPが動詞の前にあり，一方Aは動詞の後ろにある．基本的な構成要素の順序において，マクシー語は能格-絶対格の体系を用いている．

S，A，Pの論理的に可能なグループ分けを考えると，主格-対格型と能格-絶対格型の体系に加えて，他に三通りの体系が可能である（この話題についての詳細な考察はKibrik 1985を参照）．(8)に全ての可能なタイプを，世界の言語でどれだけよく見られるかのおおよその目安とともにリストした．

(8) S，A，Pの可能なグループ分け

グループ分け	ラベル	頻度
[A, S][P]	主格-対格型	一般的
[A][S, P]	能格-絶対格型	一般的
[A][S][P]	三分割型	大変稀
[S][A, P]	対格焦点型	確認されていない
[A, S, P]	中立型	確認されていない

三分割型(tripartite)の体系では，S，A，Pはどれも互いに違った形態・統語論的扱いを受ける．次のワンクマラ語（パマ・ニュンガ：オーストラリア）の他動詞節(9a)と自動詞節(9b)を比べてみよう．

(9) a. Kana-ulu kalkana titi-nana
      男-能格   殴る   犬-対格(女性)
      「その男(A)がその雌犬(P)を殴った」

   b. Kana-ia paluna
      男-主格 死んだ
      「その男(S)が死んだ」

(Mallinson and Blake 1981 から)

これらのデータが示すように，S，A，P は全て異なった格の接尾辞をとる[4]．純粋な三分割型の体系，つまり S，A，P が一貫して別個に扱われるものは，きわめて稀である．それよりよく見られるのは（とはいってもかなり稀），代名詞のように名詞句の一部にだけ三分割型の体系を用いる言語である．

対格焦点型（accusative-focus）の体系では，自動詞節の動詞の項が他動詞節の二つの項とは別の扱いを受ける．この体系は言うまでもなく，言語の使用者に重い負担を課すことになるだろう．なぜなら，他動詞節で主語と目的語を区別する方法が文脈以外にないからである．予想のつくことだが，完全な対格焦点型体系の存在は知られていない．ただし，コムリーはいくつかのイラン諸語が特定の名詞クラスに限ってこの体系を用いると記している（Comrie 1989）．

中立型（neutral）の体系では，S，A，P に形態・統語論的な区別がない．対格焦点型の体系と同じく，純粋な中立型の体系が言語の中で発達することはとてもありそうにない．その場合，他動詞節の主語と目的語を区別する言語的な方法がないからである．

S，A，P を扱う五通りの可能な方法のうち，一般的なのは二つだけである．これは一体どうしてだろうか？　これまで見てきた他の多くの類型論的なパタンと同様，格と一致のいろいろな体系の相対的頻度は説明を要する．具体的には，次の問題に取り組む必要がある．なぜ，対格性または能格性をもった体系が最も一般的で，三分割型の体系はきわめて稀で，他の選択肢はないのか？　この分布については，合理的な機能的説明がおそらく可能である．

格，一致，語順，あるいはその三つ全ての主要な機能は，意味的あるいは文法的関係を識別することだという事実を思い出そう．この観察に基づいて，以下の原理を立てることができると思われる（Gerdts 1990 より，Kibrik 1991 も参照）．

(10) 関係の可視性：名詞句がもつ関係は，言語の形態・統語論から復元可能でなければならない．

この原理は，中核的な文法関係を表す上で，なぜ対格焦点型と中立型の体系が支配的な手段となりえないのかを説明する．すなわち，A と P が区別できないため，形態・統語論からは文法関係が復元できないのである．

---

[4] 多くの言語では，能格の格接辞はしばしば付加的な機能を標示する．例えば，チベット語では具格，エスキモー諸語では所有格も表す．さらに，曖昧性をなくすために必要なときだけ能格を使う場合もある．

9　格と一致の体系

　さきに本章で格と一致の階層について論じたさいに，言語は同じ名詞句の役割を同時に複数の手段で標示することを避ける傾向があると記した．例えば，格標識によって何が直接目的語であるか明らかになっていれば，目的語の一致も同時にあるということは普通ない．これは以下の一般的な機能的原理から導かれる可能性が大きい（これも Gerdts 1990 から）．

(11) 関係の経済性：関係を標示する体系は冗長性を避ける傾向がある．つまり，名詞句の識別手段は重複しない傾向があり，必要のない形態・統語論的区別は避けられる．

　主格-対格型，能格-絶対格型の体系どちらにおいても，AとPは互いに区別される．つまり，他動詞節において可視性原理が成り立つ．Sは定義上AとPとは共起しないため，関係の可視性の要請を満たすためにSに別個の標示を用意する必要はない．関係の経済性原理に従い，Sは単にAかPと同じ形で標示される（どちらと同じかは言語によって異なる）．

　三分割型の体系も，AとPがそれぞれの標識から区別できるので，関係の可視性原理を満たす．しかし，三分割型の体系は経済性原理に反している．SがAやPと混同される可能性はないので，それに独自の標識を与えることは経済的ではない．むしろ，言語はSとAをまとめる（主格-対格型）かSとPをまとめる（能格-絶対格型）ようにできている．

　これらの原理は共に傾向を規定するものであって，絶対的なものではない．それらは最もよくあるケースを捉えるべく提案されたものである．きわめて明白なことだが，格，一致，語順は文法関係以外の情報（例えば，話題性のような談話上の概念や，有生性や定性のような意味論的概念）を示すためにも用いられうる．このため，先ほどの原理はある種の構文では破られることがある．また，ある言語が採用する体系は歴史的に変化することもある．そうした移行の過程でも，上記の原理への違反が起きる可能性がある．

9.1.3　格と一致の体系における分裂

　ここまで，格と一致の体系についての議論は意図的に単純化してきた（そうは見えなかったかもしれないが）．言語を論じるにあたり，大体において主格-対格型であるとか，一貫して能格-絶対格型であるといった想定のもとで論じてきた．実際には，一つの言語が構文のタイプによって，二つあるいはそれ以上の体系を用いる

ことがよくある．そのような分裂は，典型的には動詞の意味内容，動詞のテンスとアスペクト，または名詞の意味論的・語用論的内容に起因して起きる．

　動詞の意味内容が標示の体系の選択にどのように影響するかを理解するには，次のような点を問うのが有効である．ＳとＡはどのような共通点によってある言語の中で同じように扱われるのだろうか？　また，ＳとＰがある言語で同じように扱われるのは，どんな特徴のゆえだろうか？　以下で両方の問いを順に扱う．

　動詞が動作主を典型的に含んだ出来事を表すことは，いたって普通に見られる(12)．

(12) a. **Phil** killed Bill.「フィルはビルを殺した」
　　　b. **Phil** was running.「フィルは走っていた」

英語の文(12)のように，動作主は能動態の節中ではほとんど常にＳかＡである[5]．主格-対格型の体系では，この意味的類似性の上に立ってＳとＡを同じように扱っている．

　しかし，あらゆる言語の語彙は，状態変化を描写する動詞も多く含んでいる(13)．

(13) a. mgel-i　movk'ali
　　　　 狼-主格　1.殺す.3
　　　　「私は狼を殺した」
　　 b. mgel-i　mok'vda
　　　　 狼-主格　3.死んだ
　　　　「狼が死んだ」

(Harris 1982 から)

グルジア語(南カフカース：グルジア)のこれらの例では，mgel「狼」は生から死へ状態が変化している．この名詞句は(13a)ではＰで，(13b)ではＳだけれども，同じ格標示を受けている(つまり，能格-絶対格型のパタンに従っている)．状態変化という性質をＡに付与することは普通ない(試しに英語で，そうなる動詞をできる限り考えてみるとよい)．このように考えると，能格-絶対格型の体系は状態変化を被る名詞句に焦点を合わせて，同じ扱いをしているように思える．以下，この名

---

5) 実際，受動態の機能の一つは，動作主でない名詞句がＳとして現れるようにすることである．

9 格と一致の体系

詞句を被動者と呼ぶことにする．

ここで，自動詞節は，動詞の意味内容によって，Sを動作主としても被動者としても描写できることに注意しよう．言語によっては，この意味上の違いを捉えるように関係を標示する体系を順応させていることがある．そのような言語では，自動詞がもつ唯一の項が動作主なら，主格-対格型体系に従ってSを標示し，被動者なら，能格-絶対格型体系に従ってSを標示する．この現象は**分裂自動性**(split intransitivity)と呼ばれる．東ポモ語（ホカ：アメリカ合衆国）のデータ(14)は，人称代名詞の形態（太字で示した）が分裂自動性の例になっている．

(14) a. Xá:su:là **wí** ko:k^{h}óya
　　　　ガラガラヘビ　1単数　噛んだ
　　　「ガラガラヘビが私(P)を噛んだ」

　　b. **Há:** mí:pal śá:ḱa
　　　　1単数　彼を　殺した
　　　「私(A)が彼を殺した」

　　c. **Wí** qa:lálma
　　　　1単数　気分が悪い
　　　「私(S)は気分が悪くなった」

　　d. **Há:** xá:qákki
　　　　1単数　水浴びする
　　　「私(S)は水浴びした」

(McLendon 1978 から)

(14a)と(14b)の二つの他動詞節は，一人称単数代名詞のAとPの通常の形態を示している．自動詞節の場合，主語が意志をもたないと，Sは(14a)のPと同じ人称代名詞になる．対照的に，意志に基づく活動を表す動詞では，SはAと同じ人称代名詞をとる．つまり，自動詞でも主語の標示の仕方が分裂する．

こうした例から，次のような疑問が読者の頭に浮かんだかもしれない．分裂自動詞型の言語は，意図的な読み（動作主をもった）も非意図的な読み（被動者をもった）のどちらもとることのできる自動詞の場合どうするのだろうか（例えば英語の動詞 cough「咳をする」では，意図的に行われた活動も，心ならずも起こった活動も意味することができる）．ある種の言語では，このような動詞は一つのパタンに割り振っておいて，意味に関わりなく固定した使い方をする．一方，東ポモ語のように，表し方が流動的であり，意味に合わせて柔軟に標識を変える言語もある(15)．

(15) a. Wí　　ćeːxélka
　　　　1 単数　滑る
　　　　「私(P)は滑っている(たまたま)」
　　b. Háː　　ćeːxélka
　　　　1 単数　滑る
　　　　「私(A)は滑っている(意図的に)」

　ここまで考察してきた格と一致の体系の分裂は，動詞(特に自動詞)の意味論に基づいて起こるものだった．時にはテンスとアスペクトによって分裂が起こることもある(この現象は普通，**分裂能格性** split ergativity についての議論の一環として取り上げられる)．この種の分裂は通言語的に一貫しているので，以下の普遍的特性を提案することができる[6]．

(16)　ある言語がテンスとアスペクトに基づく分裂能格性をもつ場合，能格-絶対格型のパタンは過去のテンスか完了のアスペクトにおいて見られる．

この種の分裂能格性は，次のグルジア語(17)の例に見られる．

(17) a. Student-i　midis(現在)
　　　　学生-格標識　行く
　　　　「学生が行く」
　　b. Student-i　ceril-s　　　cers(現在)
　　　　学生-格標識　手紙-格標識　書く
　　　　「学生が手紙を書く」
　　c. Student-i　mivida(完了)
　　　　学生-格標識　行った
　　　　「学生が行った」
　　d. Student-ma　ceril-i　　　dacera(完了)
　　　　学生-格標識　手紙-格標識　書いた
　　　　「学生が手紙を書いた」

テンスが現在の文(17a)-(17b)では，グルジア語は主格-対格型のパタンに従う．そのため，同じ格の接尾辞 -i がそれぞれの節の主語に見られる．完了の文(17c)-

---
6) スティーヴン・レヴィンソン(個人談話，1990)がこの普遍性に気づかせてくれた．

9 格と一致の体系

(17d)では，能格–絶対格型への切り替えが起こる．このとき，-i が付いているのは，他動詞節の A ではなく，P である．

　テンスやアスペクトによって標識が分かれるのは，最初は奇異に映るかもしれない．しかし，この分裂は，前に分裂自動性について検討したのと同じく動詞意味論的な要因によると信じるに足る理由がある．普通，過去と完了は，後に他の出来事が続くような完結した出来事を描写するのに用いられる（直接に引き起こす場合もあれば，間接的に，時間的に連続しているために影響を与えたという場合もあるが）．もしそれぞれの出来事が時間の流れの中で状態として概念化されるのであれば，一つの出来事が終わることは状態の変化があることを意味する．前に明らかにしたように，状態変化（そして変化を経る参加者）に焦点を合わせることは，能格–絶対格型標識の特徴である．

　動詞につく文法カテゴリーが節構造の標示のタイプに影響を与えることはよくあるが，名詞の属性が影響を与えることも広く見られる．例えば，ジルバル語（パマ・ニュンガ：オーストラリア）は標示の大部分が能格–絶対格型であるけれども(18a)–(18b)，一人称と二人称の代名詞が使われるときには，主格–対格型パタンを使う(18c)–(18f)．

(18) a. ŋuma banaga-ɲu
　　　　父　　　帰る-過去
　　　「父が帰った」

　　b. yabu ŋuma-ŋgu buɽa-n
　　　　母　　父-能格　　見る-過去
　　　「父が母を見た」

　　c. ŋana banaga-ɲu
　　　　1複数　帰る-過去
　　　「私たちが帰った」

　　d. ɲura banaga-ɲu
　　　　2複数　帰る-過去
　　　「あなたたちが帰った」

　　e. ɲura ŋana-na buɽa-n
　　　　2複数　1複数-格標識　見る-過去
　　　「あなたたちが私たちを見た」

f. ɲana ɲuɾa-na buɾa-n
　　1 複数　2 複数-格標識　見る-過去
　「私たちがあなたたちを見た」

(Dixon 1979 から)

　指示対象が代名詞かどうかに基づいた分裂に加えて，定性や有生性に基づいた分裂の起きる言語もある．その場合も，全ての分裂の背後には一定のパタンがある．この話題については第 13 章で立ち返ることにする．

9.2　格と一致の体系の複雑性

　前節では，格と一致(そして若干は語順についても)の相互作用について考察した．この節では，二つのタイプの標識を別個に取り上げ，一致や格はどれほどの複雑さを示すことがあるのかという問題に答えていく．

　格と一致の体系はさまざまな形で複雑性を示しうるので，複雑性という問題は漠然としたものである．複雑性というとき，体系内に見られる個々の形態の総数のことかもしれないし，体系が言語によって表す意味情報の多様性のことを意図しているのかもしれない．さらに，単一の節で起こる一致や格の数を複雑性と解釈するかもしれない．この節では，これら全ての可能性を探求するのではなく，豊かな一致と格の例をいくつか示し，そのような体系がどれほどの複雑性をもちうるかを把握することを目的とする．同時に，これらの体系でよく標示される情報のタイプについても，一般的な観点からコメントをしていく．

9.2.1　動詞の一致

　9.1.1 では，一致の階層を導入した．そこでは，一致は主語と目的語の他にはふつう及ばないと述べた．それ以外の名詞句との一致があるときは，特殊なタイプのものがほとんどである．例えば，いくつかの言語では，四つの項の存在を動詞の一致標識によって表すことが可能だが，それは文中に明示的な名詞句がないときに限られる (19)．

(19) Y-a-kí-mú-bá-hé-er-eye
　彼が-過去-それを-彼に-彼らに-与える-受益形-相
　「彼がそれを彼に彼らのために与えてやった」

(Kimenyi 1980 から)

9 格と一致の体系

ルワンダ語の文(19)は，与えるという行為に関与する四通りの参加者を動詞の接頭辞で明らかにしている．すなわち，主語 y-「彼が」，直接目的語 ki-「それを」，間接目的語 mu-「彼に」，受益者 ba-「彼らに」の四者である．しかし，これらの接頭辞のうちの三つは，普通の意味での「一致」ではない．直接目的語，間接目的語，受益者の接頭辞は，文中にそれらと対応する名詞句がないときにだけ用いることができる．だから，もし abaana「子供たち」のような名詞句が受益者名詞句として動詞の後ろに置かれていれば，接頭辞 ba- は現れない．したがって，この接頭辞は節中に現れる名詞句と相互参照するのではなく，名詞句の代わりとして機能しているのである．このため，ba- のような接頭辞は一致の典型的な例ではない．

　ごく少数の言語では四つの名詞句の一致が認められるが，それは使役構文に限られる．このような状況はアバザ語(北西カフカース：ロシアとトルコ)で見られる．

(20)　alə́gaζʷ　ác^ykʷəncʷakʷa　llá　aphʷə́pa
　　　少年たち　老人　　　　　　　　犬　　少女
　　　y-g^y-y-z-d-m-l-r-ətxd
　　　3 単数-否定-3 複数-可能-3 単数. 人間-否定-3 単数. 女性-使役形-与えた
　　　「その老人は少年たちに少女に犬を返させることができなかった」

（Allen 1956 から，一部変更）

ルワンダ語(19)とは異なり，アバザ語の文は，一致の接頭辞が明示的な名詞句と共起するのを認める．したがって，これは一致の典型例といえる．

　私の知る限り，同時に五つの名詞句との一致を認める言語はこれまで報告されていない．その理由として，部分的には処理上の制約が考えられる．節の中にそんなに多くの一致があると，複雑すぎて処理できないのかもしれない．しかし，一致についてのこの制限は，ごく常識的な理由から生じている可能性が高い．どんな言語でも，話し手や書き手が一つの節に 5 個の名詞句を入れることは普通はない．結果として，これほど多くの名詞句を相互参照する一致の体系を発達させる圧力が言語にかかることは，ほとんど考えられないのである．

　動詞において参照される項の数に加えて，表す情報のタイプについても一致の体系は多様性を見せる．よく見られるのは，人称か数，あるいはその両方について作用する一致をもった言語である．例えば，アバザ語のデータ(20)では，全ての一致の接頭辞が人称(三人称)と数を示している．また，それらは名詞句が人間かどうか(d- は三人称単数の人間で，y- は三人称単数の非人間)と，名詞句の性(l- は三人

称単数の女性)を標示している．他の言語では，人間性ではなく，有生性が一致によって示されることもある．

　ルワンダ語の文(19)は，一致において役割を果たす別種の意味情報として，名詞クラスを導入している．ルワンダ語のようなバントゥー系言語では，全ての名詞は何らかの名詞クラスに割り当てられている．umugore「女」, umugabo「男」, umuuntu「人」は第1類に属し，igitabo「本」, igaari「自転車」などは第5類である[7]．一致の接頭辞が用いられるときは，相互参照している名詞句のクラスと合致していなければならない．

　最後に，一致の有無や，どの一致の形態をとるかが，名詞句の定性によって部分的に決まることがある(21)．

(21) a. Kassa borsa-w-in   wässädä-w
       カッサ 財布-その-目的語 奪った-それ
       「カッサがその財布を奪った」

    b. Kassa borsa wässädä
       カッサ 財布   奪った
       「カッサが(不特定の)財布を奪った」

アブハズ語(北西カフカース：トルコ)の一致の体系は，(21)で表されているように，直接目的語の定性に影響を受ける．もし定であれば，一致の接尾辞が使われる(21a)．それ以外の場合，接尾辞は現れない(21b)．

9.2.2　格の体系

　諸言語で見られる格の数は，0から53もにわたる(コムリーは53の格をもった言語としてタバサラン語[北東カフカース：ロシア]を報告している[Comrie 1981])．このような数字を見ると，格には非常な多様性があるように思われるが，格の体系は一定の制約に従って組織される傾向がある．

　言語が8以上の格を区別する体系を発達させるとき，それはほとんど例外なく，格の屈折によっていろいろな場所の概念，つまり「—に(方向)」「—から(起点)」「—で(位置)」などを表すためである．例えば，15の格をもつフィンランド語(フィン・ウゴル：フィンランド)では，そのうちの9個が各種の場所概念を表すため

---

7)　ルワンダ語には16の名詞クラスがある．

9　格と一致の体系

に用意されている(Blake 1994)：

(22)　-na　　「で」
　　　-ssa　「中に」
　　　-lla　　「に」
　　　-tta　　「中で」
　　　-sta　　「(中)から」
　　　-lta　　「(外)から」
　　　-ksi　　「通って」
　　　-Vn　　「中へ」(V は母音を表す．現れる母音には変異がある．)
　　　-lle　　「向かって」

　格体系の組織についての二つ目の観察は，一般に次の階層に従って体系が成立するというものである(Blake 1994 による)．

(23)　主格 > 対格-能格 > 属格 > 与格 > 位格 > 奪格-具格 > その他

この階層は次のように理解される．もし階層上のある格がある言語で見られたら，この言語はそれより左側にある全ての格をもつ傾向がある．例えば，もしある言語が与格をもっていれば，それは属格，対格(あるいは能格)，主格ももつことが予測される．

　このような四つの格をもつ体系はかなり一般的である．古代ギリシア語(ヘレニック)はその一例である：

(24)　log-os　「言葉が」　(主格)
　　　log-on　「言葉を」　(対格)
　　　log-ou　「言葉の」　(属格)
　　　log-ō　　「言葉に」　(与格)

これと次のタミル語(ドラヴィダ：インドとスリランカ)の語形変化表(25)を対比させてみよう[8]．

---

[8] 格のさまざまなラベルに馴染みがない読者の助けとなるよう，それぞれの格には訳をつけた．ただし，これらの訳はあまり額面通りに受け取らない方がよい．

(25) maram 「木」 (主格)
　　 maratt-ai 「木を」 (対格)
　　 maratt-uṭaiya 「木の」 (属格)
　　 maratt-ukku 「木に」 (与格)
　　 maratt-il 「木の所で」 (位格)
　　 maratt-iliruntu 「木から」 (奪格)
　　 maratt-āl 「木を使って」 (具格)
　　 maratt-ōtu 「木と共に」 (共格)

(Steever 1987 から)

タミル語の格体系はギリシア語より豊かであるけれども，やはり(23)の階層の予測を支持している．

格の体系は意味役割と文法関係のみを反映するようにできているわけではない．格は有生性，人間性，定性を示すこともある．一つのよくあるやり方は，直接目的語が定(または，言語によっては，有生や人間)である場合には対格にし，不定の場合には，無標識のままにするか斜格(つまり，主格，対格，能格，絶対格以外の格)にするというものである．すでに見た通り，これらの意味論的カテゴリーは，一致の体系にとっても重要なものであった．

9.3 まとめ

格と一致は，節の要素間に成り立つ文法・意味的関係を示すための二つの基本的なメカニズムを提供する．この章では，これらの体系についての基本的な観察をいくつか示した．格と一致が言語内で共起するときには，経済性を最も高めるやり方で一緒に用いられるという特徴があった．全ての言語は，中核的な文法関係を識別するために，格，一致，構成要素の順序を何らかの形で組み合わせて利用しているが，そうした標示の体系は，根本的なところで異なる組織化がされうること——例えば，主格-対格型か能格-絶対格型か，といったように——を示した．

このような体系は，非常に込み入ったものとなることがある．言語は一通りの組織化に常に従うとは限らない．文法のさまざまな部門の特徴に応じて，分裂した標示の体系をもつこともしばしばである．そうした特徴は，動詞の意味，テンスやアスペクトのような動詞カテゴリー，定性や有生性のような名詞カテゴリーなど多岐

にわたる.実際,節の形態・統語論において,有生性と定性はきわめて重要な役割を果たすことがある.それは本章でこれまで示した内容をはるかに越えるので,この話題については続く第10章で取り上げることにする.

10
有生性, 定性, 性

第9章では,格,語順,そして一致の中心的機能は文法関係を表すことであるが,これらは他の情報を表すのにも使われると述べた.多くの言語で,形態論や統語論は名詞句の有生性,定性,人称(一人称,二人称,三人称),性を表すためにも使われる[1].例えば,ミヘ語(ペヌーティ:メキシコ)はそのような言語である.

(1) a. Tə　paat　　ha　həyuhk　t-wopy
　　　　過去　ペーター　冠詞　動物　　3-殴る
　　　「ペーターはその動物を殴った」

　　b. Tə　paat　　ha　hɔcʔy　t-wopy
　　　　過去　ペーター　冠詞　人　　　3-殴る
　　　「ペーターはその人を殴った」

　　c. Tə　mehc　ha　hɔcʔy　s-wopy
　　　　過去　あなた　冠詞　人　　2-殴る
　　　「あなたはその人を殴った」

　　d. Tə　əhc　ha　hɔcʔy　n-wopy
　　　　過去　私　冠詞　人　　　1-殴る
　　　「私はその人を殴った」

　　e. Tə　əhc　mehc　n-coky
　　　　過去　私　あなた　1-欲しい
　　　「私はあなたが欲しかった」

(2) a. Tə　paat　　ha　həyuhk　w-[y]opy-ə
　　　　過去　ペーター　冠詞　動物　　3-殴る-目的語上位
　　　「その動物はペーターを殴った」

---

1) バーナード・コムリーの業績は,自然言語の形態・統語論を理解するために有生性がもつ重要性を知らしめる上で,先駆的な役割を果たしてきた.彼はこの方面の意味カテゴリーの重要性を1970年代半ばから探求しているが,Comrie(1989)は有生性についての彼の考えを概括している.

b. Tə   paat   ha   hɔʕy   w-[y]opy-ə
   過去　ペーター　冠詞　人　　3-殴る-目的語上位
   「その人はペーターを殴った」

c. Tə   mehc   ha   hɔʕy   m-wopy
   過去　あなた　冠詞　人　　2-殴る
   「その人はあなたを殴った」

d. Tə   əhc   ha   hɔʕy   š-wopy
   過去　私　　冠詞　人　　1-殴る
   「その人は私を殴った」

e. Tə   əhc   mehc   š-wopy
   過去　私　　あなた　1-欲しい
   「あなたは私が欲しい」

(Lyon 1967 から)

　一見したところ，(1)–(2) に挙げたデータは，恣意的な動詞の一致パタンを示しているように見える．特に，主語や目的語といった概念に基づいた一致の体系を期待した場合にはそういう印象を受ける．(1) のデータだけに焦点をしぼれば，基本的な構成要素順序は主語–目的語–動詞 (SOV) と分析できるだろうし，動詞は主語と一致すると主張できそうである．しかし，(2) のデータにはこの一般化は当てはまらない．(2e) の例においては，(2) に挙げられた他の例と同様，語順は OSV であり，動詞は主語ではなく目的語と一致している．さらに，(2a) と (2b) では接辞 -ə が動詞に現れている．しかしこの接辞はデータ中の他の節には見られない．

　フォリーとヴァン＝ヴァリンは，名詞句の文法関係以外の属性がミヘ語の一致のはたらきを決定していると提案した (Foley and Van Valin 1985)．ミヘ語のデータに見られる現象を十分に記述するには，語順と一致のいずれもが節の参加者の相対的な「有生性」に影響されることをまず理解する必要があると彼らは主張する．単純な他動詞節においては，動詞は有生性の高い方の名詞句と一致し，その名詞句は節の先頭に置かれる．ミヘ語では，人間は動物よりも有生性が高い ((1a) と (2a) を比較)．固有名詞は普通名詞よりも有生性が高い ((1b) と (2b) を比較)．一人称と二人称の代名詞は普通名詞よりも有生性が高い ((1c)–(1d) を (2c)–(2d) を比較)．一人称代名詞は二人称代名詞よりも有生性が高い ((1e) と (2e) を比較)．このわかりやすいパタンが複雑化するのは，二つの三人称名詞句を含む他動詞節において，有生性の階に従って目的語との一致が誘発されるときに付加的な接辞 ((2a)

一・二人称代名詞 > 三人称代名詞 > 固有名/親族語 >
　　　　　人間を表す名詞句 > 有生の名詞句 > 無生の名詞句
　　　　　　図 10.1　有生性の階層

-(2b)では「目的語上位」とした)が現れる場合に限られる．

10.1　有生性の階層

　有生性の階層をミヘ語に設定することによって，より有生性の高い名詞句は有生性の低いものよりも前の位置に現れ，動詞はそうした名詞句と一致する，という簡潔な定式化ができる．類似した現象(以下で概観する)は他の多くの言語でも見られる．これより，図 10.1 に示したような普遍的な**有生性の階層**(Animacy Hierarchy)が提案されている(Silverstein 1976 など)．

　有生性の階層においてより上位(= 左)に位置するカテゴリーは，下位(= 右)に位置するカテゴリーとしばしば文法的に区別され，前者は一般に節構造にとってより中心的な扱いを受ける．上で議論したミヘ語では，より有生性の高い要素が動詞に相互参照される．

　有生性の階層に関しては，ここでいくつかの注釈を付け加える必要がある．まず，「有生性の階層」という呼称は誤りを含んでいる．というのも，有生性は通常の狭い意味においては，反映されるパラメータの一つにすぎないからである．その他にも，三つのパラメータが関連している．まず，有生性の階層は**社会的志向**(sociocentric orientation)によって構造化されている(Hanks 1990 参照)．これはとりわけ，話し手・書き手が自己と聞き手(二人称で表される参加者)に最も重きを置くという考え方を捉えたものである．これより，人間を表す有生名詞句によって指し示される対象は，有生性という点では一・二人称代名詞の指示対象と同等なのだが，一・二人称代名詞の方が談話の構成上，ある種の優先性を与えられている．

　第二に，有生性の階層は話し手・書き手に馴染みがある，または**共感**(empathy)のもてる名詞句を優先する[2]．談話を形成するさいに，参加者は自分自身とお互いを意識する．当面の発話行為に関わる参加者(一・二人称)は，このパラメータに照

---

2)「共感」という用語をここでは広い意味で使っている．より包括的な議論については，Silverstein (1976), DeLancey(1981), Kuno(1987), Chafe(1976, 1987, 1994)を参照．これらの著者はみな，ある命題を伝えるときに話し手がとる視点と，情報のステータス(それが既知か未知か)とを慎重に分けている．

10　有生性，定性，性

らしてもやはり階層の最上位に位置づけられる．三人称代名詞は，話し手と聞き手がどちらも心中で一意的に識別できる対象を表すので，そのような対象に対してもまた，ある程度の意識なり共感なりは必ず存在する．同様に，固有名詞は対話者の間でより多くの共有知識を要求するものであり，そのため人間を表す他の名詞句よりも高い共感をもつ．

最後に，**定性**(definiteness) も有生性の階層の構造化に大きな役割を果たす．代名詞と固有名詞は常に定である．例えば，he という代名詞を使うときには，a doctor のような不定の対象を指示することはできない．むしろ，he は談話にすでに導入された名詞句か(e.g. I need to see a doctor$_i$ about my back, he$_i$ will be able to relieve some of the pain「私は腰のことで 医者$_i$ に行かないといけない．彼$_i$ (＝その医者) ならば痛みを和らげてくれるだろう」)，文脈からわかる特定の個人を指示する．同じことは，無生名詞句と比べたときの有生名詞句についても言える．

有生性の階層はこの意味で，単一の概念に基づくものではない．むしろそれは，言語において情報がどのようにパッケージされるのかに影響を及ぼす，少なくとも三つの独立した意味特徴の相互作用を示している．上ではこれら三つの特性の説明は簡潔なものとせざるをえなかったが，そのうちの一つである定性に関しては後で再検討する．社会的志向，共感，そして定性の重要性は，言語に限らず人間の情報処理の仕方全般に関わると考える根拠が十分にある．もしそうであれば，有生性の階層の普遍性 (10.1.2 で詳しく述べる) は言語能力の特定の属性ではなく，ヒト認知の一般的な属性にその起源が求められることになる．

最後に有生性の階層に関して明確にせねばならないのは，階層の第一のカテゴリー (一人称と二人称代名詞) を普遍的に妥当な形ではそれ以上細分化できないということである．ただし，個々の言語については，このカテゴリーのいずれかのメンバーをより高い有生性をもつものとして選択することがしばしばある．前述したように，ミヘ語では一人称を二人称より上位に置く．ある言語では一人称と二人称を同等に扱い，またある言語では二人称を一人称より上位に置く．

10.1.1　形態論と統語論における有生性の反映

有生性が形態論や統語論にどのように反映されるかは言語により異なるが，文法の中には，有生性の階層に基づいた形式的区分を設ける傾向の強い領域がある．そのような一つの領域は，ミヘ語の例 (1) に見られるような動詞の一致である．(1) のデータでは，一致を引き起こす有生性はかなり複雑であり，階層において可能

10.1 有生性の階層

な区別のほとんどが関連している．通言語的には，これほどの複雑性を示すケースはめずらしい．むしろ，動詞の一致が有生性に従っている場合，多くの言語ではもっと数の少ない区別に基づいている．例えばタングート語(チベット・ビルマ：絶滅語)では，一致は一人称＞二人称＞その他，という階層に基づいて起こる[3]．(3a)では，一つ目の節の動詞thɪngaには，目的語が一人称(すなわち階層の最上位)であるため，目的語との一致が標示されているが，二つ目の節の動詞は，主語(二人称)が目的語(三人称)より階層の上位にあるため，主語と一致している．同様のパタンは(3b)と(3c)を比べた場合にも見られる．そこで見られるのは，二人称が普通名詞や固有名詞よりも上位にあって一致をコントロールする例である．

(3) a. ni   tɪn   nga   ɪn   ldɪə   thɪ-nga   ku   that   tsɪ
       2単数 もし 1単数 対格 本当に 追う-1   そうすれば 3単数 また
       viəthɪ-na
       追う-2
       「もし本当にあなたが私を追いかけるなら，彼女をもまた追いかけよ」
    b. ni   pha   ngimbɪn   ndɪsiei-na
       2単数 他の 妻   選ぶ-2
       「他の妻を選べ！」
    c. mei-swen   manə   na   khe-na
       メイスウェン 以前 2単数 嫌う-2
       「メイスウェンは以前あなたを嫌っていた」

(DeLancey 1981 から)

これまでの章において，構成要素順序と格は文法関係を表すために用いられるという点では，一致と機能的に等価であると繰り返し指摘した．したがって，これらの現象もまた有生性によって影響を受けると予測される．この予測は正しい．ミヘ語((1)-(2))では，主語と目的語の順序は有生性に左右されていた．構成要素順序に見られる有生性の影響は，動詞の目的語どうしの相対順序についても見られる．ソト語(ニジェール・コンゴ：レソト)のデータ(4)はこの点を例示している．

---

3) 例は Croft (1990) から採った．

10 有生性，定性，性

(4) a. ke-phehétsé　　ngoaná　　lijó
　　　1単数-料理した　子供　　　食べ物

　　　「私は子供のために食べ物を料理した」

　b. *ke-phehétsé　　lijó　　　ngoaná
　　　　1単数-料理した　食べ物　子供

　　　（意図する内容：「私は子供のために食べ物を料理した」）

　c. ke-bítselítsé　morena　　baná
　　　1単数-呼んだ　族長　　　子供たち

　　　「私は族長を子供たちのために呼んだ」または「私は族長のために子供たちを呼んだ」

　d. ke-bítselítsé　baná　　　morena
　　　1単数-呼んだ　子供たち　族長

　　　「私は子供たちのために族長を呼んだ」または「私は子供たちを族長のために呼んだ」

（Morolong and Hyman 1977 から）

動詞に後続する目的語間の順序は，(4a)に見られるように人間を表す名詞句が非人間を表す名詞句より前に置かれなければならない．目的語の順序が逆転すると，(4b)が示すように非文法的となる．目的語がどちらも人間であるなら，いずれの順序も可能である (4c)-(4d)．

同じように，格標識も有生性に影響される．モハナンによれば，マラヤーラム語（ドラヴィダ：インド）の直接目的語は有生であれば対格標識を受けるが(5a)，無生であれば主格標識を受ける(5b) (Mohanan 1982)．

(5) a. awãl　　　awane　　kaṇṭu
　　　彼女.主格　彼.対格　見た

　　　「彼女は彼を見た」

　b. awãl　　　pustakam　kaṇṭu
　　　彼女.主格　本.主格　　見た

　　　「彼女は本を見た」

モハナンは(5b)のような文においてもなお，無生名詞句が直接目的語の属性をも

つと主張する[4]．この意味で，格の交替があってもこの文が単純な他動詞文であることに変わりはない．この格交替は有生性によってのみ引き起こされていると考えられる．

　しかし言語によっては，有生性に合わせて節の他動性が変化することもある．この現象の例としてよく取り上げられるのは，ナバホ語(アタバスカ：アメリカ合衆国)の例である[5]．ある節が能動態をとるか(＝他動詞節)受動態をとるか(＝自動詞節)は，主に有生性によって決まる．

(6) a. hastiin łį́į́ yi-ztał
　　　 男　　 馬　動作主-蹴る
　　「男が馬を蹴った」

   b. hastiin łį́į́ bi-ztał
　　　 男　　 馬　被動者-蹴る
　　「男が馬に蹴られた」

   c. shi-łį́į́ są́ bi-isxį
　　 私の-馬　老齢　被動者-殺した
　　「私の馬が老齢に殺された(老衰で死んだ)」

　　　　　　　　　　　　　　　　　　(Witherspoon 1977 から，一部変更)

(6a)では動作主の名詞句 hastiin「男」が主語の役割を果たし，接頭辞 yi- が使われている．一方(6b)に見られるように，受動節は接頭辞 bi- の使用で特徴づけられる．最後の(6c)では，節の動作主「老齢」が被動者「馬」よりも有生性が低いので，bi- が現れていることからも見てとれるように，受動態を使わねばならない．

　以上，有生性が節構造において名詞句の標示に影響する例に限って見てきた．だが，名詞クラスが時には有生性に基づいて編成されるということも観察されている(Croft 1990; Ingram 1978)．例えば，名詞クラスをもつ言語においては，人間(または有生名詞)を指示する名詞句に特化されたクラスが見られることが珍しくない．バントゥー諸語はそのような言語の典型である．(7)に挙げたデータはルワンダ語(ニジェール・コンゴ：ルワンダ)からの例である．

---

[4] ただし，Bhat(1991)は文法関係という概念はマラヤーラム語の格標示では関与しないという意見を出している．
[5] Comrie(1989)，Croft(1990)を参照．

(7) I 類名詞

名詞	意味	名詞	意味
umuntu	「人」	umwaarimu	「教師」
umukoobwa	「少女」	umubaaji	「大工」
umugore	「女」	umudaandaza	「商人」
umuhuungu	「少年」	umusore	「独身男」
umugabo	「男」	umuvoomyi	「水運び役」
umwaami	「王」	umuvyeeyi	「親」

　ルワンダ語の I 類名詞は，名詞クラスが有生性カテゴリーに全面的に基づいて成り立っている明らかな例である．ただし，これほど明確な例に出会うことはあまりない．名詞クラスの形成における有生性の影響は，他のさまざまな意味的概念(性，物理的な形，大きさ，材質など)が名詞クラスの区分の背後にあるため見えにくくなっている(Allan 1977 を参照)．

　名詞クラスだけでなく，有生性に関する区別の影響は，代名詞体系の構造にも見られる．例として，ショショニ語(ユート・アステック：アメリカ合衆国)の人称代名詞の語形変化表(8)を見てみよう．

(8) 代名詞

			主格	目的格
一人称	単数		nü	nia
	双数	包含的	tangku	tahi
		非包含的	nungku	nuhi
	複数	包含的	tammü	tammi
		非包含的	nümmü	nümmi
二人称	単数		ü	ümmi
	双数		mungku	muhi
	複数		mümmü	mümmi
三人称	単数			ma

(Dayley 1989 から)

　この言語の一人称と二人称の代名詞には，三人称代名詞には見られない区別がいくつか存在する．すなわち，一人称，二人称代名詞は，それぞれ単数形とは異なる双数形と複数形の区別をもち，主格，目的格どちらについても代名詞のセットが完備

している．

　有生性が代名詞体系の組織に影響を及ぼすように見える例はもっと出せるのだが，有生性の階層が本当に強く関わっているかは，少なくとも類型論的には定かではない．フォルフハイマーの研究によれば，調査の対象となった60以上の言語のうち，ほとんどの言語で代名詞体系には有生性の影響が全く見られなかった（Forchheimer 1953）．実際，有生性の区分を何らかの形で代名詞体系に反映するのは，わずか11言語のみだった．さらに，彼の研究で扱っているいくつかの言語のデータは不正確と思われる．結果として，有生性の階層を反映する代名詞体系の数は，さらに減る可能性がある[6]．最後に，フォルフハイマーは有生性の階層からの予測に反する例として二つの代名詞体系を挙げている．一つ目は英語の例で，三人称では単数形と複数形に異なる形式があるのに対し（he-she-it 対 they），二人称は単複同形（you）である．二つ目の例はアラビア語（セム：中東と北アフリカ）で，二人称と三人称には単数，双数，複数形の区別があるのに対し，一人称には単数，複数という二つの区別しかない．

　ここから困難な問題が提起される．有生性の階層が普遍的というのは，厳密にはどういう意味においてなのか？　有生性が多くの言語の構造において重要な役割を果たすことは明らかなのだが，その影響は言語により大きく異なる．さらに，代名詞の体系のように，有生性の影響が予測されるが，総合的な証拠は説得的とは言えない下位体系も存在する．次節ではこの問題を扱う．

10.1.2　普遍的特性としての有生性

　有生性の階層は，言語の構造化における人間の心の重要な特性を明らかにすると考えられているが，その根拠の一つは，この階層が世界中の言語で広く見られるということである．同じ理由から，有生性の階層は言語の普遍的特性であると考えら

---

[6] 例えば，フォルフハイマーはビルマ語（チベット・ビルマ：ミャンマー）を取り上げて，代名詞において人称は三通り（一人称，二人称，三人称），数は二通り（単数と複数）の区分があるが，三人称複数の代名詞は欠如しているという（Forchheimer 1953）．この意味で，一人称と二人称は，三人称に比べてより多くの形態論的な標示をもっている．その基盤は有生性の階層に求めることができる．しかし，クックによるビルマ語の代名詞の概観によると，三人称についても別個の形をもった単数と複数の代名詞が見られるように思われる（Cooke 1968）．さらにクックは，一人称，二人称，三人称どれについても，フォルフハイマーのデータにあるような限られたものではなく，非常に多くの形があることを明らかにしている．多種多様な形は，丁寧さやフォーマルさに応じて使い分けられる．結果として，一人称と二人称の形の数を三人称と比較することで，それぞれの人称が同程度の形態論的な標示を受けるか否かを決めるといった分析方法は，ビルマ語のような体系についてはそもそも当てはまるかどうか怪しい．

れる．もちろん，これを「普遍的特性」と呼ぶにしても，階層上の全部の区別があらゆる言語の文法に影響を及ぼすということではない．むしろ，有生性の階層の実現の仕方は言語により異なる．

それでは，普遍性を主張するには何が必要なのだろうか？　二つの不可欠な条件が挙げられる．第一に，有生性の階層におけるそれぞれの区別がいずれかの言語によって正当化されていなければならない．つまり，ある区別を仮定するのは，それが何らかの言語（または複数の言語）のより適切な記述をもたらすときに限られる．実際には，階層上のそれぞれの区別が多くの言語で発見されており，有生性の階層を普遍的と認めるための条件は十分に満たされている．

第二に，有生性の階層が普遍性としての地位をもつには，その影響が一つの語族，または一つの言語地域にとどまらず，多くの語族，地域にも見られなければならない．そうでなければ，それは普遍的ではなく，単に系統的・地理的な特徴でしかないということになる．仮に系統的・地理的に限定されたものでも，興味深いのは確かだが，その場合は言語の本質的な性質の反映ではなく，言語の歴史における偶然の産物としてしか説明できない．この点でもまた，有生性の階層は普遍性の必要条件を満たしている．ニコルズによれば，有生性に基づく名詞の分類は（ここには性による分類も含まれる），彼女がサンプルとした174言語のうち，27％で見られたという (Nichols 1992)．これらの言語は，単一の地理的地域に集中しているのではなく，多くの語族に見られる[7]．

最後に，有生性の階層が絶対的な普遍性であるためには，例外とされるものの数が統計的に有意なレベルを下回っていなければならない．私の知る限り，それを十分に示す研究は存在しない．しかしながら，文献に報告されている階層に対する反例は驚くほど少ないことから，有生性の階層は普遍性の条件を満たしていると言えそうである．

10.2　定性と性

名詞の意味特徴のうち，形態論や統語論におけるその扱いを決定する要因となるものがさらに二つある．それは定性と性である．定性の重要性は，第9章の例文

---

[7]　ただしニコルズは，有生性による標示のある言語は，アフリカ，近東，ヨーロッパ，北オーストラリアという四つの広い地域にまとまっていると観察している．北米でも同種の言語は多く見られるが，全体の密集度が低いため，ニコルズは統計的に有意としない．

(21)で紹介した．そこでは，アブハズ語では目的語が定か不定かによって一致の仕方が影響を受けることを見た．これと似たはたらきは，いくつかの言語の格標示において見られる．ヘブライ語(セム：イスラエル)では，定目的語のみが接語 et- の標示を受ける(9)．

(9) a. ha-ish koteb dabar
　　　冠詞-男　書く　　単語
　　　「その男は単語を書いている」
　 b. ha-ish shomer et-ha-torah
　　　冠詞-男　遵守する　定-冠詞-法律
　　　「その男はその法律を遵守している」

　定性と有生性はしばしば相互作用を見せる．コムリーはヒンディー語(インド・イラン：インド)から洞察に富む事例研究を示している(Comrie 1989)．ヒンディー語では，直接目的語が人間であるときは，定か不定かに関わらずほとんど必ず ko という後置詞で標示される．人間が指示対象なのに ko なしで現れることは非常に稀なのだが，それは指示対象が不定である場合に限られる．定である非人間名詞句も，典型的には ko をとる．これに対し，不定の非人間名詞句は ko を絶対にとらない．この意味で，人間・非人間という区分も，定・不定という区分も，単独では ko の分布を決定するには不十分である．実際には，(10)のような二つの意味カテゴリーの相互作用を考える必要がある．

(10)
	定	不定
人　間	ko (義務的)	ko (ほとんど常に)
非人間	ko (典型的)	—(ko はとらない)

有生性と定性が交わることは，驚くべきことではない．有生性の階層が基盤とするパラメータの一つが定性であることを思い起こせば，これは自明である．
　名詞句の性別，または**性**(gender)も言語の文法に影響を与える属性の一つである(Corbett 1991 参照)[8]．例えば人称代名詞は性の区別をすることが多い．英語

[8) 「性」という用語は言語学では曖昧に使われている．それは名詞句の指示対象の現実の性別を表すときがある(すなわち，男性，女性，分類不能/中性のカテゴリーから二通りまたは三通りの分け方をするような場合)．別のときには，より多くのカテゴリーをもった「名詞クラス」と同じ意味で使われる．私は前者の意味で性という用語を使う．

の三人称単数(he, she, it)はその一例である．名詞クラスも性によって影響を受けることが多い．例えばフランス語においては，（生物学的に）女性である対象は女性の文法カテゴリー，（生物学的に）男性である対象は男性の文法カテゴリーで標識を受ける傾向がある．

語彙クラスに加えて，言語の形態・統語論もまた性の区分を反映することがある．ロシア語（バルト・スラブ：ロシア）を例にとると，動詞の過去形は性による一致を示す．

(11) a. babuška čitala
　　　祖母.女性　読んだ.女性
　　　「祖母は読んでいた」
　　b. čelovek čital
　　　男.男性　読んだ.男性
　　　「その男は読んでいた」
　　c. okno otkrylos
　　　窓.中性　開く.自ら.中性
　　　「窓が開いた」

(Moravcsik 1978 から)

ただし，このケースについて言えば，性の影響は間接的である．というのも動詞は実際には指示対象の性別そのものではなく，名詞クラス（「女性」「男性」「中性」）と一致しているからである．とはいえ，性の重要性は明らかである．

10.3　まとめ

これまでの議論で，名詞句固有の属性が，諸言語の形態論や統語論を理解する上で，主語や目的語といった純粋に文法的な概念よりも重要となるケースがあることが明らかになったと思う．これは異論の余地がない．さらに，有生性はヒトが知識を処理する際に行う基本的な概念区分に根ざしているという考えは，他の認知機構に関する研究への興味深いつながりを提供する．

とはいえ，現時点では有生性を理解する試みはまだ始まったばかりである．特に，世界の言語の代表的なサンプルに基づいた研究が不足しているため，有生性に基づいた標識のさまざまなタイプがどのような頻度で現れるか，統計的な一般化が

得られていないのが実情である．場合によっては，代名詞体系のように，有生性が何らかの役割を果たすのかどうかも未だはっきりしていないケースもある．

11
結合価

結合価(valence)という用語は，フランスの言語学者リュシアン・テニエルによって言語学に導入された(Tesnière 1959)．元々この用語は，化学の分野で元素が他の元素と結合する能力を表すために使われていた．言語学でもこれと同じく，結合価という用語は動詞と結びつくことのできる項の数を表すのに使われている．結合価という呼び名が言語を論じる場合にどのように当てはまるかを理解するために，次の英語の例を考えてみよう．

(1) a. I am sleeping.
「私は眠っている」
b. I touched the Mona Lisa.
「私はモナ・リザに触れた」
c. I gave the million dollars to a waitress.
「私はその100万ドルをウェイトレスに与えた」

(1a)では，動詞の結合価は1である．必要とされる項はただ一つである．この文につけ加わる名詞句や前置詞句があるとすれば(I am sleeping **in the typology class**「私は類型論の授業で眠っている」)，その存在は随意的であることから，「付加詞(adjunct)」と呼ばれる．付加詞は動詞の結合価には含まれない[1]．この意味で，sleep は in the typology class のような前置詞句が共起する場合でも，一項動詞である．同様に，(1b)の touch は二項動詞，(1c)の give は三項動詞である．

結合価としばしば混同されるのが，他動性の概念である．正しくは，他動性とは文法上の目的語の有無によって決まる．動詞が直接目的語をもっていれば**他動詞**(transitive)である．直接目的語と間接目的語をもった動詞は**二重他動詞**(ditransi-

---

[1] 動詞の付加詞と項の区分は，実際にはこれよりもずっと複雑なものである．より包括的な整理の試みとしては，Whaley(1993)を参照．

tive)[2]と呼ばれる．直接目的語をもたない動詞は**自動詞**(intransitive)である．他動性と結合価の間には，直接の相関はないので，必ずしも他動詞の結合価は 2 でないし，二重他動詞の結合価が 3，自動詞の結合価が 1 と決まっているわけでもない．例えば，動詞 place「置く」は何かを置く主体，置かれる物体，置く場所を明示せねばならないため，結合価は 3 である (2a)．これらの項のどれか一つでも欠ければ，得られる節は不適格なものとなる (2b)–(2d)．

(2) a. The instructor placed my exam before me.
　　　　「教師は答案用紙を私の前に置いた」
　　b. *Placed my exam before me.
　　c. *The instructor placed before me.
　　d. *The instructor placed my exam.

だが，place は結合価 3 であっても，それは他動詞であって二重他動詞ではない．なぜならこの動詞がとるのは直接目的語だけであって，直接目的語と間接目的語を共にとっているわけではないからである．

　天候・気象状態を描写する動詞は，結合価による分類にうまく収まらない．多くの言語で，この種の動詞は明示的な主語となる項をともなわないか，さもなければ主語となる項が同族語，すなわち動詞語根に基づいた語である．このような状況は，次のエヴェン語 (満州・ツングース：ロシア) からの例に見られる．カッコはその要素が随意的であることを表す．

(3) (Imanra)　iman-ra-n
　　　雪.主格　　雪-非未来-3 単数
　　「雪が降っている」

　　　　　　　　　　　　　　　　　　　　　　　　　　　　(Malchukov 1995 から)

エヴェン語でこのようなパタンをとる動詞は，udam-「雨が降る」，dolbo-「暗くなる」などである．これらの動詞は結合価 0 と言えよう．

　他の言語では，この種の動詞は必ず**ダミー** (dummy) 主語，すなわち **It** rained「雨が降った」のように具体的な指示物のない代名詞主語をともなって現れる．こ

---

[2] ditransitive という用語は広く使われているが，言語純粋主義者の指摘するように，語源的には bitransitive の方が正しい．transitive という語はラテン語から来ており，「二」を意味する接頭語としてはギリシア語の di- よりもラテン語の bi- の方が首尾一貫しているからである．

のような場合，主語はダミーであると言っても，義務的であることは間違いないので，英語の天候・気象動詞は結合価1ということになり，自動詞述語の特殊なクラスと見なされるにとどまる[3]．

11.1 結合価を変える手段

　動詞の核となる結合価は一般に，動詞の形態が基本形をとったときの項の分布を見ることで決定可能である．ここでいう基本形とは，(上で見た文のように)動詞が単文，能動態，平叙文で現れたときの形をいう．しかし，言語にそなわった形態・統語論はこうした基本的で核となる結合価を変える力をもつ．類型論的な観点から最も興味深いのは，諸言語が結合価を変えるさいの多様性である．

　結合価を変える手段のあるものは形態論的である．この場合，結合価の増減は接辞によって表される(述語につくときは動詞の形態論，項につくときは格形式)．他の場合には，分析的な手段によって結合価が変えられる．すなわち，接辞ではなく特定の語句や語順が，結合価を変えるための主要な方法として用いられる．また当然のことながら，形態論的手段と分析的手段は一緒に現れることもある．

　加えて，動詞の結合価に加えられる変更は，時間を経て語彙化することがある．そうなったときには，新しい動詞がその言語の中に生まれることになる(ただし，不規則形となることが多い)．以下，本節ではこれらのメカニズムの具体例を検討していく．

11.1.1 結合価を減らす手段

　動詞の結合価が減るということは，特定の動詞語根と結びついた必須の項の数が減るということである．動詞の結合価を減らす数多くの手段のうち，普遍的とは言えないにせよ，最も広く見られるのはおそらく受動文である(4)-(5)[4]．

---

[3] Foley and Van Valin(1984)は天気を表す述語などに対して無項動詞(atransitive)という用語を提案しているが，そこには他動性と結合価の混同が見られる．

[4] 例えば，Van Valin(1985)はラコタ語(アルモサ・ケレス：アメリカ合衆国とカナダ)に(4)-(5)に対応するような受動構文は存在しないことを報告している．Keenan(1985a)もまた，エンガ語(ニューギニア：パプアニューギニア)，タマン語(チベット・ビルマ：ネパール)，イストモ・サポテック語(オトマンゲ：メキシコ)，イディン語(パマ・ニュンガ：オーストラリア)などを挙げている．

(4) a. The thugs will mug Bugs.「強盗団がバグたちを襲う」
    b. Bugs will be mugged (by the thugs).「バグたちが(強盗団に)襲われる」

(5) a. X-at-in-bok   (lian)
       時制-2-1-呼ぶ　私
       「私があなたを呼んだ」
    b. X-at-bok-e'   (laat)   (in-ban)
       時制-2-呼ぶ-受動態　あなた　 1-によって
       「あなたが私に呼ばれた」

(Berinstein 1990 から)

英語とケクチ語(ペヌーティ：ガテマラ)の例文に代表されるように，受動態(4bと5b)は論理的目的語(= 他動詞節の(4a)や(5a)で直接目的語となるような名詞句)を主語の関係に繰り上げることで，他動詞節の結合価を減らしている[5]．その一方で，論理的主語は繰り下げられて，中核的な文法関係の標示を受けなくなっている．そのため，結果として得られる節は自動詞節である．受動構文は主格-対格型の言語に最も広く見られる．そうした言語には，英語のように分析的傾向が強いものもあれば，ケクチ語のように主に形態論的手段で文法関係を表すものもある．また，動作主の名詞句が表されるか否かによっても差が出る．上の例では，動作主の名詞句の有無は随意的であるが，言語によっては，受動態の節で動作主を表すことが認められないこともある．

受動態は時を経て語彙化することがある．古代ギリシア語(ヘレニック)では，形態論的手段による受動形の多くが固定しており，対応する能動態をもたない．

(6) phobeomai 「恐れている」
    erchomai   「来る」

いったんある形態が語彙化されると，それを語彙化されていない形態と共時的に結びつけて分析することは不適切になる．上のギリシア語の形態はまさにそのような例である．歴史的には，phobeomai は「恐れさせる」という意味の動詞と，erchomai は「連れていく」という意味の動詞と，形態論的に結びついた受動形であ

---

[5] ここでの受動態の記述では，「主語」という概念を非常に緩やかに使っている．というのも，能格-絶対格型言語にも受動態は存在しうるからである．

る．しかし，こうした元の形態は使用されず，能動態で現れることはもはやない．その意味で，これらは語源的には受動態と結びついていても，語彙知識の中では単なる自動詞として収まっていると見なすのが最も適切である．

　一般に，能格-絶対格型の言語は，受動態と似た**反受動**(antipassive)と呼ばれる自動詞化のための構文を用いる．イニュピアック語（エスキモー［イヌイット］：カナダ）はその一例である．反受動では他動詞節の主語を繰り下げるのではなく，目的語を繰り下げる(7b)．

(7) a. Aŋuti-m　umiaq　qiñiġ-aa　tirraġ-mi
　　　　男-能格　　舟　　　見る-3.3　　水辺-で
　　　「男は水辺で舟（定）を見る」

　　b. Aŋun　umiaġ-mik　qiñiq-tuq　tirraġ-mi
　　　　男　　舟-状況格　　見る-3　　　水辺-で
　　　「男は水辺で舟（不定）を見る」

(Seiler 1978 から)

例文(7a)で絶対格の目的語となっている umiaq「舟」が(7b)では繰り下げられていることは，次の二点からわかる．第一に，動詞の一致を見ると，(7b)は自動詞節となっている（一つの項だけについて一致の標示がされている）．第二に，格標識が二つの節では異なっている．他動詞節である(7a)では，aŋuti-m は能格の接尾辞がついているが，反受動態の節では絶対格の標示を受けている．イニュピアック語のデータは，反受動構文についてもう一つの興味深い事実を明らかにしている．多くの場合，反受動は目的語が不定であるとき（(7b)のように）だけ用いられる．すなわち，この構文の適切さは有生性の階層に従っているのである（反受動構文のその他の機能を通言語的な視点から概観した研究として，Cooreman 1994 を参照）．

　シルバースティンは，反受動構文は能格型言語だけで見られ，さらに反受動と受動とは同一言語には現れないという説を出している(Silverstein 1976)．しかし，どちらの主張に対しても，疑問視する議論が出されている（例えば Heath 1976）．

　結合価を減らす第三の手段は，名詞包入である．この構文では，直接目的語が動詞語幹に包入されて，結果として非他動詞化が起きる(8)．

11.1 結合価を変える手段

(8) Ti-pi-sheuw-we
    1単.絶対格-鹿-狩る-現在
    「私は鹿狩りをしている」

(Allen, Gardiner, and Frantz 1984 から)

反受動と同じく,上の南ティワ語(タノ：アメリカ合衆国)の例に見るような名詞包入は,包入される目的語の適切さが定性によって決まることがしばしばある.細部を精密に見ていくと複雑な面もあるが(Mithun 1986 参照),一般に名詞包入は目的語が不定のときに最もよく見られるのは間違いない.

結合価を減らす手段としては,派生形態論も含めるべきだろう.名詞化接辞(例えば destroying と destruction は,共に destroy という動詞が名詞化された形である)は広く見られる.多くの言語で,このような接辞が使われたときには動詞の結合価が減ることになる.例えば,英語の destruction は統語構造上は結合価0である.意味上の項を明示するためには,属格構文の中に置かねばならない(the army's **destruction** of the city).

その他の結合価を減らす手段には,再帰形や相互形といった構文がある.

(9) a. ni   kwə́ləš θ-ám?š-əs   kwθə   swə́y?qe?
       貼動詞 撃つ-1.目的語-3.能格 決定詞 男
       「その男が私を撃った」
    b. ni   kwə́ləš θ-ət   kwθə   swə́y?qe?
       貼動詞 撃つ-自分   決定詞 男
       「その男が自分を撃った」

(Gerdts 1989 から)

ハルコメレム語(アルモサ・ケレスー：カナダ)の基本的な他動詞節を再帰節と比べると,動詞の一致の仕方が違っていることがわかる.(9a)では,能格と絶対格の名詞句どちらも動詞に相互参照がある.だが動詞に再帰形の接尾語がつくと,能格との一致を表す接尾辞を使うことはできなくなる.この意味で,(9b)の節は自動詞節である.

興味深いことに,再帰化を表すために分析的な手段を用いる言語は,再帰構文によって動詞の結合価を減らすことは稀であるように思われる.分析的な性格の強い英語では,(9b)に対応する文では再帰節は他動詞のままであり,動詞は結合価2

189

を保持していることが各種の証拠から明らかである．形態論的な再帰形と結合価の減少，および分析的な再帰形と結合価の保持という二通りの相関は全般に成り立つと思われるが，ガーツはこれらの相関に厳密には問題があることを説得的な証拠をもって示している(Gerdts 1989)．

再帰的な意味をもった述語は語彙化されることもある．例えば，英語の shave や dress といった動詞は，目的語が明示されない限り(例：I shaved the dog「私は犬の毛を刈った」や I dressed my son「私は息子に服を着せた」)，再帰的な意味で解釈される．

最後に，結合価を減らすやや稀な手段として，**反使役**(anticausative)がある．この構文では，使役的な意味をもった他動詞(XがYにZをさせる)が非他動詞化の接辞による標示を受け，動作主が表現されない(10b)．この種の構文は，スワヒリ語(ニジェール・コンゴ：東アフリカ)など多くのバントゥー系言語に見られる．バントゥー研究の伝統では，反使役は状態接尾辞と呼ばれてきたので，(10)の例では「状態」という語釈を与える．

(10)　a.　i-me-vunj-ika
　　　　　それ-完了-壊す-状態
　　　　「それは壊れている」
　　　b.　i-me-poto-ka
　　　　　それ-完了-ねじる-状態
　　　　「それはねじれている」

(Wald 1987 から)

重要なのは，(10)の非他動詞化の接尾辞は受動態とは違うという点である(受動態もまた論理的目的語を繰り上げ，動作主を繰り下げたり表現しなかったりするが)．反使役として扱うのはそのためである．この種の構文が通言語的にあまり見られない理由は，おそらく同じ結果を得るために受動の形態を使う方が簡単だからであろう(Haspelmath 1990)[6]．

[6) 受動を表す形態論的手段がこのために使われるときには，中間受動態(middle passive, mediopassive)としばしば呼ばれる．また，多くの言語で同じ形態論的手段が中間受動態と再帰形を表すために用いられることにも注意してよいだろう．古代ギリシア語(Rijksbaron 1984)，アルバニア語(Hubbard 1980)，ワステック語(Constable 1989)はそのような例である．

11.1.2　結合価を転置する手段

　ある種の構文では，動詞の結合価そのものは変化しなくても，それぞれの項の文法関係が変わることがある．このような構文の一種が，主語−目的語の逆転と呼ばれるものである．次のデータはクーテナイ語（アルモサ・ケレスー：北米）から．

（11）a.　wu:kat-i　　pałkiy-s　titqat'
　　　　　見る-直説法　女-離却形　男
　　　　「男は女を見た」
　　　b.　wu:kat-aps-i　　　　　　　titqat'　　pałkiy
　　　　　見る-主語/目的語逆転-直説法　男-離却形　女
　　　　「男は女を見た」（または「女は男に見られた」）

（Dryer 1994 から）

　例文（11a）の主語・目的語共に，（11b）においても中核的な項のままである．すなわち，どちらの例も他動詞節である．（11b）は英語などに訳すときは受動態の節を使うのが最適と言えるかもしれないが，クーテナイ語の文が受動態であると考える根拠は全くない（(11b)は通常，逆行形と呼ばれる；詳細は Dryer 1994 参照）．この意味で，結合価が減ったとする理由も皆無である．二つの名詞句は意味特徴を保ったまま，文法関係を交換したといえる（(11a)では「男」，(11b)では「女」が主語の関係）．

　与格転移(dative shift)と呼ばれる現象もまた，結合価を変えることなしに節内の文法関係を再配置する手段と思われる．インドネシア語（オーストロネシア：インドネシア）はそのような構文をもつ言語の一例である．結合価 3 の動詞とその項は，二重他動詞のパタン，つまり直接目的語と間接目的語（(12a)では Ali という名詞句が kepada という前置詞によって標示されている）か，二重目的語の構文（(12b)では Ali も surat も格標識や前置詞なしに現れていることに注意）で現れる．後者の場合，どちらの名詞句も直接目的語の形態・統語論的性質をもっているように見えるので，「二重目的語」と呼ぶ[7]．

---

[7] これらが厳密にどのような文法関係を有しているのかは論争の的であるが，ここでの議論には無関係である．重要なのは，Ali の形態論的・統語論的な性質が変わっていても，動詞接尾辞 -kan の生起は動詞の結合価を変えないという点である．(12a)-(12b)双方で，動詞の後に来る二つの名詞句は両方とも動詞にとって必須であり，この限りにおいて動詞の結合価に変更はない．

(12) a. Saja mem-bawa surat itu kepada Ali
　　　私　　他動詞-運ぶ　手紙　その　へ　　アリ
　　　「私はその手紙をアリに運んだ」
　　b. Saja mem-bawa-kan Ali surat itu
　　　私　　他動詞-運ぶ-受益形　アリ　手紙　その
　　　「私はアリにその手紙を運んだ」

(Chung 1976 から)

英語も与格転移構文をもつ言語の一例である（英語では(12a)は I brought the letter to Ali，(12b)は I brought Ali the letter となる）が，この変化を明示するための動詞形態論は不要である．この場合，英語は結合価の転移のために純粋に分析的な方法を使っていると言えるだろう．英語はまた，限られた範囲ではあるが，典型的な二重他動詞構文と典型的な二重目的語構文の区分を語彙化している．promise という動詞は二重目的語構文しかとらない傾向がある（Mary never promised **the money to you**「メアリーはあなたにそのお金を約束してなどいない」は容認しない話者がいる）．その一方，donate という動詞は典型的には二重他動詞として使われる（?I donated him my favorite baseball cards「私は彼に私のお気に入りのベースボールカードを寄付した」はおかしい）．

11.1.3　結合価を増やす手段

　諸言語において，結合価を増やす基本的な方法は二つある．必須でない項を目的語の地位に繰り上げる操作と，使役化の操作である．以下に両方を説明する．

　多くの言語で，他動詞構文の論理的目的語は別の名詞句に置き換えることが可能である(13)．

(13) a. Ha　　punu' si　　　Miguel i　　babui para guahu
　　　3単数　殺す　　　　固有名詞 ミゲル　その 豚　ために 私
　　　「ミゲルはその豚を私のために殺した(＝潰した)」
　　b. Ha　　puni'-i　　　yu' si　　　Miguel nu　i　babui
　　　3単数　殺す-ために　私　固有名詞 ミゲル　斜格　その　豚
　　　「ミゲルはその豚を私のために殺した(＝潰した)」

(Gibson 1980 から)

11.1 結合価を変える手段

チャモロ語(オーストロネシア：マリアナ諸島)の例文では，(13a)は基本的な他動詞節である．直接目的語 babui「豚」は前置詞で支配されてはおらず，受益者を表す名詞句の前に置かれている．(13b)は他動詞文であることに変わりはないが，(13a)で babui がもつ直接目的語としての性質は，受益者の名詞句 yu' に奪われており，babui は nu という前置詞をともなって現れている．ただし，(13b)の構文では yu' と babui はどちらも義務的な要素である．したがって，動詞の結合価そのものはプラス1になっている．ここでは動詞結合価の交替は，動詞接尾辞によって表されていることにも注意しよう．

一部の言語では，自動詞の付加詞についても同様に，目的語の地位に繰り上げて結合価を一つ増やすことが可能である．シエラ・ポポルカ語(ペヌーティ：メキシコ)ではそれが見られる．

(14) a. te:ñ
　　　「彼は立ち上がった」
　　b. i-tye:ñ-ka
　　　目的語-3 単数. 立ち上がった-具格
　　　「彼はそれを使って立ち上がった」

(Elson 1956 から)

例文(14b)では，動詞に目的語の一致を表す接頭辞がついており，それが他動詞節であることを示している．また道具の意味役割をもった付加詞が目的語の地位に繰り上げられていることを示すために，具格の接尾辞が使われている．

(13b)や(14b)のように，動詞の結合価の増加が動詞接尾辞で標示される構文は，**適用構文**(applicative construction)，あるいは**適用形**(applicative)と呼ばれる．上で見た文は，名詞句が直接目的語の属性を獲得する例であったが，場合によっては適用構文によって繰り上げられた名詞句に間接目的語の属性が付与されることもある．

動詞の結合価を増やすためによく使われるもう一つの方法が**使役**(causative)構文である．使役とは，二つの出来事間の関係を単一の節によって明示的に表すための言語的手段である．使役については多岐にわたる議論があるため，次節であらためて取り上げる．とりあえず代表例を以下に挙げる．

ある種の言語は，次のティグリニャ語(セム：エチオピア)のように，使役を動詞形態論によって作り出す．

(15) a. Bärḫe   mäṣḥaf   rə'iyu
　　　ベルヘ　　本　　　見る. 過去. 3 単数
　　「ベルヘは本を見た」
　　b. Məsgənna   nə-Bärḫe   mäṣḥaf   'a-r'iyu-wo
　　　メスゲンナ　有生-ベルヘ　本　　使役形-見る. 過去. 3 単数-目的語
　　「メスゲンナはベルヘに本を見させた (= 見せた)」

(Palmer 1994 から)

例文 (15a) は単純な他動詞文であり，動詞の結合価は 2 である．(15b) は使役の接頭辞が加えられて，結合価が 3 に増えている．

動詞の使役的意味の表現が語彙化された言語もよく見られる．つまり，動詞語根から使役動詞を派生するのではなく，二つの語根が別々に言語の中で発達し，非使役動詞と使役動詞のペアが存在することをいう．例えば英語では，see-show, die-kill, lie-lay, sit-seat, remember-remind などのペアがある．

言語によっては，使役を分析的手段で作ることもある．英語からの典型例を挙げる．

(16) He caused/compelled/forced me to do it.

このように，複数の動詞を使って使役を表す構文は (例：compelled+to do)，通常**迂言的** (periphrastic) 使役と呼ばれる．

英語のデータからもわかるとおり，使役を表す文を作るための手段が一つの言語に何通りかそなわっていることは稀ではない．異なるタイプの使役構文は，それぞれ違った種類の使役を表すことがしばしばある．この点は次節および第 15 章で取り上げる．

11.2　使　役

ここでは語彙的な使役も使役構文の一種として含めることにするので，世界のあらゆる言語は使役構文をもっていると言ってよい．また，形態論的に孤立的である言語は分析的な使役を使う傾向があり，膠着的な言語は形態論的使役を使う傾向があるというのも，容易に納得できることである．

使役を論じる上で，類型論的に重要なもう一つの側面が，被使役者の文法関係

主語 > 直接目的語 > 間接目的語 > 斜格
図 11.1　被使役者の接近可能性階層

である．コムリーによれば，被使役者がとる文法関係は，結合価の増加がどのタイプかによって（結合価1の動詞が2になるか，結合価2の他動詞が3になるか，など），予測可能であるという（Comrie 1976b, 1985a）．使役が自動詞構文に基づいて作られる場合は，被使役者は直接目的語の属性をもつ傾向がある．使役が他動詞構文に基づいて作られるなら，被使役者は間接目的語として扱われる．使役が二重他動詞構文に基づいて作られるなら，被使役者は斜格として扱われる．言い換えれば，被使役者は図 11.1 に示した階層の中で，許される限り最も高い位置にある関係をとるというのがコムリーの主張である．

図 11.1 の階層は，新奇なものではない．それは格付与と一致においてはたらいていることをすでに示した．この意味で，コムリーの主張（Comrie 1976b）が正しいとするなら，この階層は人間言語において文法関係が重要な役割をもつことの新たな証拠となる．しかし，彼の分析には反例も出されている（Song 1991a 参照）．

使役の本質についての考察が最も興味をひくのは，使役を表す手段を複数もつ言語を検討したときである．比較をしていくと，形態論的，分析的，語彙的使役の選択は，恣意的でない面があることにただちに気づくだろう．使役構文のとる形は，意味の（時として微妙な）差異を具現しているのである．

11.2.1　直接使役 対 間接使役

ヒトの心は，二つの出来事 A と B の間の関係を数多くの捉え方で概念化する能力をもっている．A と B は時間・空間的に完全に無関係で，何の関係もないものと受けとられることもある．

(17) 出来事 A: Bob ate burnt toast this morning.
　　　　　　　「今朝ボブは焦げたトーストを食べた」
　　　出来事 B: John Kennedy was assassinated in 1963.
　　　　　　　「ジョン・ケネディーは 1963 年に暗殺された」

これとは違って，二つの出来事の間に何らかの結びつきが感じられることもある．ある出来事が第二の出来事の生起をもたらすと考えられるとき，そこには因果性があるという．どんな言語も，因果性を捉えるためにいくつもの手段をもっている．

11 結合価

二つの節は(18a)のように単に並置されて因果性は暗黙の理解にとどまることもあれば，(18b)のように時間を表す接続語が使われて因果性の解釈を与えることもある．あるいは，(18c)のように因果性を明示的に捉えるために特化された接続語が使われることもある．

(18) a. I laughed. She left.
「私は笑った．彼女は立ち去った」
b. As soon as I laughed, she left.
「私が笑うとすぐに，彼女は立ち去った」
c. Because I laughed, she left.
「私が笑ったので，彼女は立ち去った」

これらの例ではみな，二つの節が連結されている．しかし，このような可能性だけでなく，諸言語には因果性の意味構造を単一の節で表す目的のために特化されたさまざまな構文，すなわち使役構文が見られる．

(19) a. Bugsy caused her to leave.
「バグジーは彼女を立ち去らせた(強制力は中立的)」
b. Rocco made her leave.
「ロッコは彼女を立ち去らせた(強制力は強い)」
c. Baby Face had her leave.
「ベビーフェイスは彼女を立ち去らせた(強制力は弱い．そのような状況を設定したという解釈)」
d. Al let her leave.
「アルは彼女を立ち去らせた(強制力は弱い．被使役者の意志を実現させたという解釈)」

(19)の例はみな何らかの因果性の存在を描写しているが，意味は明らかに異なっている．そこで，異なった使役のタイプ分けをする必要がある[8]．基本的な意味上の区分として，**直接使役**(direct causation)と**間接使役**(indirect causation)がある．その名の通り，直接使役は使役者の行為が被使役者の行為に直接の影響をもった状況を指し，間接使役は因果性の隔たりが大きい状況を指す．この区分は絶対的

---

[8] 多種多様な使役の意味を言語によって表すための手段を包括的に論じたものとして，Talmy(1976)を参照．

なものというよりは，直接−間接の間にさまざまな段階を認めるものである．

　直接使役と間接使役の違いは，英語の語彙化された使役である kill と，それに対応する使役構文 cause to die を比較することで明らかになるだろう．一例として，あなたが交通量の多い交差点の前にあるベンチに座っていて，不運にも死亡事故の目撃者になったと仮定しよう．状況は次のようなものだ——小さい女の子がドリブルしていたバスケットのボールが足元で跳ねてしまい，それを追って彼女は路上に足を踏み出す．まさにそのとき，スピードを上げた車が角を曲がって突っ込んで来て，女の子をはねる．この場合，I think he killed her「彼はその子を殺したと思う」の方が，I think he caused her to die「彼はその子を死なせたと思う」と言うよりもずっと可能性が高い．どちらの発話も使役文だとすれば，なぜ一方が明らかに選ばれるのだろう？　分析的な使役構文である cause to die は間接的な因果性を含意するが，このシナリオでは運転手の行為が（たとえそのような意図がなかったにしても）女の子の死を直接的に引き起こしたことは確かである．それゆえ cause to die を使うのは誤りになりかねない．それは因果性の本質を見誤っている．この構文がふさわしいのは，(20)のように自分の行為が死をもたらすことを使役者が意識していないような状況である．

(20) By dumping their raw sewage into the river, the factory may have caused hundreds of innocent people to die.
「未処理の廃棄物を川に投棄することで，その工場は何百という罪もない人々を死なせたかもしれない」

kill という動詞は(20)でも使える．ただし kill を使った場合には，工場の不作為の罪を強調するという修辞的効果がある．

　ヘイマンは二つ以上の競合する使役構文があるとき，どれが直接的な因果性を描くのに使われるかについて予測をする有用な類型論的原理を提案している（Haiman 1983）．一般化して言えば，ある言語が複数の使役形をもっているならば，「小さい」形（＝ 構造的に統合性の強いもの）が概念的により直接的な因果性を表すのに用いられ，「大きい」形は直接性の低い因果性を表すのに用いられる．三種類の使役形について，この原理がどう当てはまるかをまとめたものが表 11.1 である．

　語彙的使役では，原因と結果が単一の語彙項目の中で結合している(X)．こうした形式上の密着は，意味的な結びつきの近さと相関している．この意味で，形式

表 11.1 ヘイマンの類像性階層

使役のタイプ	形　態	因果性
語彙的	(X「より小さい」)	より直接的
形態論的	(Y-Z)	
分析的	(Y Z「より大きい」)	より間接的

は意味と類像的に対応している．形態論的使役では，結果はふつう動詞(Y)で表され，それをもたらす因果性が接辞(Z)で表される．原因と結果が形式の上で分けられているということは，概念的にも両者の隔たりが広がっていることと相関する．最後に，分析的使役では，原因と結果は別個の動詞で表現されている．形式上の開きはさらに大きく，原因と結果の概念的距離もさらに広がっている．

　ヘイマンの言う類像性階層の予測は，英語の語彙的使役と分析的使役を比べることで理解できるだろう．John seated Mary at the table という文は，ジョンがメアリーをテーブルにつかせるさいの意識的・計画的な行為を反映している．使役者はその行為を実行し，完遂する上で強いコントロールをもっている．これに対し，John caused Mary to sit at the table という文では，メアリーがテーブルにつくという出来事をジョンが意識的・計画的に引き起こしたのかどうかは不明である．使役者のコントロールはずっと距離をおいたものであり，これは使役動詞(cause)と結果の出来事を表す動詞(sit)の形式的な距離と相関している．

　次に引く朝鮮語(朝鮮：韓国・北朝鮮)の例は，形態論的使役と分析的使役の対比を示している．

(21) a. emeni-nun   ai-eykey   os-ul   ip-key   ha-ess-ta
　　　　母親-話題　　子供-与格　服-対格　着る-補文標識　する-過去-直説法
　　　「母親は子供が服を着るようにした」
　　b. emeni-nun   ai-eykey   os-ul   ip-hi-ess-ta
　　　　母親-話題　　子供-与格　服-対格　着る-使役形-過去-直説法
　　　「母親は子供に服を着させた」

(Shibatani 1973 から)

分析的な構造の(21a)では emeninun(母親)の間接的なはたらきかけが，形態論的使役の(21b)では直接的なはたらきかけが語釈からもわかる．

　なお，表 11.1 については一点注意すべきことがある．類像性階層はある言語における使役構文を別の言語における使役構文と比較するために提案されたものでは

11.2.2 被使役者がもつコントロールの表示

使役の類型化に関わる第二の意味的な違いが，被使役者がもつコントロールの度合いである．ここでは違いを示すために，例文(19b)と(19d)(以下に再掲)をもとに論じる．

(19) b. Rocco made her leave.
「ロッコは彼女を立ち去らせた(強制力は強い)」
d. Al let her leave.
「アルは彼女を立ち去らせた(強制力は弱い．被使役者の意志を実現させたという解釈)」

(19b)では，使役者のロッコはほぼ全面的に状況をコントロールしていることが明らかである．一方，(19d)では，被使役者は出かけるという行為を遂行するか否かを決めるにあたって，一定の役割を果たしている(より大きいコントロールをもった使役者の力の範囲内においてではあるが)．

一部の言語では，被使役者がもつコントロールの度合いは，異なる格形式の選択によって表されることがある．ハンガリー語(フィン・ウゴル：ハンガリー)はその一例である．

(22) a. Én köhög-tet-te-m a gyerek-kel
　　　私　咳をする-使役形-過去-1 単数　その　子供-具格
「私はその子供に咳をさせた(頼んでそうした，等)」
b. Én köhög-tet-te-m a gyerek-et
　　　私　咳をする-使役形-過去-1 単数　その　子供-対格
「私はその子供に咳をさせた(強制的にさせた)」

(Comrie 1989 から，Hetzron の引用)

ハンガリー語の例が示すように，コントロールのほとんどない被使役者が中核的な格で((22b)の対格のように)現れ，コントロールをもった被使役者が斜格で((22a)

表 11.2 格と被使役者の関係

格	被使役者のコントロールの度合い
主格	大
斜格	小
対格	なし

の具格のように)現れるという状況は広く見られる[9]．典型的には，後者の場合に使われる斜格は，受動構文で動作主の名詞句を表すのに使われる格と同じである．格とコントロールの度合いの関係は表 11.2 で表した．

ここでもまた，こうした格の階層は異なる二つの言語からの使役構文を比較するためのものではないことに注意する必要がある．例えば，言語 X における使役構文が被使役者を主格で表すとして，それがハンガリー語における斜格を用いて被使役者を表す構文(22a)よりも強い被使役者のコントロールを表すという結論を導くのは筋違いである．

11.2.3 許可と使役

使役の形に影響を与える意味上の特性として，最後に許可，依頼，純粋な使役の区分を導入する．多くの言語では，使役と許可の間に形態・統語論的な区別がないが，そうした区別をもつ言語もある．英語では，この区別は語彙的手段によって最も直接的に捉えられている．すなわち，動詞の選択によって，許可(allow, let, permit など)，依頼(ask)，使役(make, cause, force)が表される．だが同時に，こうした語彙的な違いと対応する構造的な性質もある．

(23) a. I asked that he(主格) leave.
「私は彼が立ち去るよう頼んだ」
b. I asked him(対格) to leave.
「私は彼に立ち去るよう頼んだ」
c. I made him(対格) leave.
「私は彼を立ち去らせた」

多くの場合，依頼動詞では依頼の内容をテンスをもった節として動詞に埋め込むことが可能である．その結果，被使役者は主格を保持し，依頼を表す動詞(ask)

---

[9] Comrie(1989)は(22b)は全ての話者が容認するわけではないことを認めている．

と依頼の内容(leave)の間の統合性は絶たれることになる．ヘイマンの類像性階層(表11.1)と格の階層(表11.2)のどちらからも，この状況では被使役者が強いコントロールをもつことが予測される．これは実際その通りで，(23a)の状況で被使役者は依頼を断る権利を明らかにもっている．(23b)では，被使役者が対格であり，動詞 leave と ask はより強い構造上の統合性を示している．依頼は若干ではあるが直接性が強い．(23c)のように厳密な意味での使役動詞を使った文は，被使役者を主格で表すことはありえない．そして使役動詞とそれが引き起こす出来事を表す動詞の間の統合性は，最も強いものとなるのが普通である．上の例では，引き起こされる出来事を表す動詞(leave)は，(23a)のように定動詞とはならず，(23b)のように to 不定詞ですらない．それは使役動詞(made)に完全に依存した原形として現れる．これは被使役者のコントロールの度合いが弱くなっていく段階と並行している．

11.3 まとめ

　この章で主題とした結合価は，述語とその項との間の文法的な結びつきに関わるものである．(ここでは動詞とその項の関係に論を限ったが，結合価の概念は名詞や形容詞など，他の種類の述語にも拡張可能である)．より具体的には，結合価とは動詞がとる必須の項の数のことである．

　動詞の結合価は固定したものではない．動詞が基本形——すなわち平叙文の単文の主要部——として現れるときには，中核的な結合価と呼びうる値をとる．この中核的な結合価は，さまざまな方法で組み替えることができる．形態論，語順，その他の手段によって，諸言語は結合価を減らしたり増やしたりする．あるいは，動詞の項に割り当てられる文法関係を再配置することもある．

　このような結合価を交替させるメカニズムに対する動機づけは，構文によって異なる．ここまで各節では，その中の一部しか取り上げなかった．例えば，11.1.1では，反受動構文の背後にある使用意図は，不定の名詞句を動詞の目的語以外の語句として扱うことだという観察を述べた．この意味で，反受動はある名詞句について一定の意味情報を示すために文法化された構文と見ることができる．続く三つの章では，名詞句についての文法的・意味的情報がどのように言語によって表されるかの検討を離れて，テンス，ムード，否定といった動詞に関係するカテゴリーを論じていく．

第Ⅴ部
動詞カテゴリー

12
テンスとアスペクト

　意識があるということの一面として，時間の経過の感覚がある．とはいえ時間とは大いなる謎である．それは時間が見たり触ったり直接に経験できないという理由によるところが大きい．私たちが時間の存在を感じられるのは，事象の直接的な感覚的印象をもとに，記憶をしたり変化に気づく能力をもっているからである．もし過去の記憶が全くなかったなら，私たちは永遠に一つの瞬間に囚われることになる．そのような状況では，変化の概念などは想像もつかず，未来への指向も存在しない．言うまでもなく，時間の概念は現実の理解の重要な部分となっている．

　このように謎めいた時間というものを表現するにあたり，言語がとりわけ複雑な様相を見せるのは偶然ではない．非常に多くの文脈上の手がかりに加えて，諸言語は出来事を時間の中に位置づけるために特化された一群の副詞や時間表現をもっている．だが，時間を捉えるための手段の中でもおそらく最も複雑なのは，テンスやアスペクトといった動詞カテゴリーである．

　テンス（tense，時制）とは，時間上の二つの点の関係を表す文法表現である．つまり，時点 T1 と T2 に起こる二つの出来事があるとすると，テンスは T1 が T2 の前だったのか，T2 と重なっていたのか，それとも T2 の後だったのかを表すために用いられる．最も一般的に表されるテンスのカテゴリーは現在と過去である．一方，**アスペクト**（aspect，相）とは，状況の内的な時間構造を特に捉えるために用いられる文法表現である．アスペクトは時間的に幅をもった（すなわち始まり，中間，終わりがある）ものとして出来事を概念化することもあれば，内部区分をもたない点として概念化するためにも使われる．アスペクトが異なる次の文を比較してみよう．

（1）a. I **read** a great novel yesterday.
　　　「昨日私は傑作小説を読んだ」

b. I **was reading** a great novel yesterday.
「昨日私は傑作小説を読んでいた」

(1)の二つの文はテンスについては違いがない．どちらも「読む」という出来事(T1)が発話時(T2)以前に起こったことを示している．しかし，この二つの文はアスペクトの面で違いを見せる．(1a)は，出来事を分析不可能なひとかたまりとして捉えているのに対して，(1b)は出来事を時間的な幅をもつものと捉えている．

テンス，アスペクトと関連のある三つ目の文法カテゴリーとして**ムード**(mood, 叙法)がある．ムードもまた，出来事がどのように時間に関連するかということに対する話者の視点を示しうる．ムードとは，**モダリティ**(modality, 法[性])の言語的表現である．後者は状況の現実性についての意味上の概念である(すなわち，出来事が実際に起こったのか起こらなかったのか，または出来事が起こる可能性はどれほどか)．次の例(2)はモダリティの点で異なる．

(2) Patricia **did/can/may** read a book in French.
「パトリシアはフランス語の本を読んだ/読める/読むかもしれない」

助動詞の did を使うことにより，話者は，「読む」という出来事が，過去のある時点で実際に起こったということを言明している．他方，can は「読む」という出来事の現実性に関しては何の主張もしない．この助動詞を選ぶことで，話し手はパトリシアが実際に読んだとかこれから読むとかについて関知することなく，彼女がフランス語で書かれた言葉を理解する能力があり，それによって(2)の出来事が起こる可能性があるという主張がされている．助動詞 may の主な役割は，パトリシアが「読む」という行為を実行する可能性(特に高くも低くもない)について述べることである．このように英語では，can や may のような助動詞はモダリティを表現するために用いられる[1]．

テンス，アスペクト，ムードは，時間的現実を直接的に反映するものではないことに注意されたい．これらは現実に対する特定の視点を伝えるために使われる文法手段である．この三つのカテゴリーが複雑かつ多面的な相互作用を見せることは驚きではない．したがって，母語話者ならばこれらのカテゴリーを難なく使いこなす

---

1) 特にインド・ヨーロッパ語学の伝統では，ムードという用語は動詞の屈折体系に限って使われてきた．本書ではそれより少し広い意味で，屈折によるムードだけでなく，助動詞やモダリティを表す小辞も含めてこの用語を使うつもりである．

にしても，文法書や教科書ではテンス，アスペクト，ムードについての包括的な記述は非常にまれにしか見られない．

テンスとアスペクトは，言語表現において強く結びついていることが普通なので，一方を切り離して他方のみを分析することはできない．それに対し，ムードを区別するのはわりあい容易である．そこでムードに関するより包括的な議論は第13章で行うこととする．この章では，テンスとアスペクトの体系を記述するさいに，最も一般的に取り上げるべき問題を検討する．

12.1 テンス

テンスは**直示**(deixis)の一種であると考えられる．直示的な要素は，発話を現前の文脈に照らして固定する．例えば here という語を考えてみよう．

(3) I have had all kinds of difficulties **here**.
「ここではさんざん苦労してきた」

here「ここ」の意味を解釈するには，この語が特定の文脈に埋め込まれていなくてはならない．別の文が前に置かれると，here の指示対象は全く別のものになる．

(4) a. I hate Paris. I've had all kinds of difficulties here.
「パリは嫌いだ．ここではさんざん苦労してきた」
b. See step two in my design plan. I've had all kinds of difficulties here.
「私の設計計画の第二段階を見てくれ．ここではさんざん苦労してきた」

このように，here は文脈によってその指し示す意味を変える．

直示表現には，多くの種類がある．人称代名詞，時間表現(now「今」や yesterday「昨日」)，指示代名詞(this「これ」，that「あれ」)などがその例である．これらと同様，テンスというカテゴリーも，その解釈に文脈を必要とするという点で直示的である．I was tired「私は疲れていた」という文が指し示す時間は，先週言ったことについて何かを語っているか，あるいは今日のそれまでの体調についての事実を述べているかによって，大幅に異なる．

時間軸の表示(図 12.1)は，テンスの直示的性質を整理する役に立つ．文法カテゴリーとしてのテンスは，ある時点が参照点に対して，先行するのか，後行するのか，それとも一致するのかを示すために用いられるメカニズムであることを思い出

図 12.1　テンスの性質

そう．一般に，参照点とは文が発話されるとき，すなわち「今」である．図 12.1 はその場合にテンスが指示しうる各種の時を示す．談話における「今」は常に変化しているので，テンスが客観的に指し示す時点も同様に変化する．

過去，現在，未来の時間に加えて，言語は(5a)のように「あらゆる時」や(5b)のように「不特定の時」を指すといった選択肢をもつことがある．

(5) a. Michael dunks **everyday**.
　　「マイケルは毎日ダンクする」

　　b. He dunks **whenever he feels like it**.
　　「彼はやりたくなるといつでもダンクする」

12.1.1　テンスを表す手段

すべての言語には時を指示し，時間関係を表す手段がそなわっているが，そのために用いられる形態・統語論的な道具は言語により大きく異なる．ときには，テンスを表す特別な形態が存在しないこともある．その場合，時間を表す語句や，モダリティを表す他の文法カテゴリーが代わりに使われる．この手段はビルマ語(チベット・ビルマ：ミャンマー)に見られる．

(6) a. săneineí-taìñ　mye?　hpya?-te
　　　土曜-毎　　　草　　刈る-現実
　　「(彼は)毎週土曜に草を刈る」

　　b. da-caúñmoú　mă-la-ta
　　　その-ために　否定-来る-現実
　　「そのために(彼らは)来なかった」

　　c. măne?hpañ　sá-me
　　　明日　　　　始める-非現実
　　「(私たちは)明日始める(未来)」

(Comrie 1985b から，Okell の引用)

ビルマ語には，過去，現在，未来のテンスを表す特定の形態素が存在しない．代わりに，時間副詞がモダリティ概念を表す接辞と共に用いられている．「現実」の接辞（大まかに言って，出来事の実際の生起を言うのに使われる）は，ここでは過去の出来事であることを示唆する．sãneineí「土曜」などの時間副詞は時の指示をさらに明確にする．同様に，「非現実」の接辞（出来事がその時には生起しないことを意味する）は未来の時や，起こる可能性のあった/ありそうな出来事を表すのに用いられる．この場合も，副詞は出来事の時間的な性質をはっきりさせる．

もちろん，多くの言語はテンスに特化した形態論をもっている．とはいえ，時間軸の分割の仕方は言語によって大きく異なる．リトアニア語（バルト・スラブ：リトアニア）は三分割体系をもつ言語である．

(7) a. dirb-au
    働く-1 単数.過去
    「私は働いた/働いていた」

  b. dirb-u
    働く-1 単数.現在
    「私は働く/働いている」

  c. dirb-s-iu
    働く-未来-1 単数
    「私は働く/働いている（未来）」

(Chung and Timberlake 1985 から，Sennの引用)

リトアニア語の例は，通言語的な観点からは少数派なのだが，図 12.1 に表されたテンスの概念を反映したものである．すなわち，過去，現在，未来のそれぞれに異なる形態がある．しかし，この三分割体系よりも細かい区別が見られる言語もある．そのような言語では，テンスのカテゴリーが時間軸上の遠近を示すために使われることもある．ヴォンジョ・チャガ語（ニジェール・コンゴ：タンザニア）はそのような例である．この言語では，未来の時を指示するにあたって，三種類の動詞接頭辞を用いることができる．

(8) a. Mana n-a-i-enda
    子供   焦点-主語-時制-行く
    「その子供は[確実に・すぐに]行く/去る」

b. Msulri　n-a-**ici**-zrezra
　　　　貴族　　焦点-主語-時制-話す
　　　「その貴族は[確実に・未来のある時に]話す」
　　c. Mana　n-a-**e**-enda
　　　　子供　焦点-主語-時制-行く
　　　「その子供は[たぶん・未来のある時に]行く/去る」

　　　　　　　　（Moshi 1994 から，元データには声調の表示がある）

　例文(8a)の接頭辞は，発話時と同時に起こる出来事を示すためにも用いられる．すなわち，現在のテンスを表すこともできる．Moshi(1994)は，この接頭辞は現在確かに起こっている，またはすぐに起こる直近の出来事を表す接辞であるという提案をしている．この接頭辞が未来のテンス標識として使われるのは，未来の出来事が今にも起ころうとしているときに限られる．(8b)に見られる接頭辞は，指示される出来事が直近ではないのだが，話者がその出来事が起きる確実性を主張したい場合に用いられる．最後に，(8c)に見られる接頭辞は，起こるかどうか明確でない未来の出来事を表す．このような複雑な意味は，未来のテンス標識をいくつももった言語では典型的に見られる．

　ヴォンジョ・チャガ語は過去のテンスについても二つの接頭辞をもつ．

(9)　a. Kite　n-ki-**a**-lya　　　　nyama
　　　　犬　　焦点-主語-時制-食べる　肉
　　　「その犬は[今日]肉を食べた」
　　b. Kite　n-ki-**le**-lya　　　　nyama
　　　　犬　　焦点-主語-時制-食べる　肉
　　　「その犬は[今日より前に]肉を食べた」

　これらは両方とも過去の出来事なので，この場合の相違は出来事が実現する確実性とは関連がない．むしろ，重点が置かれるのは現時点との関連の度合いである．Moshi(1994: 137)によれば，「a という時間標識の談話機能は，過去に起こった出来事が現下の状況に対してもつ関連性を強調することである」．

　遠近の度合いに基づくテンス体系はかなり複雑になることがある．例えば，バミレケ語（ニジェール・コンゴ：西アフリカ）は，過去と未来の両方で五通りの区別を見せる．

(10)　過去　　　　　　未来　　　　　　時間枠
　　　àá 'táŋ　　　　 a'á táŋ　　　　 近接
　　　à áà ǹtáŋ　　　 àà'pìŋ'ŋ́ táŋ　　当日
　　　à kè táŋ'ŋ́　　　àà 'lù'zú táŋ　　一日の開き
　　　à lè táŋ'ŋ́　　　a'á láʔé 'táŋ　　二日以上の開き
　　　à lè láʔ n'táŋ　 a'á fú 'táŋ　　　一年以上の開き

（Comrie 1985b から，一部変更）

(10)のデータは，「売り出す」という意味の動詞についてテンス標識の体系を示している．見てのとおり，この体系では時間を描くのに接辞ではなく小辞を用いる．表中のラベルはあまり文字通りにとらない方がよい．これらは標識の選択が何を意味するかを知る上で助けにはなるが，テンス標識はさほど厳密な基準によって選ばれているわけではない．昨日起こったばかりの出来事であっても，その出来事に対する話者の見方，文のモダリティ，あるいは文脈などに応じて，何通りもの小辞によって枠を付与される可能性がある．

　バミレケ語は未来指示についてこのような細かい区別を行っているという点で，やや特異である．バミレケ語と匹敵するくらいテンスの区別を豊富にもった言語でも，より一般的な非対称的パタンをとるのが普通である．すなわち，未来と比べると過去の時間枠はより細かい単位へと分割される．

　テンスに関して三通り，またはそれ以上の区別をする言語の他に，二通りの時間的区別によってはたらく言語もある．最も一般的なのは，過去の出来事と非過去の出来事を区別する言語である（オランダ語，ドイツ語など）．一般的でないケースとしては，未来と非未来を区別する言語もある．

12.1.2　絶対テンスと相対テンス

　これまで議論してきたテンスのカテゴリーは，すべて**絶対テンス**（absolute tense）の例である．つまり，それらは単一の参照点（発話時）に対して時間軸上で定義された単一の出来事を描写する．言語はさらに**相対テンス**（relative tense）を表す手段ももっている．次のような状況を想定してみよう．午後1時，トムはソファーに横になっている．午後1時1分，彼はリモコンでテレビをつけ，フットボールの試合を見始める．この状況を描写するとすれば，(11)のように言えるだろう．

図 12.2　相対テンスの性質

(11) Lying on the couch, Tom watched the game.
「カウチに寝そべって，トムは試合を見た」

現在分詞 lying には，テンスは標示されていない．それでは，トムがソファーに横になる行為が，彼が試合を見た後で起きる未来の出来事ではないとどうしてわかるのだろうか．このような解釈の余地がないのは，分詞というものは，本動詞が描く行為に対して，相対的に規定されるテンスをもつと理解されるからである．図 12.2 は(11)の文を時間軸上に表している．

　この図では，動詞 watch は発話時を基準として決定される絶対テンスの形をとっている．一方，動詞 lie が指示する時間は相対テンスである．それが指示する時間は，動詞 watch に依存して決まる．相対テンスという現象は，動詞の不定形（絶対テンスの標示がされない動詞の形）を扱うときに広く見られる．しかし相対テンスは動詞の定形とも関連する．次の例は，標準英語からの興味深い例である．

(12) The teacher said that **Theodore was an excellent student**.
「先生は，シオドアはすばらしい学生だと言った」

太字で示された伝達内容の部分においては，従属節内の動詞は主節の動詞からテンスを与えられる．(12)では主節の動詞 said が過去形であるため，従属節の動詞 was は過去形になっている．said の代わりに says が用いられたならば，伝達内容の部分の従属節でも現在のテンスが適用され，was の代わりに is が用いられることになる．

　本節の議論は，テンスというカテゴリーをめぐる多くの問題すべてに触れたとはとうてい言えない．テンスはアスペクトというカテゴリーときわめて密接に結びついており，これ以上の議論をするには，アスペクトの性質を論じる必要がある．

12.2　アスペクト

　すでに述べたように，アスペクトとは話者が出来事の時間的性質をさまざまな仕

方で概念化することを可能にするメカニズムである．主要なアスペクトの区別は**完了**(perfective)対**未完了**(imperfective)である[2]．この区別は，表そうとする出来事の終わりの境界に注目したものである．出来事が時間的に有界であると見られるときには，完了として捉えられる．反対に，未完了は出来事の時間構造の内側を指すために用いられ，その出来事は非有界なものとして捉えられる．完了と未完了の区別は次のメンデ語（ニジェール・コンゴ：ベニン）の例に見られる．

(13) a. Musa　lo　hei-**ni**
　　　 ムサ　焦点　座る-完了
　　　「ムサが座る/着席している」

　　b. Musa　lo　hei-**ma**
　　　 ムサ　焦点　座る-未完了
　　　「ムサが座ろうとしている」

（Shawn Boylan との個人談話 1988 による）

例文(13a)では，「座る」という動作は完了の標識を受け，時間的な幅をもたない，時間軸上の一点として表現されている．未完了が使われている(13b)では，「座る」という動作の内部構造が注目され，出来事は進行中のプロセスとして受け取られる．

　完了-未完了と対立するその他の重要なアスペクトのカテゴリーが**パーフェクト**(perfect)である[3]．これは「完了(perfective)」という用語との類似性が誤解を招きやすいため，代わりに**既然**(anterior)という用語がより頻繁に使われるようになっている．既然は参照点に対して持続的な関連性をもった過去の出来事を表すのに用いられる．この参照点は(14)のように発話時であることが多い．

---

[2] 未完了というカテゴリーは，**持続**(continuous)あるいは**進行**(progressive)とも呼ばれる．とはいえ，これら三つの間の相違をそれぞれの学者がどのようなものとしてとっているかは，必ずしも明らかではない．アスペクト体系の研究では，この三つの区分をはっきりさせようとする努力がなされてきた．例えば，Comrie(1976a)は「持続」は習慣によらない未完了を表し，「進行」は継続的な意味と非状態的な意味の組み合わせである，という提案をしている．Bybee et al.(1994)もアスペクトの定義について役に立つ議論を提示している．

[3] Bybee(1985)は既然をアスペクトのカテゴリーではなく，その意味に基づいてテンスの一種としている．それは出来事の時間的な内部構造を描くというよりは，出来事を時間軸上に位置づけるはたらきをもつという理解である．しかしバイビーも着目しているように，既然の意味を表す形態素は諸言語でしばしばテンス標識と共起し(例えば古代ギリシア語)，そのような場合には同一カテゴリーのメンバーについて見られるような範列的な対比は見られない．

(14) a. I **have** already **done** the dishes, so now I don't have to.
「私は皿洗いは済ませてあるから，今はしなくていい」
　　b. The Republicans **have taken** a majority of the seats in both houses of congress.
「共和党は上院・下院の両方で多数派を占めている」

英語においては，既然は過去分詞とともに助動詞 have を用いることで標示される．助動詞が現在形である場合，既然は出来事が発話時の状況に対して何か暗黙の意味をもっていることを示す．この含意は(14a)では明示されているが，必ずしもはっきり言われるとは限らない．明示されていない場合，たいていは文脈から含意がはっきりする．(14b)については，例えば大統領が民主党であるなら，法案を通すのはより困難であろうという含意が生じるかもしれない．

既然の動詞が関連性をもつ参照点は，(15)のように発話時点以外の出来事となることもある．

(15) By the time John came, I **had cleaned** the entire house.
「ジョンが来るまでに，私は家中の掃除を終えていた」

英語と同じく，助動詞と分詞(または他の動詞の形式)の組み合わせでパーフェクトを作る言語は多い．しかし，言語によっては動詞接辞を使って既然を表すこともある．(16)の古代ギリシア語(ヘレニック)はその一例である．

(16) tas　poleis　autōn　par-ēi-rētai
　　 その　都市　 彼らの　場所-既然-取る
「彼は彼らの都市を略奪した(そして今も占拠している)」

この他，アスペクトに関わる一般的な形式的区別として，未完了と**状態**(stative)の区別がある．未完了が動的な出来事に適用されるのに対し，状態は存在の状態を表すのに用いられる．(17)はメンデ語からの例である．

(17) a. mahei　ha-**ma**
　　　　族長　 死ぬ-未完了
「族長が死にそうだ」

b. mahei ha-**ngo**
      族長　死ぬ-状態
      「族長が死んでいる」

　テンスとアスペクトは，どちらも出来事の時間的な性質を特定するため，混同されやすい．結果として，アスペクトを表す形態がテンス標識として機能しているように見えることがよくある．ミシュテック語(オトマンゲ：メキシコ)では，完了が過去の出来事を概念化する節でよく用いられる(18a)．一方，未完了は発話行為と同時に起こっている出来事に多く用いられる(18b)．

(18) a. iku   ǹ   kuʔwi   nìʔ
        昨日　完了　病気の　1単数
        「私は昨日病気だった」
    b. téʔnéni   nìʔ   čìxi   nìʔ
        未完了.痛い　1単数　腹　1単数
        「私は腹が痛い」

(Bickford 1988 から)

　このデータでは，アスペクトの体系が絶対テンスを表しているように見えるが，これらのアスペクトをテンス標識と分析すべきではない根拠が存在する．特に，テクストにおけるアスペクトの分布を見ると，完了の形態は主要な物語の筋を組み立てるのに使われ，一方で未完了の形態は過去・現在を問わず背景情報に使われていることがわかる(19)．

(19) iku káʔwi   wíʔí ini yaⁿ sá ǹ nenta rèʔ
     昨日 未完了.心配する とても 内 3.女性 間に 完了 着く 3.男性
     「昨日，彼が着いたとき，彼女はとても心配していた」

　テンスとアスペクトのカテゴリーは，言語の節構造の中で，別個の形態素や語によって表されて共起することが多い．したがって，テンスとアスペクトは論理的に異なるだけでなく，言語的にも区別される．次のトルコ語(チュルク：トルコ)の例は，テンスの接辞(過去)とアスペクトの接辞(進行)が共起している例である．

(20) Gel-iyor-du-m
　　　来る-進行-過去-1 単数
　　「私は向かっていた」

(Watters 1993 から)

テンスとアスペクトの標識がある言語で共に現れるとき，その順序はランダムではない．アスペクトの標識はほぼ常に動詞のより近くに現れる(Bybee 1985; Foley and Van Valin 1984)[4]．この順序は，アスペクトが特に動詞の性質に関する情報を与えるのに対し，テンスが命題全体をその作用域に収めるという点で，類像的であると言える．すなわち，テンスは一般に動詞カテゴリーとされるものの，実際には文全体についての情報を提供しているのである．より具体的には，テンスは文の表す命題が時間軸上のどこに位置するかを示している．アスペクトは意味的に動詞とより強い結びつきをもっているため，形式的にも動詞の近くに現れる．

ここまでは，言語におけるアスペクトの主要な区別の一部だけを見てきた．他にも多くのアスペクトのカテゴリーが存在する．

(21) a. I **read** a great novel yesterday.「昨日私は傑作小説を読んだ」
　　 b. I **was reading** …「私は…読んでいた」
　　 c. I **began to read** …「私は…読み始めた」
　　 d. I **finished reading** …「私は…読み終えた」

(21)の各文のテンスを見れば，それらの出来事はみな過去に起こったものだとわかるが，異なるアスペクトを使うことにより，同じ「読む」という出来事をさまざまな仕方で概念化することができる．(21a)は出来事を内部構造をもたない点と捉える完了であるのに対し，(21b)は出来事を時間的な幅をもったものと捉える未完了である．この二つの対立については上で述べた．(21c)は出来事の始まりに焦点を当てており，しばしば**始動**(inceptive)と呼ばれる．(21d)は出来事の終わりを際立たせており，通常は**終結**(completive)と呼ばれる．注意すべきことは，始動と終結がここでは動詞プラス不定詞という構造によって表されているという点である．すなわち英語では，((21a)-(21b)の完了，未完了とは異なり)これらのアスペクトは文法カテゴリーによっては表現されない．

---

[4] Bybee(1985)のサンプルでは，テンスの接辞がアスペクトの接辞よりも動詞語幹に近い位置に生起する例は皆無だった．

アスペクトの選択は描写される出来事の解釈を大きく左右する．例えば，文脈に強制されない限り，(21a)は小説全体が一日で読まれたと解釈されるのが普通である．同様に，(21d)は小説が最後まで読まれたことを明示しているが，読み始めたのはもっと前の日だという含意がある．(21c)は小説を読み始めたのは昨日だということを明示しているが，読み終えてはいないという含意が強い．最後に，(21b)は多くの解釈が可能で，ありそうな解釈の一つは小説の中盤を読んでいるというものであろう．

こうしたニュアンスは，各種のアスペクトのカテゴリーの中核的意味の一部となっている．英語において過去の動詞が完了であっても，必ずしもその出来事が終結していると受け取られるわけではない(例：I wallpapered yesterday「昨日私は壁紙張りをした」では，壁紙を張るという行為が終結している必要はない)．それでは，このような言外の意味はどこから来るのだろうか？　いくつかの要因が考えられるが，その中でも主要なのは動詞の**語彙的アスペクト**(lexical aspect，**行為タイプ**Aktionsart とも呼ばれる)と，動詞とともに用いられる文の構成要素である．以下，これらの要素がアスペクトに与える影響を次の二節で検討する．

12.2.1　アスペクトと行為タイプ

すべての動詞は固有の行為タイプ，すなわち特に標示を受けない場合に動詞が表すと思われる内在的なアスペクトをもっている．例えば，動詞 read「読む」の行為タイプは**継続**(durative)である．つまり，動詞によって表される行為は，必然的に一定の時間継続する．これは sneeze「くしゃみをする」のような動詞と比べると違いがよくわかる．sneeze が表す出来事は時間的な幅をもたず，瞬間的に起こるため，**瞬時**(punctual)と呼ばれる．

完了・未完了のようなアスペクトのカテゴリーと典型的に結びつけて解釈されるニュアンスは，(22)に見るように，動詞の行為タイプによってさまざまに変化する．

(22) a. The light blinked.「光が瞬いた」
　　 b. The light was blinking.「光が瞬いていた」

(21a)-(21b)では，完了と未完了を継続動詞 read について使うことで，動作の終結と未終結も区別された．ところが(22)のような瞬間動詞の場合，その効果は異なる．完了(22a)は一度きりの光の明滅を描く．一方，未完了(22b)は**反復**(iterative)すなわち単一の行為の繰り返しを表す．

諸言語が語彙部門の中に形成する行為タイプのクラスは，共通しているように思われる．最も大づかみに見た場合，状態，実現，達成，活動の四通りのクラスがある(Dowty 1979; Foley and Van Valin 1984; Vendler 1967)．**状態**(state)は，その名が示すとおり，属性(例えば be yellow「黄色い」や be broken「壊れている」)や静的な状況(see「見える」や exist「存在する」)を描写する述語である．**活動**(activity)は動的な出来事である(cry「泣く」，sneeze「くしゃみをする」，run「走る」など)．**実現**(achievement)とは状態変化(yellow「黄色になる」や the window broke「窓が割れた」における break)や動的な状況(notice「気づく」や smell「臭いをかぐ」)を表す述語である．**達成**(accomplishment)とは使役を意味的に含む述語である(shɔw「見せる」や John broke the window「ジョンは窓を割った」における break)．

状態と活動は実現と比べると概念的には単純である．よって多くの場合，実現述語は状態述語や活動述語を包含した形で言い換えられる．例文 the window broke「窓が割れた」は，something occurred such that the window became broken「何かが起こった結果，窓が割れた状態になった」と言い換えられるだろう．実現述語の break は，状態述語の be broken を論理的に含意すると言える．同じく，達成は実現を論理的に含意する．John broke the window「ジョンは窓を割った」という文は，John did something such that the window broke「ジョンが何かした結果，窓が割れた」と言い換えられる．この場合も，達成は実現と比べて概念的により複雑であるということがわかる[5]．英語では，これら四通りの動詞クラスは語彙的に区別されるのが普通だが，ヴァン＝ヴァリンによれば，状態，実現，達成の間の概念的な関係を捉えるために，派生形態論を用いる言語も存在するという(Van Valin 1993b)．

---

5) ここで示した四通りの区分は，終結性，状態性，使役性という三つの意味特徴に基づいて規定することができる．**終結的**(telic)な出来事とは，本来的な終着点をもった出来事，**非終結的**(atelic)な出来事とはそのような終点をもたないもの(read や swim など)，**状態的**(stative)な出来事は変化のないもの(be red や appear tall)をいう．使役の特徴もここで概要を示した体系と同じようにはたらく．

12　テンスとアスペクト

(23)　状態　　　　　　　　　実現　　　　　　　　達成
　　　ʔaknuː-y　　　　　　 taːknu-y　　　　　　maːknu-y
　　　「A が埋まっている」　　「A が埋まる」　　　「B が A を埋める」
　　　lakčahu-y　　　　　　 talakčahu-y　　　　　maːlakčahu-y
　　　「A が閉まっている」　　「A が閉まる」　　　「B が A を閉める」
　　　paša-y　　　　　　　　tapaša-y　　　　　　maːpaša-y
　　　「A が異なっている」　　「A が変わる」　　　「B が A を変える」
　　　　　　　　　　（Van Valin 1993b から，Watters 1988 の引用）

　こうしたテペワ語(ペヌーティ：メキシコ)のデータを見ると，各行為クラスが英語のように異なる動詞として語彙化されるのではなく，四種類のうち三種類までが共通の語根から派生していることがわかる．

　四つの行為クラスは，言語内でどのような形をとるかに関わらず，各々一定のアスペクトのカテゴリーと結びつく傾向がある．例えば，状態は本来的に動作性に欠けるため，未完了の形をとりにくい．したがってアメリカ英語では，the banana is being yellow(「そのバナナは黄色い」の未完了形)や I was seeing the movie(「私はその映画を鑑賞中だった」の未完了形)と言うのは不自然である．非動作的な動詞である状態はまた，瞬時的にもなりえない．なぜなら瞬時性とは本質的に，ほとんど瞬間的に起こる動的な出来事だからである．一方，活動動詞は瞬時的になりうる(flash「閃く」，sneeze「くしゃみをする」など)．実現と達成は概念的により単純な活動を基に作られるため，これらのクラスにも瞬時的な動詞が含まれると予測される．the twig snapped「その枝は折れた」(瞬時的実現)や I snapped the twig in half「私はその枝を半分に折った」(瞬時的達成)という例を見ると，この予測が正しいことがわかる．

12.2.2　アスペクトに対する動詞以外からの影響

　動詞と関わる文法カテゴリーや行為タイプの他にも，アスペクトの解釈に影響をもつ言語要素がある．例えば，アスペクトの変化は副詞表現，前置詞句，名詞句の属性によっても表される．次の文(主要部動詞は flash)でアスペクトがどのように現れているかを見てみよう．

(24) a. The beacon flashed.
「その合図の光は閃いた」

b. The beacon flashed five times in a row.
「その合図の光は5回続けざまに閃いた」

(Talmy 1987 から)

前述のとおり，活動動詞 flash は瞬間的に終結する出来事を表すので，(24a)のように過去のテンスで完了として現れた場合には瞬時的である．しかしこの単一の瞬間的な出来事は，(24b)のように five times in a row「5回続けざまに」などの表現を伴うと反復的となる．こうした効果は，動詞を進行形にした場合(the beacon was flashing「その合図の光は閃いていた」)と類似している．ただし，(24b)の反復には進行形と違って明確な終結点がある．

アスペクトの解釈に対して名詞句がもつ影響としては，他動詞節の例がよく引き合いに出される．他動詞節の場合，動詞のアスペクトは直接目的語が特定のものを指すか(25a)，不特定のものを指すか(25b)によって影響を受けることがある．

(25) a. The boy scout troop ate the pizza.
「ボーイスカウトの一団はそのピザを食べた」

b. The boy scout troop ate pizza.
「ボーイスカウトの一団はピザを食べた」

(25a)のように冠詞が pizza につく場合，動詞は終結の意味をもち，食べるという行為は明確な終結点をもつ．(25b)にはそのような含意はない．

12.3　まとめ

本章では，時間の指示，出来事間の時間軸上の関係，出来事の時間的な輪郭を表現するための言語的メカニズムの中から，典型的なものをいくつか記述した．多くの言語では，そうした機能を実現するために，テンスやアスペクトなどの文法カテゴリーが発達している．

テンスとアスペクトの間には意味的に密接な関係がある．ある言語で両方のカテゴリーが存在するとき，テンスの形態とアスペクトの形態が特定の形で結びつくことで，微妙な意味の違いが表される．いずれかのカテゴリーが欠如している言語で

は，その機能領域を部分的にカバーすべく，もう一方が拡張されることがある．

　テンスやアスペクトといった文法カテゴリーに加え，他のいくつかの言語的特徴が文の時間的性質の解釈を決める上で影響を及ぼす．その中でも特に重要なのが，第 2 節で論じた行為タイプである．もう一つの重要な特徴であるムードというカテゴリーについては，第 13 章で論じる．

13
ムードと否定

　ムード(mood，叙法)とは文法カテゴリーの一種で，(1)のように，ある出来事や状態が実際に起きているか，起きていないか，あるいは起きる可能性があるか，といったことについての話し手の信念を表すために用いる．この概念上の領域は**モダリティ**(modality，法[性])と呼ばれる．

(1) a. ja-ŋani-yug
　　　 3.現実-話す-助動詞
　　　 「彼は話している」

　　b. ɲiɲjag ŋani-yug
　　　 禁止　　話す-助動詞
　　　 「彼は話さない/話せない/話さないだろう」

　　c. (y)a-ŋani-yug
　　　 非現実-話す-助動詞
　　　 「彼は話すかもしれない」

(Merlan 1981 から)

　上のマンガライ語(マンガライ：オーストラリア)の例からわかるように，話すという出来事の現実性，より正確には現実性についての話し手の判断が，接頭辞または動詞の前に来る小辞によって決まる．(1a)では三人称現実の接頭辞が，話すという出来事が起きたという事実を伝えている．これに対し，(1b)の禁止の小辞は出来事が起きなかったことを示している(注：否定は他のムード的カテゴリーと相互作用するが，それ自体がムードのカテゴリーとなっているわけではない．この点については第2節でさらに論じる)．(1c)では，非現実の標識によって，話すという出来事が将来起きる可能性が表されている．

　第12章では，ムードはテンスやアスペクトと共にはたらいて，発話の時間的な性質を捉えることがよくあると述べた．これは間違ってはいないが，ムードが他の

二つのカテゴリーと異なるという印象はかなり強い．アスペクトは出来事が起きるさいの時間的な輪郭を表し，テンスは出来事が発話の時点(またはその他の時点)から見て時間軸上のどの点で起きたかを表す．これに対し，ムードの背後にあるモダリティ概念は存在論的により基本的なものである．それは言明の真理値と関わっており，話し手が描写しているものの現実性に関して，どのような態度・想定をもっているかを明示するものである．

本章では，ムードを記述するにあたって言語学者が採用するいくつかの区分を導入する．ここで一点，注意しておきたいのは，モダリティ概念は言語によって異なった形で現れるので，あらゆる言語に適用できるような簡潔な定義を与えるのはほとんど不可能だということである．以下の議論も，この入り組んだ問題の基本的な側面にふれるにすぎない．

13.1 伝統文法のムード分類

伝統的には，文法家や言語学者は文を主要タイプへと分類するさいに，文がとるムードを基に行ってきた．ある命題が真であると直接的に言明する文(2)は**直説法**(indicative)という．

(2) I shot the sheriff, but I did not shoot the deputy.
「私は保安官を撃ったが，副官は撃たなかった」

(2)の二つの節は，一つ目は肯定で二つ目は否定だが，どちらも直説法である．つまり，どちらの節もそれらが記述する命題の真理値(一方は真，一方は偽)についての言明となっている．

通言語的には，平叙文に現れる動詞は特別な形式的標示をもたない傾向がある．同様に，多くの言語(例えばインド・ヨーロッパ語族のほとんど)は，疑問文を作るための特別の動詞形態をもたない．この意味で，この種の言語においては直説法というカテゴリーは次のような疑問文にも拡張されることになる．

(3) Why were you carrying a gun?「なぜあなたは銃を携帯していたのか？」

ここで注意したいのは，ほとんどの疑問文はプラスの真理値(=「真」)をもった命題を前提としているということである．例えば，(3)の疑問文は「あなたは銃を携帯していた」という事実を前提としている．この意味で，(3)のような疑問文は

(2)のような**平叙文**(declarative)(= 言明を行う文)と部分的に類似している．

　ある種の言語では，疑問を表す形態が平叙文の形態とは異なっている．このような言語では，直説法という統合的なカテゴリーを認めることは難しいので，**疑問文**(interrogative)というムードのカテゴリーが別に必要となる．次の日本語(日本・琉球：日本)の文はそのような例である．

(4) a. これは本です**よ**．
　　b. これは本です**か**？

(Kuno 1973 から)

伝統的に認められてきたもう一つのムードのカテゴリーは**叙想法**(subjunctive)である．叙想法の使用範囲は言語によって大きく異なるが，広く見られるのは，話し手から見た不確かさ(5a)や，仮定の状況(5b)を表す用法である．

(5) a. epilath-ōmetha　　tēs　　oikade　　hodou
　　　忘れる-1 複数.叙想法　その　家に向かう　道
　　　「私たちは家に向かう道を忘れたのかもしれない」
　　b. an　de　tis　　anth-ist-ētai
　　　小辞　小辞　いかなる　抵抗して-立つ-3 単数.叙想法
　　　「誰かがわれわれに抵抗して立つならば...」

これらの古代ギリシア語(ヘレニック)の文では，叙想法だということは使われている主語の一致の標識の種類で見分けがつく．これらの文が直説法だったら，異なる一致の標識が使われることになる．(5a)では叙想法は独立した節で使われている．一方，(5b)では叙想法が依存節で使われており，通言語的に見ればこちらの方が叙想法の使い方としてはより典型的である．

　命令を表す形は**命令法**(imperative)と呼ばれる．わりあいよく見られるのは，命令法が形態論的に欠落のある動詞の形で表されるケースである．すなわち，命令法の動詞は他のムードで見られる形態の標示がないことがある[1]．命令法の本質は，聞き手に命令を与えることにある．したがって，命令法の節は二人称の主語をもつと考えるのが普通である．英語では，明示的な主語は命令文では認められず，二人称の一致の形態はゼロ標識なので，この点は意識されにくい．しかし言語によって

---

1) Sadock and Zwicky(1985)によれば，この方法は彼らが命令文の標示について調査した言語のうち，約半分で用いられていた．

は，二人称主語は動詞の一致に明示される．次のブルシャスキー語(孤立：インドとパキスタン)の形はこの点を例示している．

(6) a. et-i
　　　する-2 単数
　　　「せよ！」
　　b. et-in
　　　する-2 複数
　　　「(二人で)せよ！」

(Lorimer 1935 から)

命令の相手が二人称に限定されない場合は，命令法ではなく**祈願法**(optative)という言い方がしばしばなされる．

(7) a. hïwá:t-e:-č
　　　走る-意志-2 複数
　　　「走れ！」
　　b. hïwá:t-e:-nì:š
　　　走る-意志-3 単数
　　　「彼が走るよう(＝走らせよ)」
　　c. hïwá:t-e:-màš
　　　走る-意志-1 複数
　　　「われらは走ろう」

(Freedland 1951 から，一部変更)

これらのデータはシエラ・ミーウォク語(ペヌーティ：アメリカ合衆国)からとったものである．命令文は意志性を表す接尾辞 -e: を使って作られる．(7a)では主語は二人称であり，ムードが命令法であると見なすことに問題はない．しかし(7b)と(7c)では，主語はそれぞれ三人称単数と一人称複数である．したがって，このムードは命令法ではなく祈願法と呼ぶことができるかもしれない．

　しかしながら，「祈願法」という用語をこのように使うのは，具合の悪いやり方である．というのも，古代ギリシア語のような言語では，(8)のように形態論的に別個の祈願法のカテゴリーがあり，なおかつ命令文でも二人称以外の一致が見られるからである．

(8)   祈願法   命令法
　1 単数   didask-oimi
          「私が教えることを望む」
　2 単数   didask-ois   didask-ou
          「あなたが教えることを望む」 「あなたは教えよ」
　3 単数   didask-oi   didask-stho
          「彼が教えることを望む」   「彼は教えよ」
　1 複数   didask-oimen
          「私たちが教えることを望む」
　2 複数   didask-oite   didask-esthe
          「あなたたちが教えることを望む」「あなたたちは教えよ」
　3 複数   didask-oien   didask-esthon
          「彼らが教えることを望む」 「彼らは教えよ」

形態論上の形から言えば，ギリシア語は祈願法と命令法を両方もっており，後者は二人称と三人称の主語をとりうる，と分析するのが最適である．祈願法の中心的な機能は欲求を表すことであり，命令法は命令や勧奨を与えるために使われる．ギリシア語のように，祈願法が独自の意味をもつ言語が存在することを考えれば，祈願法というカテゴリーのない言語においては，仮に二人称以外の形が主語になっても，祈願法とは呼ばずに命令法というカテゴリーを一つだけ立てておくのが最もよいやり方だと思われる．

13.1.1　義務的モダリティと認識的モダリティ

　ムードの主要なカテゴリーを規定することに加え，義務的モダリティと認識的モダリティを分けることも必要である．簡単に言えば，**義務的モダリティ**（deontic modality）は義務や欲求と関わり，**認識的モダリティ**（epistemic modality）は出来事の可能性と関わる．次に挙げるのは義務的モダリティの例である．

(9)　a. John **must** come tomorrow.
　　　「ジョンは明日来なければならない」
　　b. Gas stations **should** keep their restrooms clean.
　　　「ガソリンスタンドはトイレをきれいにしておくべきだ」

c. We really **ought** to water the plants.
「本当に植木に水をやらないと」

これらの文は，さまざまな主体が負う義務についての話し手の信念を表している．英語では同じ助動詞が認識的モダリティを表すためにも使われる．

(10) a. He **must** have arrived here earlier today.
「彼は今日ここにすでに着いたに違いない」
b. My guess is that it **should** rain tomorrow around 6:00 p.m.
「私の推測だと，明日は午後 6 時頃に雨が降りそうだ」
c. She left ten minutes ago. She **ought** to be there soon.
「彼女は 10 分前に立ち去った．すぐにそこに着くはずだ」

ここでの認識的モダリティの表現は形の上では(9)と同じだが，意味は変化している．例えば，(10a)は文の主語に何の義務も課していないという点で(9a)と異なっている．認識的モダリティが表すのは，出来事の現実性について話し手が表明する確かさの度合いである．

　ここまで見てきて想像できるかもしれないが，ある命題において義務的モダリティと認識的モダリティのどちらが表されているかを判断するのは困難なときがある．多くの場合，モダリティを表す助動詞（または言語によっては接辞や小辞）に与えられる解釈は，テンス，アスペクト，イントネーション，文脈，非言語的な手がかりなどの複雑な要因によって決まる．例えば(10a)では，描かれている出来事が完了形（助動詞 have と過去分詞によって表される）で与えられているという事実から，義務的ではなく認識的な意味であると解釈される．

13.1.2　明証性

　認識的モダリティについて主に考慮されることの一つは，話し手がある内容をどの程度の確かさをもって伝えようとするかという点である．確かさの度合いをどのように表現するかは，あらゆる種類の情報を基にして決定される．it must have rained last night「昨日雨が降ったに違いない」と言うときは，雨が実際に降ったということを完全にではないが強い確信をもって示している．この文を聞くと，われわれは話し手がその事実について信頼できる証拠をもっている（例えば路上に水溜まりがあるのを見た）と普通は考える．

13.1 伝統文法のムード分類

　言語によっては，**明証性**(evidential)と呼ばれる特別な標識が発達していることがある．これは言明のもととなっている情報の質を明確に伝えるはたらきをもつ．一般に，明証性はムードのカテゴリーの一種として扱われることはないが，認識的モダリティとのつながりは明らかである(Palmer 1986 の議論を参照)．次のトゥユカ語(赤道トゥカノ：ブラジルとコロンビア)の文は明証性の標識の例である．

(11) a. díiga　apé-**wi**
　　　サッカー　する-視覚
　　　「彼はサッカーをした(私はそれを目で確かめた)」

　　 b. díiga　apé-**ti**
　　　サッカー　する-非視覚
　　　「彼はサッカーをした(私はそれを耳で確かめた)」

　　 c. díiga　apé-**yi**
　　　サッカー　する-証拠
　　　「彼はサッカーをした(試合を直接見たわけではないが，私には証拠がある)」

　　 d. díiga　apé-**yigɨ**
　　　サッカー　する-伝聞
　　　「彼はサッカーをした(誰かが私にそう言った[= したそうだ])」

　　 e. díiga　apé-**híyi**
　　　サッカー　する-想定
　　　「彼はサッカーをした(それはありそうなことだ[= したらしい])」

　　　　　　　　　　　　　　　(Palmer 1986 から，Barnes の引用)

これらの文は(一部を除けば)訳せばみな同じく「彼はサッカーをした」になる．だが(11)では動詞接尾辞の選択によって情報の質が表されている．結果として，明証性の体系は認識的モダリティとかなり似たやり方で情報を伝えている．

13.1.3 現実-非現実

　これまでの節では，何通りかのムードのカテゴリーと主要なモダリティのタイプを導入してきた．しかしこれらの区分を明示的に表すために形態論的手段や統語論的手段をどれだけ動員するかは，言語によって大きく異なっている．ある種の言語を適切に捉えるためには，複雑な動詞形態論や一連の助動詞を分析して，多種多様なムードやモダリティを明示的に記述する必要がある．だが別のタイプの言語で

は，ムードのさまざまな区分が単純化されている．このような言語では，現実−非現実という形態・統語論上の区分がしばしば見られる．

単純化して言えば，**現実**(realis)とは現実に起きている，またはすでに起きた状況を描くものである．**非現実**(irrealis)の標示は起きなかったこと，あるいはまだ現実になっていない，可能性にとどまっている状況を描く．ムードのカテゴリーのあるものは，現実−非現実という分け方をしたときには自ずと融合することになる．例えば，叙想法，祈願法，命令法は現実にまだ起きていない命題について語るものであり，どの場合でも命題は「現実」ではない．結果として，一部の言語ではこれらの概念上は異なったカテゴリーを形態論的には同じ形で表すことになる．パラオ語(オーストロネシア：パラオ)はそのような例である．

(12) a. Mo-lim　　　　 a　 kẹrum
　　　　 2 単数(仮定法)−飲む　その　薬
　　　　「薬を飲め！」
　　b. Ku-rael　　　　 ẹl　 mo　ẹr　a　blik
　　　　 1 単数(仮定法)−旅する　連接辞　行く　位格　その　家
　　　　「私は家に帰った方がいい」
　　c. Do-mẹngur　　　 ẹr　 tiang
　　　　 1 複数(仮定法)−食べる　位格　ここ
　　　　「ここで食べよう」

（Josephs 1975 から）

これらの例文では，仮定法(＝非現実)を表す人称の接頭辞が使われている．二人称が主語のときには，典型的な解釈は命令である(12a)．一人称単数の主語では，義務の意味が出てくる(12b)．ちなみに三人称主語では勧奨となる．

命令法，叙想法，祈願法が別々の形態論的カテゴリーとなっている言語でも，あるカテゴリーの用法が他の意味領域を浸食することはよく見られる．叙想法は命令の効力をもつことがよくあるし，その逆も見られる．また，非現実と未来のテンスはまだ起きていない出来事を描くために使われるので，両者の間にははっきりした重なりが見られる．一部の言語ではこの類似性が土台となって，同一の形態論的カテゴリーが両方の意味で使われている．

(13) a. Ma-khúži kte
       1単数-病気 未来
    「私は病気になるだろう」
   b. Yí-kta   iyéčheča
      行く-未来 たぶん
    「彼は行くらしい/彼は行くべきだ」
   c. He   itháčha-kta čhí
      あの 族長-未来   望む
    「あの男は族長になりたがっている」
             (Chung and Timberlake 1985 から，Boas and Deloria の引用)

ラコタ語（アルモサ・ケレスー：アメリカ合衆国とカナダ）で未来のテンス標識と呼ばれてきたものは，実際には単純未来（13a）と非現実のモダリティ（13b-13c）を表す．

13.2 否　定

否定（negative）とは出来事の全部またはその一部についての現実性を打ち消すために使われる文法カテゴリーである．否定は伝統的に認められてきたムードのカテゴリーのどれとも一緒に現れる（例えば don't do that!「それをするな！」は否定の命令文である）．また，否定文は完全な確実性をもっても言えるし，疑いをもって言うこともある．この意味で，否定は明証性と同じく，一般にはムードのカテゴリーの一種とはされずに，関連した別のカテゴリーとして扱われる．諸言語が否定文を作る方法を検討するときには，標準的な否定の仕方（節を否定するための基本的な方法）と二次的な形態変化（それ自体で否定をするのではなく，標準的な否定の方法に付随する形式的特徴）を分けねばならない．インガ語（赤道トゥカノ：コロンビア）はこの違いをはっきりと示している[2]．

(14) a. Rircanchi-mi
       私たち.行った-肯定
    「私たちは行った」

---
2) この例はスティーヴン・レヴィンソンによる．同様のデータは Cole（1982）に報告されている．

13 ムードと否定

    b. **Mana** rircanchi*chu*
        否定   私たち.行った
      「私たちは行かなかった」

    c. Rircanchi*chu*?
        私たち.行った
      「私たちは行ったか？」

(14b)では否定は小辞 mana と接尾辞 -chu によって標示されている．-chu は否定以外の文でも現れるので(14c)，両方の形態が否定を表す主要な手段とは考えず，-chu は二次的なものと考える．この接尾辞は否定の標識として記述するのではなく，平叙文ではない文を表す標識と考えるのが正しい．つまり，それは一次的な否定の手段に付随した表現である．

  だからといって，否定の要素を節の中に分散する言語が全くないというわけではない．インガ語の例で，動詞接尾辞を二次的な手段と見なしたのは，それが構造上，否定語の mana と離れた位置に現れているからではない．二次的という判断をしたのは，接尾辞 -chu は文を否定するよりも広い範囲の機能をもつことがはっきりしたからだった．実際，一次的な否定の方法が複数の要素を含むような言語は少なくない．標準フランス語（イタリック：フランス）はよく知られた例である．文の否定は(15)のように，ne と pas という否定の小辞を組み合わせて行われる．

  (15) Pierre **ne** parle **pas** français
       ピエール 否定 話す.3単数 否定 フランス語
      「ピエールはフランス語を話さない」

このような二重の標示は一般的ではないが，稀というほどでもない．ドライヤーは 345 の言語サンプルに基づいて，否定を表すのに複数の要素を義務的に使う言語を 20 ほど発見し，随意的に使う言語をさらにいくつか見つけた(Dryer 1988b)．ドライヤーはこの事実については単純な意味論的説明が可能だと言う．「否定の形態素は，メッセージの重要な部分を担っているという点で，大きな伝達上の重みをもっている．聞き手が文中の否定の形態素を聞き損ねたなら，文を根本的に誤解することになるのである」(Dryer 1988b: 102)．したがって，否定を二重に標示するのは不経済であっても，否定文をはっきりそれとわからせるために，言語の中で発達することがあるわけである．

13.2.1 標準的な否定の方法

文を否定するために諸言語でとられる一次的な方法には三つの基本形がある．(a)否定の小辞，(b)否定の助動詞，(c)否定の接辞である(Dahl 1979)．第一のケースでは，英語のように否定の標識が変化しないこともあれば，北京官話(シナ：中国)(16)のように否定形が何通りかある言語もある．

(16) a. 他　　不　　喝　　酒
　　　　 Tā　　**bu**　　hē　　jiǔ
　　　　 3単数　否定　飲む　酒
　　　　「彼は酒を飲まない」

　　b. 他　　没　　开　　门
　　　　 Tā　　**méi**　　kāi　　mén
　　　　 3単数　否定　開く　ドア
　　　　「彼はドアを開かなかった」

　　c. 别　　动
　　　　 Bié　　dòng
　　　　 否定　動く
　　　　「動くな！」

(Li and Thompson 1981 から)

北京官話でどちらの否定形が使われるかの選択は，部分的には節の中でどんな種類の動詞が使われるかによって決まる．状態を表す動詞は(16a)にある否定の小辞をとるが，達成を表す動詞は(16b)のように別の形をとる．リーとトンプスンの述べるように，「没 méi は出来事の完結を否定する」(Li and Thompson 1981: 417)のである．しかし，文のとるムードもまた，(16c)のようにどちらの形がとられるかを左右する．

第二の標準的な否定の方法としては助動詞の使用がある．これは例えばエヴェンキ語(満州・ツングース：ロシア)で見られる．

(17) a. Bi　dukuwūn-ma　duku-cā-w
　　　　 私　手紙-目的語　　書く-過去-1単数
　　　　「私は手紙を書いた」

b. Bi dukuwūn-ma ə-cə̄-w duku-ra
   私　手紙-目的語　　否定-過去-1 単数　書く-分詞
   「私は手紙を書かなかった」

(J. Payne 1985b から)

エヴェンキ語では，(17b)の否定形は定動詞(テンスと主語の一致をもつ)の形をとっており，否定されている出来事は従属節の形をとっている．

最後に，否定の接辞もまた否定文を表すための一次的な手段として使われる．マサイ語(ナイル：ケニア)はそのような例である．

(18) **m**-a-rany
     否定-1 単数-歌う
     「私は歌わない」

(Tucker and Mpaayei 1955 から)

通言語的には，接辞で否定を表す言語は接頭辞を使う傾向がある(Bybee 1985)[3]．これは言語一般としては接尾辞をとる傾向があることを思えば(第 7 章参照)，意外な性質である．否定に限って接頭辞がとられることが多いのは，一般に否定の接辞の歴史上の元の形である否定の助動詞や小辞が，動詞の前に置かれやすいという事実と結びついている可能性が高い．動詞-主語-目的語(VSO)の語順をとる言語は必ず否定を動詞の前に置き，SVO 言語もほとんど常に否定を前置する(Dryer 1988b)．

言語の形態論的な性質は，どの否定の方法が用いられるかをかなりのところまで決定する．膠着性の強い言語では否定の接辞を使うことがよくあるが，融合性の強い言語では接辞を使う頻度はずっと低い．否定の小辞はかなり広く見られるが，融合の指標で言えば孤立型の極に属する言語で圧倒的に多い．

13.2.2　二次的な形態変化

否定構造にはさまざまな種類の二次的な形態変化が見られる．この節では，その中から最もよく見られるものを検討する．一つ目に取り上げるのは語順の変化である．これは英語のある種の否定のように，主語と助動詞という構成要素が関わる倒

[3) Dahl(1979)は 240 の言語サンプルに基づき，これとは反対の結論に達している．しかし，ダール自身が認めるように，彼のサンプルは動詞末尾型で接尾辞が支配的な言語に大きく偏っている．

置もあれば(19)，デウォイン語(ニジェール・コンゴ：リベリア)のように基本構成要素順序が入れ替わることもある(20)．

(19) Never have I seen such strange behavior.
「こんな奇妙な振る舞いは見たことがない」

(20) a. S　V　　　O
　　　ɔ　pi　　sayɛ́
　　　彼　料理する　肉
　　　「彼は肉を料理した」
　　b. S　　O　　V
　　　ɔ　se　sayɛ́ pi
　　　彼　否定　肉　料理する
　　　「彼は肉を料理しなかった」

(Marchese 1986 から)

他の言語では，テンスやアスペクトの区分が(21)のように否定文では中和される．

(21) a. giž-ö
　　　　書く-3 単数.非過去
　　　　「彼は書く」
　　b. giž-as
　　　　書く-3 単数.未来
　　　　「彼は書くだろう」
　　c. o-z　　　giž
　　　　否定-3 単数　書く
　　　　「彼は書かない/書かないだろう」

(J. Payne 1985b から)

コミ語(フィン・ウゴル：ロシア)の節(21a)と(21b)では非過去と未来というテンスの対立が見られる．しかし否定文ではテンスの区分はなされず，現在と未来の解釈が可能であり，これら二つの間で曖昧性が見られる[4]．

[4) ただし，コミ語が否定文でテンスの区別を全くしないというのは正しくない．過去形では別の助動詞が使われる．

13 ムードと否定

格標識の変化もまた，自然言語で見られる否定の二次的な形態変化の一種である．ロシア語（バルト・スラブ：ロシア）はこの関係でよく取り上げられる例である．一般に，ロシア語の直接目的語は対格で現れるが，否定文では属格で現れるケースがある（Neidle 1988 を参照）．

13.2.3 作用域と構成要素の否定

これまでの議論では，単文の否定の例だけに注目してきた．しかし，否定文の解釈は(22)のように込み入った形態的・統語的構造が関わるときには，非常に複雑なものになる．

(22) a. John deliberately didn't touch Bob.
　　　「ジョンは意図してボブに触れなかった」
　　b. John didn't deliberately touch Bob.
　　　「ジョンは意図してボブに触れたのではない」

これら二つの英語の文は全く違う内容を伝えている．(22a)では，ジョンはボブに接触しておらず，それは思慮深い抑制の結果である．一方，(22b)ではジョンはボブに接触しているが，それは偶然の結果であることが伝えられている．このような意味の違いは，二つの文で否定の**作用域**(scope)が違っているために起きる．(22a)では，否定の作用域には動詞句 touch Bob が入っている．(22b)では，否定の作用域に入るのは deliberately touch Bob である．作用域のはたらきは難解な問題であり，ここでは立ち入らない．今のところは，以下の点だけ確認しておく．一般傾向として，節レベルでの否定の最小の作用域は，それより後に現れる全ての要素である．ただし，場合によっては（また言語によっては）この原則が成り立たないこともある．

ドライヤー(Dryer 1988b)とバイビー(Bybee 1985)は，否定が動詞の前にくるという傾向は，上で述べたような作用域の性質が反映したものであるという．節レベルにおいては，否定はほとんど常に動詞を作用域におさめる．そのため，作用域が否定の後続部分にかかるという傾向があるならば，結果として否定を動詞の前に置くだろうという予測が成り立つのである．

13.3 まとめ

　本章で試みたのは，話し手が伝える命題についてとる態度——義務，必然性，確実性など——を表現するための言語的なメカニズムをある程度まで規定することであった．こうしたメカニズムについて重要なことの一つは，モダリティ概念を表すために単一の体系を備えた言語はめったにないという事実である．これは本章の議論では表立って論じることはほとんどなかったが，注意を要する点である．多くの言語はムード標識として主にはたらく一連の文法形態（助動詞や動詞の屈折など）をもってはいるが，そうした形態素は文法の他の部分（テンス，明証性，否定など）との相互作用を通じてモダリティ概念を表すのが常である．このため，ムードとは人間言語のさまざまな側面のなかでも，通言語的な比較が困難な部類に入る．

14
言語行為の形態・統語論

　言語が多くの異なった目的のために使われるというのは，疑いようのない事実である．その用途は多岐にわたる——人間関係を築いたり壊したりする，グループの連帯を作り上げる，思考を行う，社会的地位を認めたり決定したりする，教育をほどこす，美的な意図で使う，単に楽しみのために使う，等々．こうした機能を通して見えてくるのは，言語とは人間が互いに関わりあうための手段としてはたらく，という自明の理である．言語コミュニケーションによる人間どうしのやりとりを能率的に実施するためには，情報の提供，情報の収集，および他者の行動の操作を行うための手段が最低限求められる．話し手がこのような言語行動におよぶとき，彼らは**言語行為**(speech act)を行っているという．こうしたコミュニケーションの必要が人間の生活にとっていかに根本的かを思えば，それらを遂行するために諸言語がさまざまな構文を慣習化していることは驚くに値しない．すなわち，コミュニケーションの基本的要求を満たすべく一連の文法手段(形態素，語順，イントネーションなど)が発達するのである．

　経験世界について情報を提供したり，言明を行うという行為に通常使われる文法構造を**平叙文**(declarative sentence)と呼び，言語的に情報を収集するために使うものを**疑問文**(interrogative sentence)と呼ぶ．また，**命令文**(imperative sentence)とは自分の周りの人間の行動を制御するために使う慣習的なメカニズムをいう．

　多くの言語がこれらの文タイプと相関するムードの標示をするために特別な形態論をもつことについては第13章ですでに述べた．だが，ムードと文タイプとは異なるものである．ムードとは，テンス，性，人称と同じく，ある言語において顕在的な表現を見せることもあれば，そうならないこともある文法カテゴリーである．ムードが表現されるときも，その用法は多面的で錯綜している．これとは違い，三つの文タイプ——平叙文，疑問文，命令文——は普遍的である．

　ここで注意すべきは，文タイプは慣習的に割り当てられた用途の他にも使われる

という点である．

(1) a. Do you know how to work this TV?
「このテレビをどうやって使うか知っていますか？」
b. It's a bit chilly in here with your window open.
「窓を開けているとちょっとここは寒い」

例文(1a)に疑問文である．典型的には，この文に見られる文法特徴の組み合わせは，イエスかノーかの答えを引き出し，それによって世界についての何らかの事実を知るために使われる．しかしほとんどの場合，この文は聞き手にテレビをつけさせるためか，つけるのを手伝わせようとするときに発話されると思われる．つまり，疑問文の要点は単に聞き手の技術的知識がどれほどかを知ることではなく，その知識から恩恵を得ることにある．したがって，この文は「テレビをつけてもらえますか」というような(丁寧な)命令として使われている．同様に，(1b)は通常の場合，有益な情報の宣言としてではなく，聞き手に窓を閉めさせるために使われるだろう．このように文の形式と実際の用途が異なる場合には，この発話を**間接言語行為**(indirect speech act)と呼ぶ．

　三つの主要なタイプの他に，言語行為にはより限定されたものがたくさんある．挨拶(「こんにちは」など)，辞去(「さようなら」など)，感嘆(「何とまあ」など)はその例である．個別言語を適切に使えるようにするには，これらを伝えるために使われるさまざまな文タイプに通じていなければならないのだが，以下この章では主要な言語行為に限って見ていくことにする．

14.1　平叙文の言語化

　すべての文タイプの中で，平叙文は最も中立的な形をとる傾向にある．平叙文では特別な形態論を必要とする可能性が最も低く，動詞に関わる文法カテゴリーを使用する上での制限も最も少ない．そのため，平叙文はある言語における基本語順についての一般化をする上での基礎となっているのが普通である．おそらく最も重要なのは，平叙文のイントネーションは通常は比較的平坦だという事実である．ピッチの上昇や下降は平叙文でも起こるが(つまり，イントネーションは完全に平坦なわけではないが)，ピッチの変動が疑問文や命令文ほどに急だったり幅が大きかったりすることはない．

こうした特徴はもちろん，大まかな一般化でしかない．上で述べたどの点についても，おそらく例外があるだろう．例えばカシーボ語（ジェー・パノ：ペルー）では平叙文を表すのに，他の文タイプで使われるのとは異なる一連の助動詞を使う．これらの助動詞は明証性の体系をなしている（第13章を参照）．実際，平叙文に対して特別な標示を必要とする言語のうち最もよく見られるのは，明証性を文法化した言語であると言えるかもしれない．

14.2 命令文の言語化

セイドックとズウィッキーは言語行為に関する研究の中で，命令文を示すための（おそらくは最も一般的な）方法とは「接辞を全くもたない動詞語幹を使うこと」であると述べている（Sadock and Zwicky 1985: 172）．例えばデンマーク語（ゲルマン：デンマーク）(2)に見るように，テンスとアスペクトの標識は命令文を作るときにはしばしば省略される．

(2) kobe 「買う」 hoppe 「跳ぶ」
    kobta 「買った」 hoppede 「跳んだ」
    kob 「買え！」 hop 「跳べ！」

(Sadock and Zwicky 1985 から)

デンマーク語の命令文は語幹の原形で生起するため，テンスの区分が中和される．また，言語によっては不定詞を使うことで命令文のテンスを消すこともある．アルメニア語（アルメニア：中東）(3)はそうした例である．

(3) Lɨ-el
    黙る-不定形
    「黙れ！」

(Kozintseva 1995 から)

命令文によく見られるもう一つの特徴は，主語名詞の省略である．それと同時に，一致の標識の抑止がしばしば見られる．英語では(4)に示すように，動詞は屈折しない形で現れなければならない．

(4) a. *is/*are/*am quick about it!
　　b. Be quick about it!「さっさとそいつをやれ！」

主語が省略されるが命令形の動詞が一致を示す言語では，二人称単数主語を示す動詞が最も一般的に見られる（これがあてはまらない例については第 11 章を参照）．

(5) bi-hiwa　　phaní-ute
　　2 単数-行く　家-方向格
　　「家に帰れ！」

(Aikhenwald 1995 から)

バレ語（赤道トゥカノ：コロンビア）の命令文 (5) は，動詞にテンスやムードの標示がなく，明示的な主語もないという点から判別できる．しかし，動詞の一致は起こっている．この場合，動詞は常に二人称で一致する．

　命令文については，他にもいくつかの特徴に注目する必要がある．まず第一に，一部の言語では肯定的な命令文と否定的な命令文（すなわち**禁止文** prohibitive）を異なるやり方で形成する．これは例えばバレ語にあてはまる (6)．

(6) ba-bi-kiyate-'da-ka
　　否定-2 単数-恐れる-相-否定
　　「恐れるな！」

(6) に見る禁止文はアスペクトも示している（この例文では接尾辞 -'da）．これは肯定の命令文では不可能である．セイドックとズウィッキーが調査した言語の約半分において，他の文タイプでは使われない特別の否定標識が禁止文で使われていた (Sadok and Zwicky 1985)．これは (6) で示したバレ語の禁止文にもあてはまる．バレ語で否定を表す標準的な手段は，小辞 hena を動詞の接尾辞 -wa と共に用いることである．

　第二の特徴として，主語の潜在的なコントロール下にない行為を示す動詞は，命令文では避けられる傾向が強い (7)．

(7) a. Run!/Duck!/Watch it!「走れ！/かがめ！/それを見ていろ！」
　　b. Slip!/Melt!/Be smelly!「滑れ！/溶けろ！/臭え！」

(7b) に見る命令は，非意志的な出来事を示す動詞でできている．そのため，誰か

にこのような行為を実行させようとするのは語用論的に見て不自然である．しかし，特別な文脈があればこのような命令文も可能となる．例えば，気の短いコックが固いチョコレートを入れた鍋に向かって「溶けろ！」と言っているような状況である．もちろん，これは間接言語行為の一例である．コックは本当にチョコレートの様子を変化させようとしているのではない．彼は「チョコレートが早く溶けてくれればいいのに」という願望を表現しているのである．

　命令文のもう一つの特徴として，一般に主節に限定されるという点がある．

(8) a. After you run, shower!「走ったら後でシャワーしなさい！」
　　 b. *After run!, you will shower.
　　 c. *After run!, shower!

命令文(ここでは感嘆符で示した)は複文の主節となることはできるが(8a)，依存節に置かれることはない(8b–8c)．

　最後に，命令文には通常，急速に下降するピッチが使われる．

14.3　疑問文の言語化

　ふつう言語では対極疑問文と内容疑問文の二つのタイプが区別される．**対極疑問文**(polar interrogative)(**イエス・ノー疑問文** yes-no question とも呼ばれる)は，最小限「イエス」か「ノー」という答えが期待されるような形をとった疑問文のことである．

(9) a. Would you care to dance?
　　　　「ダンスしませんか？」
　　 b. Did you see the game on TV last night?
　　　　「昨晩テレビで試合を見ましたか？」
　　 c. Can I use your phone?
　　　　「あなたの電話を使っていいですか？」

内容疑問文(content interrogative)とは，命題の真偽よりも特定の情報を得ることを目的とする疑問文であり，常に疑問詞や疑問詞を含んだ表現からなる．

(10) a. Who will stop the rain?
「誰が雨を止めるんだ？」
b. Where have all the good times gone?
「あのよき時代はどこへ行ったのだ？」
c. What's love got to do with it?
「それと愛と何の関係があるんだ？」

14.3.1 対極疑問文

大多数の言語において，対極疑問文は文末で上昇調のイントネーションを使う．これは平叙文のイントネーションが下降調であるのと明瞭な対比をなす．対極疑問文のこうした特徴——文の終わりで韻律によって標示する——は通言語的に広く見られ，グリーンバーグは以下の形で普遍性を提案した．

(11) グリーンバーグの普遍性9：イエス・ノー疑問文が対応する平叙文とイントネーションの型で区別されるときには，それらのイントネーションの弁別的特徴は文頭ではなく文末から判別される．

文末のイントネーションが対極疑問文の標識として広く見られることを考えれば，一部の言語において，イントネーションのみによって発話が平叙文か対極疑問文かが決まることも驚くに値しない．パピアメント語（クレオール：カリブ）はこの一例であり，対極疑問は最後の音節に上昇のピッチを置くイントネーションのみによって実現される(Kouwenberg and Murray 1994)．同じことはフィジー語(Dixon 1988)，パラオ語(Josephs 1975)，ヒシュカリヤナ語(Derbyshire 1985)などにも見られる．すでに気づいたかもしれないが，イントネーションが対極疑問を表す主要な手段である言語は，地域的にも系統的にも非常に多種多様である．

疑問文を標示するための統語論的なメカニズムの一つは**倒置**(inversion)，すなわち平叙文の節に現れるパタンから語句を並べ替えることである．(9)に出た英語の例文はみなこの手段に基づいて作られている．助動詞は平叙文のように主語の後に置かれる(例：I can use your phone)のではなく，文頭に置かれている．イントネーションとは違って，この手段はヨーロッパの言語に集中して見られ，これが系統的あるいは地域的特徴であることを示している．

イエス・ノー疑問文を作る一般的な方法の一つは，文頭(12a)か文末(12b)のど

ちらかに疑問の小辞を使うというものである．

(12) a. ha=tovah　hā'ārets
　　　　疑問語-良い　冠詞-土地
　　　「その土地は良いか？」

　　b. Ta　　nom.yg　üze-ǰ　　baj-na　　uu
　　　　あなた　本-対格　見る-未完了　ある-現在　疑問語
　　　「あなたはその本を読んでいるか？」

（Binnick 1979 から）

聖書ヘブライ語（セム）(12a) では小辞 ha を文頭に置くことでイエス・ノー疑問文を作る．この小辞は接語なので，後に続く語句と音韻論的に結びつく．モンゴル語（蒙古：モンゴル）(12b) は疑問の小辞を最後に置くのでヘブライ語の鏡映しのようになる．疑問の小辞は文の両端に限定されるわけではなく，文中の決まった場所に現れたり，位置が可変的な場合もある．しかし通言語的に見れば，頻度が高いのは文頭か文末に生起する疑問の小辞である．基本構成要素順序と疑問の小辞の位置の間には一般的な相互関係があり，目的語-動詞 (OV) の順序をもつ言語では，文末の小辞がはるかに広く見られる．VO 言語と文頭の小辞の間には弱い相関が見られるが，より保守的なサンプリング手法をとった場合，この相関は統計的に有意なレベルには達しない（Dryer 1992）．

対極疑問文は動詞接辞によっても作られる．下に示す例文はグリーンランド・エスキモー語（エスキモー［イヌイット］：グリーンランド）からである．

(13) a. Piniar-a
　　　　狩る-3 単数．疑問
　　　「彼は狩りをしているか？」

　　b. Igav-a
　　　　料理する-3 単数．疑問
　　　「彼は料理をするか？」

（Sadock and Zwicky 1985 から）

このケースでは，疑問の接辞は直説法と命令法の節で使われる人称の標識とは範列上の対立を示すため，ムードの標識と見なすこともできる．

あらゆる言語はイエス・ノー疑問文をさまざまなコミュニケーション上の目的

に利用する．もちろん，慣習的な用法はある命題の真理値を決めることである．だが話し手はたいていの場合，答えが何であってほしいか，あるいは答えが何だと信じているかについて，一定の先入観をもっている．この先入観は，イエス・ノー疑問文においてさまざまな形で現れうる．例えば英語では否定の小辞を付加することで，話し手が肯定的な答えを予期していることを示す機能がある．

(14) a. Don't you just love his new shirt?
「彼の新しいシャツ，素敵じゃない？」
b. Isn't the grammar teacher hard?
「文法の先生，厳しくない？」

同様に，多くの言語で対極疑問文を叙述に付加して使うことが認められる．それらは**付加疑問文**(tag question)と呼ばれる．

(15) a. Dartmouth College is in New Hampshire, **isn't it**?
「ダートマス・カレッジはニュー・ハンプシャーにありますよね？」
b. You're going, **aren't you**?
「出かけますよね？」
c. She's not going to eat that, **is she**?
「彼女はそれは食べないですよね？」

付加疑問文は疑問文の形をとるが，情報の収集のために使われることはめったにない．話し手はそれを自分の信念を確認するために用いたり (15a)，相手を説得することに用いたり（一定の状況下での (15b)），驚きを表すために用いたりする (15c)．

14.3.2 内容疑問文

すでに見たとおり，対極疑問文とは違って，内容疑問文は命題の真理値を判断するためではなく，ある命題に関する未知の情報要素を満たすために使われる．話し手の側で求めている情報のタイプは疑問詞によって示される．

(16) a. **Where** did that little green man say he was from?
「あの小さな緑色の人はどこから来たと言っているんですか？」
b. **Who** is going to clean up this mess?
「誰がこの散らかったのを片付けるんですか？」

c. **What** is Ms. Smith buying at K-Mart?
「スミスさんはKマートで何を買おうとしているんですか？」

(16)の例文に見られるように，英語における内容疑問文の作り方は対極疑問文と並行しており，どちらも主語と助動詞を入れ替える(16a, 16c)．しかし，内容疑問文は単にイエス・ノー疑問文の文頭に疑問詞が付け加わっただけのものではない．疑問詞が節の主語である場合には，倒置が起こらないことに留意しなければならない(16b)．さらに，内容疑問文ではイントネーションのパタンも異なっており，対極疑問文のように文末で急速に上昇するイントネーションを必要としない．世界の諸言語も英語と同様，内容疑問文に対しては多かれ少なかれ異なった方略を使うのが典型的である．

内容疑問文で使われる疑問詞は文の焦点位置に置かれることが多い．これは文頭（英語のように）か，焦点となる要素の直後か，動詞の直前に起こる．ハンガリー語（フィン・ウゴル：ハンガリー）ではこのうち二通りが可能で，疑問詞は文頭に置く(17a)ことも動詞の前に置く(17b)こともできる[1]．

(17) a. **Ki**　hívta　fel　János-t
　　　誰が　呼んだ　上に　ジョン-対格
　　　「誰がジョンを呼んだんですか？」

　　b. János-t　**ki**　hívta　fel
　　　ジョン-対格　誰　呼ぶ　上に
　　　「ジョンを誰が呼んだんですか？」

(Kiss 1994 から)

あるいは，北京官話（シナ：中国）のように，平叙文と同じ位置に疑問詞が現れる言語もある．こうした場合，疑問詞が**現位置**に(in situ)留まると言う．

(18) a. 他　　下午　　来　　　　a′. 他　　**什么**　　**时候**　　来
　　　tā　xiàwǔ　lái　　　　　　tā　shénme　shíhou　lái
　　　3単数　午後　来る　　　　　3単数　何　　時　　来る
　　　「彼は午後に来る」　　　　　「彼は何時に来ますか？」

---

[1] ハンガリー語の疑問詞の配置についての記述は若干単純化してある．動詞の前の焦点位置というのは，厳密には線状的な概念ではない．この意味で，私の取り上げていない制約が他にも存在する．包括的な議論は Kiss(1994)を参照．

b. 我　请　你们　吃　饭　　　b′. 我　请　**谁**　吃　饭
　　wǒ　qǐng　nǐmen　chī　fàn　　　 wǒ　qǐng　**shéi**　chī　fàn
　　私　招く　2複数　食べる　食事　　 私　招く　誰　食べる　食事
　　「私はあなた方を食事に招いた」　　「私は誰を食事に招きましたか？」

c. 你　去　　　　　　　　c′. **谁**　去
　　nǐ　qù　　　　　　　　　 **shéi**　qù
　　あなた　行く　　　　　　　 誰　行く
　　「あなたは行くでしょう」　　「誰が行きますか？」

　　　　　　　　　　　　　　　（Li and Thompson 1981 から）

　各言語で使われる疑問詞の数はさまざまである．英語は数が多い方である(who, whom, what, when, where, why, how, which, whose さらにこれらに基づいた複雑な表現が発達している)．セイドックとズウィッキーの報告では，最も疑問詞の少ない言語はヨクツ語(ペヌーティ：アメリカ合衆国)で三つであるが(Sadock and Zwicky 1985)，いくつ疑問詞をもつかは別として，ほとんどの言語で人間と非人間に対する疑問詞は(who と what のように)区別されている．

　また，疑問詞が不定代名詞として利用されるのも一般的である．この重なりはフィジー語のようにごくわずかな場合もある．フィジー語では，不定代名詞として使われる疑問詞は vica「いくつ(か)」一つしかない(Dixon 1988)．一方，中国語では少なくとも四つの疑問詞が不定代名詞を兼ねている．最後に，一部の言語では不定代名詞が疑問詞からかなり生産性の高い方式で派生することもある．英語はその一例である(whoever, whatever, wherever, whenever など)．

　内容疑問文についての節の結びとして，最後に言語間の変異について一点指摘する．すなわち，諸言語で**多重疑問文**(multiple interrogative)はどのように形成されるのかという点である．多重疑問文とは，回答として二つ以上の情報を引き出すための疑問文で，複数の疑問詞を使う．英語の例を(19)に示す[2]．

---

2) 多重疑問文は質問の中の情報の大部分を話し手が知っているときに最もよく用いられると思われる．例えば，(19b)は次のようなシナリオでは自然に出てくるだろう．小さな男の子が家の中でぶるぶる震えている．息を切らせながら，男の子は父親に「蛇がポールの手を嚙んだ！」と言う．父親は息子がやってきたときには新聞を読みふけっていたので，言っていることが全部はわからない．父親がわかっているのは，誰かが蛇に嚙まれ，その嚙まれた部分が解剖学的にどこにあたるかを息子が伝えたということだけである．このシナリオでは，(19b)の質問をするときには，父親は「蛇が誰かの身体のどこかの部分を嚙んだ」ということを前提としている．

(19) a. Who did what to whom?
　　　「誰が何を誰にしたのですか？」
　　b. Where did the snake bite whom?
　　　「その蛇は誰のどこを嚙んだのですか？」

英語の内容疑問文では，疑問詞は文頭に置かれるのが普通だという点に注意しよう．これらの例では複数の疑問詞があるために，そのうちの一つだけが文頭に起こり，他はその場に留まる．
　ポーランド語(バルト・スラブ：ポーランド)やハンガリー語のような言語は英語と異なり，多重疑問文では全ての疑問詞が先頭に置かれる[3]．ハンガリー語のデータを(20)に示す．

(20) a. Ki　milyen　könyv-et　olvasott　el?
　　　誰　何　　　本-対格　　読む　　動詞接頭辞
　　　「誰が何の本を読んだのですか？」
　　b. Ki-nek　miért　segített-él?
　　　誰-与格　なぜ　助けた-あなた
　　　「誰をなぜあなたは助けたのですか？」

(Kiss 1994 から)

このように，単純な内容疑問文を生成するための手段が似ている言語どうしでも，多重疑問文を作るさいには微妙な違いがある．こうした差異がなぜ起こるのかという問題については，現在熱心に研究が行われている(Rudin 1988 を参照)．

14.4　まとめ

　言語構造は話し手の伝達上の必要を満たすために進化する．この意味で，どの言語も質問，主張，命令という伝達の三つの基礎的な機能を実行するためのメカニズ

---

3) ここでもハンガリー語のデータは，記述を簡潔にするために細部にはあまり触れずにおいたが，ハンガリー語の状況は英語と完全に逆というわけではない(中には Haegeman 1994 のようにそうした示唆をする者もいるが)．第一に，ハンガリー語の疑問詞は主語の後に置くことができるため，必ずしも文の先頭位置に来るわけではない．第二に，多重疑問文において全ての疑問詞が文頭に置かれるわけではない(この種の移動が義務的かどうかを決める語用論的な要因を Kiss 1994 はいくつか挙げている)．

ムを普遍的に発達させるのは当然のことである．ヒト言語の特質と言えるのが，これらの習慣化された構造が，その形式からうかがわれる以外の目的のために使うことができるという事実である．例えば，疑問文がある事実を言明するために使われたり，平叙文が依頼を表すために使われるようなケースである．

諸言語が平叙文，命令文，疑問文という文タイプを発達させるというのは普遍的事実だが，これらの構造の個別言語における特色は，言語のほかの側面と同じくきわめて多様である．言語間の異なりは形態論，語順，およびイントネーション等に認められる．しかしながら，その多様性の中にも共通のパタンが見られる．その多くは本章で指摘した．命令文でテンスの区別がなくなったり，疑問文を標示するために文末で上昇するイントネーションのパタンがよく見られることなどは，そうした共通性の例である．

本書ではこれまで，主に単文すなわち単一の節からなる文を扱ってきた．本章で行った文の基本タイプの概観は，この限られた関心についての議論をまとめるのにふさわしい．最後の二つの章では，諸言語でどのようにしてより複雑な文が作られるのかについて，基礎的なことを検討する．

第VI部
複　文

15
従位接続

 これまで行ってきた言語の類型論的な概観では，ほとんど単文，すなわち単一の節からなる文に限って注目してきた．以下の二つの章では，複文，すなわち二つ以上の節を含んだ文に注目する．ある文にAとBという二つの節が同時に現れるとき，両者の間に成り立つ構造的関係は三通りありうる．AとBが等しい地位を得る場合，AがBに依存している場合，BがAに依存している場合である．後の二通りの関係を，**従位接続**(subordination)という．

15.1 従属節の主要タイプ

 伝統文法では，三種類の基本タイプを従属節に認めている．副詞節，補文節，関係節である．**副詞節**(adverbial clause)は主節で描かれる出来事や状態に対して場の脈絡を提供するために使われる(1)．

(1) a. The boy was very sick **after the snake bit him**.
　　　「その少年は蛇に噛まれた後ひどく具合が悪かった」
　　b. He screamed **because the snake bit him**.
　　　「彼は蛇が噛んだので悲鳴を上げた」

副詞節は伝える意味タイプの面からも，それが付加部である(いかなる点でも動詞によって統語的に要求されない)という点からも，副詞とよく似ている．
 補文節(complement clause)はそれが埋め込まれた節の項(すなわち統語的に不可欠な要素)となっている(2)．

(2) a. Everyone knew **the snake bit the boy**.
　　　「誰もが蛇がその少年を噛んだことを知っていた」

b. **That the snake bit the boy** upset me.
「蛇がその少年を噛んだことは私を慌てさせた」

補文節は主語や目的語のように，名詞句がもつ文法関係をしばしば担うという点で，名詞とよく似ている．さらに，補文節は代名詞で置き換えることも可能である（(2b)ならば It upset me とできる）．

関係節（relative clause）は一般に名詞句を修飾するため，形容詞とよく似ている．

(3) a. I saw the snake **that bit the boy**.
「私はその少年を噛んだ蛇を見た」
b. The boy **who was bitten** died last night.
「その噛まれた少年は昨晩死んだ」

多くの言語では，これらの節タイプに操作を加えることで，句に変えることができる．例えば，分詞句は一般に時を表す副詞節と置き換えられる（例：After I go to the store から After going to the store へ）．

15.1.1 従属節の特徴

　従位接続は言語ごとに大きな異なりを見せる．しかし，ある程度まで共通した従属節の特徴を見出すことは不可能ではない．本節ではそうした特徴のいくつかを検討する．ただし，以下で取り上げる特徴は，どれ一つとして従位接続を規定する「必要十分」条件とはならないという点には留意されたい．構造上の依存関係は，言語ごとに独自に決めねばならない．

　まず韻律から見ると，従属節と主節の間にはイントネーションの境界がない場合が多い．すなわち，休止やピッチの降下がない．この一般化は，三種類の従属節全てにあてはまることを意図して提案したものだが，この三つに同程度にあてはまるわけではない．一般に言って，主節と従属節の依存関係が強いほど，イントネーションの境界は見つけにくい．補文節について言えば，主節の項となっているため，休止や特定のイントネーションによって主節から分離されることはめったにない．これに対し，副詞節は付加部であるため，こうした韻律上の区切りをもちやすい．

　世界の言語において，従属構造は典型的には小辞や接辞によって形態論的な標示を受ける．この種の従位接続詞は語彙的な意味をもつこともある．(4)は接続詞が実質的な意味情報を従属節に与えるケース，(5)はそれ自体の意味内容をもたない

ケースである.

(4) I eat beets **if/when/because** they are in season.
　　「旬ならば/のときに/だから私はビーツを食べる」

(5) I hope **that** I can go.
　　「行けることを願う」

従位接続詞が主に統語的な依存関係を示すために使われ，特定の意味をもたないときには，多くの言語で接続詞が省略された構文が見られる．(5)はこうした例で，thatは文の意味を変えたり非文法的にすることなく，補文節から省略することが可能である．

　言語によっては，動詞の不定形を使う従属構文をもつ．実際，これは自然言語において接続を形成するための主要な手段である．このパタンは英語動詞の一部でとられる補文(6a)や，副詞的な分詞構文(6b)に見られる．

(6) a. I wanted **to go** to Buffalo yesterday.
　　　「私は昨日バッファローに行きたかった」
　　b. **Running** up the hill full speed, John became winded.
　　　「丘を全速で駆け上がって，ジョンは息切れした」

これらの従属構造では，動詞は時制をもたず一致もないため，不定形と見なされる．

　従属構造を**名詞化**(nominalization)によって作る言語もまた広く見られる．この場合，動詞は派生形態によって名詞へと転換される．多くの場合，名詞化された動詞の主語は所有者として表される(7)．

(7) u-kima-na　　　 nɨɨ　su=panaʔi-ti=
　　彼の-来る-名詞化　私　知っている-相
　　「私は彼が来たのを知っている」

(Charney 1993 から)

このコマンチ語(ユート・アステク：アメリカ合衆国)の文は，名詞化による従属節形成の典型例となっている．動詞は -na という接尾辞の付加によって不定形となっている．この動詞の意味上の主語は，所有者 u-「彼の」である．

従属構造が主節と異なるもう一つの点は，現れる構成要素が少なかったり，構成要素順序が異なることがあるという事実である．後者のよく知られた例はドイツ語（ゲルマン：ドイツ）に見られる．主節は普通，主語-動詞-目的語の順序（SVO）をとる（8a）が，従属節は SOV（8b）である．

(8) a.   S   V   O
    Der   König   liebt   den   Hund
    その(主格) 王   愛する   その(対格) 犬
    「王はその犬を愛している」

   b. Ich weiß,
      私   知っている
                         S   O   V
    [daß   der   König   den   Hund liebt]
    [ということ その(主格) 王   その(対格) 犬   愛する]
    「私は王がその犬を愛していることを知っている」

従属節の構文が主節と異なるふるまいを見せるケースとして，最後に談話機能を挙げる．従属節の談話機能は，背景化，解説，場面描写などであり，これは論説文に限らず，行為中心に展開する物語でも同様である．このことは，とりわけ副詞節と関係節についてあてはまる．主節が設定や背景的状況についての情報を含むこともあるが，その主な機能は談話の中心的な出来事や命題を言語化することである．

15.2 副詞節

副詞節およびその他の副詞構造を記述する上での主な課題は，文全体に対してどんな意味（またはどんな範囲の意味）が加えられるのかという点であると思われる．すでに見た通り，副詞的な構文が「付加詞」とされるのは，その典型的なはたらきが，文の核となる命題（= 主節）の項となることではなく，そこに含まれる情報を補充することだからである．このように広い定義のもとでは，多くの異なったタイプの意味をもつ副詞表現が含まれる．この節では，よく見られる副詞節の用法をいくつか，類型論の観点からのコメントを随時加えながら列挙する．その前に一点，注意すべきこととして，多くの言語では副詞節は全く使わないか，あるいは稀にしか使わないという事実がある．これはとりわけ，複雑なテンスやアスペクトの体系をもった言語や，英語などの言語において副詞句・副詞節が果たすと同等の機能

15.2.1 時　間

副詞構造は二つの出来事の相対的な時間的順序についての情報を提供する(9)．

(9)　［ate　abeuka　nu-kása-ka］　nu-khawendya　beke　kuhú
　　　［まで　とき　1単数-来る-継起］　1単数-払う　　　未来　彼女
　　　「私が着いたらすぐに，彼女に支払う」

(Aikhenwald 1995 から)

ここに見るバレ語(赤道トゥカノ：コロンビア)の副詞節は，二通りの標示を受けている．第一に，**従位接続詞**(subordinating conjunction)である ate abeuka「までとき(＝すぐに)」の存在，第二に，従属節の動詞についた継起の接尾辞 -ka による標示である．加えて，副詞節のテンスは主節との関係によってのみ決定可能であるという点にも注意したい．副詞節は独立したテンスの標示をもたないのである．

テンス・アスペクトのこのような依存は，副詞節にはよく見られる．英語においても，副詞節の定動詞にテンス・アスペクトが標示されるとはいえ，テンスの選択は主節のテンスによって制約されている．例えば，We'll leave when Sonny **gets** here「ソニーがここに着いたら出かけよう」とは言えるが，We'll leave when Sonny **got/will get** here とは言えない(時を表す副詞節は現在形をとる)．

英語やその他の多くの言語は時間を表す従位接続詞をたくさんもっているが，これは世界の言語全体においては多数派とは言い難い．言語によっては，オトミ語(オトマンゲ：メキシコ)のように，動詞につくテンス・アスペクト標識が主節と従属節の相対的な時間順序を決定する傾向が強い(10)．

(10)　Mi-zøni　　　ya　kam-ta　bi-ʔyɔni　kha　ši-pati
　　　過去-着く(未完了)　今　私の-父　過去-尋ねる　疑問語　過去-温められた(状態)
　　　kar-hmę
　　　その-トルティーヤ
　　　「私の父は着いた(とき)，トルティーヤが温められているか尋ねた」

(Thompson and Longacre 1985 から)

15.2.2 場　所

副詞構造がしばしば表す意味には，場所もある．

(11) The police were digging **where Jeffrey had planted a garden**.
「警察はジェフリーが庭に植木したところを掘っていた」

時間の副詞と異なり，場所を表すために特化された従位接続詞をもつ言語は稀である．その代わり，接置詞句(in Jeffrey's newly planted garden)や関係節といった他の構造がよく使われる．

15.2.3 原　因

談話を構成する上では，ある出来事の背景にある原因や動機を表すことがしばしば求められる(12)．

(12) **Because John won the lottery**, he gave his professor a generous gift **to say thanks**.
「ジョンは宝くじに当たったので，感謝の気持ちを表すために教授に高価な贈り物をした」

この文は，中心的な行為の原因についての情報を提供するために，二種類の独自の構造を用いている．これらの構造は異なるタイプの因果性を表すことに注目しよう．because が導入する節は，後続する行為を可能とする出来事(これを「可能化」enablement と呼ぼう)を描いているが，to 不定詞句はジョン個人の動機を示している．異なる構文を使うことで，英語ではこれらの因果性の主要タイプを容易に区別することができる．

他の言語では，可能化と目的の違いを構文タイプではなく，ムードによって表す．ンギズィム語(チャド：ナイジェリア)はその一例である．

(13) a. Ata　　　　abən　gáadà　aci　ngaa
　　　食べる(完了)　食べ物　従属標識　彼　元気
　　　「彼は元気だったので食べた」

> b. Vəru   gàaɗà   dà   ši   səma
>   出かける(完了) 従属標識 叙想法 飲む ビール
>   「彼はビールを飲みに出かけた」
>
>   (Thompson and Longacre 1985 から，Schuh の引用)

これらの例からわかる通り，ンギズィム語は二つのタイプの因果性を表すのに同じ従位接続詞を使っているが，動機と可能化を叙想法の標識 dà(13b)を使うことで分けている．トンプスンとロングエイカーの指摘によれば，普通は仮定上の出来事や未実現の出来事を表す叙想法がこのような使い方をされるのは，(13b)の行為を起こす意図が，主節の出来事が起きた時点では未実現であるという事実による (Thompson and Longacre 1985: 185)．

15.2.4 条 件

たいていの言語では，条件を表す特定の構造を作ることができる．一般に，テンス，アスペクト，ムードは条件構文にさまざまな意味を付与するために用いられる (14)．

> (14) a. **If you can't beat 'em**, join 'em.
>   「勝てない相手なら，仲間になることだ」
>   b. **If Bill is still at the office**, he can finish the report.
>   「ビルがまだオフィスにいるのなら，レポートを仕上げられるだろう」
>   c. **If the Smiths drove quickly**, they are home by now.
>   「スミス夫妻が急いで運転したのなら，今はもう家に着いただろう」
>
> (15) a. **If I were a rich man**, I would fiddle all day long.
>   「私は富豪だったら毎日バイオリンを弾いて過ごしたい」
>   b. **If Ted had been more responsible**, they would have arrived safely.
>   「テッドにもっと責任感があったら，彼らは無事に到着できたのに」

条件文を規定する基本的な意味上のパラメータは**現実的**(real)-**非現実的**(unreal)の条件という区分である．現実的条件とは，潜在的に実現しうるものをいう(14)．それは時間に関係なく真である命題(14a)，現在の状況(14b)，過去の状況(14c)などを含む．非現実的条件とは，成立しえないものをいう．それは仮定の言明(15a)

や反実仮想(15b)だったりする．

　英語では，他の多くの言語と同じく，さまざまな種類の条件は**前提節**(または前件，protasis)と**帰結節**(または後件，apodosis)につくテンス，アスペクト，ムードの選択によって表される．例えば，現実条件の前件は一般に平叙文か命令文で，現在か未来のテンスをとる．条件文の構造は，ムード，アスペクト，テンスによって何通りもの区別をする言語では非常に複雑なものとなる．この感じをつかむために，古代ギリシア語(ヘレニック)からの次の例文を検討してみよう．

(16) a. ean　eip-ēi　　　　　　　　ti　autou　akou-s-ometha
　　　　もし　言う-3 単数．アオリスト．叙想法　何か　彼を　聞く-未来-1 複数．直説法
　　　　「もし彼が何か言えば，われわれはそれを聞こう」
　　b. ei　hoi　polemoi　elth-oien　　　　　　polem-oite
　　　　もし　その　敵　　　来る-3 複数．アオリスト．祈願法　戦う-2 複数．現在．祈願法
　　　　「もし敵が来たならば，あなたがたが戦わんことを」
　　c. ei　erch-etai　　　　　　　kalōs　poi-ei
　　　　もし　来る-3 単数．現在．直説法　よく　する-3 単数．現在．直説法
　　　　「もし彼が来るなら，彼はよいことをしている」

このデータからは，ギリシア語が条件文の言明で三つの異なったムード，すなわち直説法，叙想法，祈願法を使うことがわかる．条件文は二つの節におけるムードをさまざまに組み合わせて作ることができる(その組み合わせは(16)よりもずっと多い)．同時に，どちらの節も何種類ものテンスとアスペクトの区分を標示しうる．結果として，条件は非常に多くの表現方法が可能となる．それらは全て意味の異なる(時として微妙なニュアンスをもった)表現である．

15.2.5　譲　歩

　副詞的意味をもった従属節のタイプとして，最後に**譲歩**(concessive)を挙げる．それは主節と従属節の間の，ある種の対比を表すものである．次の例はマラヤーラム語(ドラヴィダ：インド)からである．

(17) maṛa peyyuka-āṇe-enkil-um J.   purattu pokunnu
    雨   降る.不定形-助動詞-もし-でも ジョン 外へ   行く
    「雨が降っていても，ジョンは出かける」

（König 1988 から）

あらゆる言語は命題の間の対比を示す何らかの手段を備えているように思われる．ただし，全てのケースで従属構造が使われるわけではない．そのような構造をとる言語では，接続の小辞（＝接続詞）が対比を作り出すための主要な手段となっているように思われる．

15.2.6 不特定の関係

これまで本節では，諸言語において特定の形態・統語論的な手段をとる副詞的意味の中から，主要なものをいくつか見てきた．しかし，副詞節が提供する情報は言語的・非言語的文脈から予測できることがよくある．そのため，二つの節の間の論理的な結びつきを特定せずに，その関係の正確な性質については，読み手・聞き手が各自で結論を出せるようにすることも多い．

(18) a. **Having told a few jokes**, Harvey proceeded to introduce the speaker.
    「いくつかジョークを言うと，ハーヴィーは講師の紹介にうつった」
   b. **Having abducted the puppy**, the kidnappers wrote out the ransom note.
    「子犬を誘拐すると，その誘拐犯たちは身代金の要求状を書いた」

副詞的表現(18a)の妥当な解釈は時間的な先行である．(18b)もまた時間的な先行を表すが，ここでは後続する出来事を可能にするという意味もつけ加わっている．そもそも誘拐を実行しなければ，誘拐犯が身代金の要求状を書くという動機は全くないからである．

15.3 補文節

補文節とは述語の項となっている節であり，典型的には主語(19a)または直接目的語(19b)となって現れる．

(19) a. **When you leave** makes no difference to me.
   「あなたが何時に出発するかは私には関係ない」
   b. I cannot believe **that you ate the whole thing**.
   「あなたが全部食べたなんて私には信じられない」

補文節が埋め込まれる節は通常，**主節**(matrix clause，母型節)と呼ばれる．

補文節は常に完全な形の節で現れるとは限らず，不定形の動詞を主要部にもつ句として現れることもある．分詞(20a)と不定詞(20b)の例を挙げる．

(20) a. **Knowing the answers** makes taking the exam easier.
   「答えを知っていると試験を受けるのが楽になる」
   b. I want him **to leave**.
   「私は彼に去ってほしい」

(20b)の him のような代名詞が主節と補文節のどちらの一部なのかは，論争の的である．これをどのように分析するかは，しばしば理論上の前提に左右される．ここではこの点は脇に置くことにする．

補文節の埋め込みは何重かになることもある．

(21) I want [to believe [that you are right]].
   「私はあなたが正しいと信じたい」

この例では，一つの主節のもとに二つの補文節がある．最も深く埋め込まれた節，that you are right は to believe の補文節である．そして to believe that you are right という複文構造は want を主要部としてもつ節の補文節となっている．

例文(19)-(21)を見ると，補文節の依存関係を表すための二つの主要な手段が認められる．一つは(19)にあるような**補文標識**(complementizer，すなわち従属節を導く小辞)，もう一つは(20)-(21)にあるような不定形動詞の使用である．これらの手段はどちらも通言語的に広く見られる．

補文標識をどこに置くかは，言語の基本構成要素順序から導かれるように思われる．VO 言語では，補文標識はほとんどの場合(あるいはことによると例外なく)補文節の先頭に現れる．OV 言語では，従属節を導く小辞などの補文標識は補文節の前後どちらにも見られる．やや珍しいケースとして，補文標識は補文節の内部の特定の箇所に現れることがある．ムパルンテ・アルレンテ語(パマ・ニュンガ：オー

15 従位接続

ストラリア)はそのようなケースであり，この言語では(22)のように，補文標識が補文節の一つ目の構成要素につく接語として現れる．

(22) Re   itelare-me   John-**rle**   petye-ke
　　 3 単数. 主語　知っている-非過去(進行)　ジョン-ということ　来る-過去(完結)
　　「彼はジョンが来たことを知っている」

(Van Valin and Wilkins 1993 から)

他の言語では，例えばカヌリ語(サハラ：ナイジェリア)のように，補文標識は動詞の接辞となっている．

(23) Sáva-nyi   íshin-**rò**   tśmăŋśnà
　　 友達-私の　来る(3 単数)-与格　思った. 1 単数(完了)
　　「私は友達が来ると思った」

(Noonan 1985 から，Lukas の引用)

この例文では，カヌリ語で与格の格標識としても使われる形態が，補文標識の接語として現れている．

15.3.1 複雑性の連続体

前節の始めで，補文節は節の形をとったり，動詞の不定形を主要部とした句の形をとったり，さまざまな形で現れることに注目した．ギヴォンの主張によれば，どのタイプの補文節が使われるかの選択は，主節の動詞との意味関係を反映したものだという(Givón 1980)．彼は一連の意味的な規準を提案し，動詞が補文節に対してもつ意味上の影響力によって，動詞のランクを規定しようとした．一方の極には，report のような動詞がある．The store owner reported that vandals had soaped his windows「その店の主はガラの悪い連中が彼の店の窓を石鹸まみれにしたと報告した」といった文では，商店主は補文節で描写される出来事に対して何のコントロールももっていない．この出来事はそれを報告するという行為とは完全に独立して存在している．もう一方の極には，force のような動詞がある(例：The store owner forced them to clean up the window「その店の主は彼らに窓を清掃するよう強制した」)．この場合，商店主は補文節で描かれる，清掃という出来事の発生と成功について，大部分のコントロールをもっている．コントロールの段階によって動詞をいくつかのタイプに分けたものを図 15.1 に示した．

```
高いコントロール                    低いコントロール
←─────────────────────────────────────→
       使役   試行   知識   信念   報告
```
図 15.1　動詞の補文節に対するコントロールの度合い

　ギヴォンはこれに続いて，補文節と主節の動詞の間の構造的統合性の度合いは，意味的統合性とおおよそ相関すると述べている(Givón 1980)．上で見た二つの例を考えてみよう．一つ目では，補文節は独立した節としての特徴をみな備えている．動詞は定形であり(had soaped)，通常の主語の一致を見せ，主語の特徴をもった名詞句が存在する．二つ目の文は意味的統合性が強く，補文節は不定形(to clean up)を主要部にもち，動詞は主語の一致の標示を失っており，さらに補文節の動作主は主節と文法的に結びついているという議論もできる．すなわち，補文節の動作主は直接目的語の性質をもっている．例えば，この名詞句は対格の標示を受け，受動化によって主節の主語にもなれる(They were forced to clean up「彼らは清掃をするよう強制された」)．

　ここで非常に重要なのは，ギヴォンの提案(Givón 1980)は注意深く考えられており，構造と意味との間に一対一の対応関係がある，といったような簡単に反証される主張をしているのではないという点である．彼が言っているのは，不定詞節が諸言語で使われるときには必ず高い度合いのコントロールを反映するとか，定動詞をもった節が補文節として使われるときには必ず低い度合いのコントロールを表すといったことではない．彼の主張はむしろ，図 15.1 の尺度上の点がある構文と結びついているなら，その左側(＝コントロールの強い側)の点は統合性の低い構造と結びつくことはありえない，というものである．その反対に，二つの点は同じ構造と結びつくか，さもなければ左側の点がより統合性の高い構造によって表現されるのである．例えば，ある言語では不定詞を使って信念を表す動詞の補文節(I believed him to be happy「私は彼が幸せだと信じている」)を言語化すると仮定しよう．その場合，使役を表す動詞が常に定動詞の補文節をとるといった事態は予測されないことになる．

　このような弱い形で解釈しても，ギヴォンの提案(Givón 1980)は言語の一般傾向以上のものと見なすことはできない．英語においてすら，上記の予測に反する個別動詞に出会うことが時々あるのだ．例えば，want という動詞は不定詞の補文節しかとれない．すなわち，Hanni wants Tony to attend the conference「ハンニはトニーに会議に出席してほしがっている」とは言えるが，Hanni wants that Tony attends the conference とは言えない．want という動詞は，その意味を考え

ればコントロールの尺度上ではかなり下位に位置づける必要があるだろう．したがって，図15.1の尺度上でwantと同じ地点か，その左側にあると思われる動詞については，完全な形の節の補文節はとらないという予測をすることになる．しかし，例えばHanni convinced Tony that he should attend the conference「ハンニはトニーに会議に出るべきだと納得させた」という文を見ればわかる通り，そのような動詞は完全な形の節をとるのである．ギヴォンの規準に従うなら，convinceの補文節はwantのそれよりも概念的に高い統合性をもつことになる．しかし，convinceはwantに比べて低い構造的統合性を反映する文法手段を使っている．

そうは言っても，ギヴォンの提案(Givón 1980)の背後にある直観は正しいと思われる．確かに，多くの言語において補文節の選択は彼の提案した線に沿った形で制約を受けているようである．例えば，フツナ・アニワ語(オーストロネシア：バヌアツ)では，目的語の補文節は不定形を基に作ることもできれば(24a)，定形動詞を基に作ることもできる(24b-c)．

(24) a. avau no kanieni (i) ta kaukau
　　　　私　　時制　望む　　　不定形　泳ぐ
　　　「私は泳ぎたい」
　　b. akimau no kanieni pe ka go
　　　　私たち．二人　時制　望む　　ということ　時制　行く
　　　「私たちは行くことを望む」
　　c. kivea kono mentua pe maka let
　　　　彼ら　時制　思う　　ということ　時制　遅い
　　　「彼らは遅れるかもしれないと思っている」

(Dougherty 1983から)

(24c)のように定形動詞の節を使うオプションは，会話を伝える話法動詞や心的活動を表す動詞に限定されている．kanieni「望む」のような動詞は，こうした動詞よりも補文節が表す動作に対して高い度合いのコントロールを含意しており，不定形と定形動詞の補文節のどちらも使われる．

動詞とそれがとる補文節の間の概念的統合性の度合いが，両者の間の構造的統合性によって表されるという考えは，経験的な証拠に支えられて，ギヴォンの提案(Givón 1980)とはいくぶん異なった形ではあるが，類型論研究の中では多様な形

で現れてきた(Foley and Van Valin 1984; Haiman 1985; Noonan 1985).

15.4 関係節

関係節(形容詞節とも呼ばれる)は典型的には名詞を修飾するはたらきをもつ．次の例はエヴェ語(ニジェール・コンゴ：ガーナ)からである．

(25) a. amɛ si　　[__　fiɛ　agbalẽ-a]
　　　　　人　関係詞　　　買う　本-定
　　　　「その本を買った人」
　　b. agbalɛ si　[Kofi　fiɛ　__]
　　　　本　関係詞　コフィ　買う
　　　　「コフィが買った本」
　　c. amɛ si　　[Kofi　fi　agbalẽ-a　na　__]
　　　　人　関係詞　コフィ　買う　本-定　ために
　　　　「コフィがその本を買ってあげた人」

(Lewis 1984 から)

関係節によって修飾される対象，すなわち「人」(25a, 25c)と「本」(25b)は**主要部名詞**(head noun)または**関係節化される名詞**(relativized noun)と呼ばれる．関係節はしばしば，(25)の si のように，何らかの小辞や語によって導入される．これらの語は**関係節標識**(relativizer)または**関係代名詞**(relative pronoun)という(語釈では共に関係詞とした)．後者の呼び名は，関係節を表す語が格，有生性，人称といった名詞句の性質を明示する場合に限って使うのが通常の用法である．英語では，例えば that は関係節標識だが，who, whom, which, whose は関係代名詞である．どの代名詞が選ばれるかは，関係節化される名詞と形容詞節との関係によって決まる．

(26) a. dziewczyna　[**która**　　　　Janek　lubi　__]
　　　　少女　　　関係詞(人間.対格)　ヤネク　好き
　　　　「ヤネクが好きな少女」

b. devuška [**kotoroj** Vanja daval den'gi ___]
　　少女　　関係詞(人間.与格)　ワーニャ　与えた　お金
　　「ワーニャがお金を与えた少女」

(Dyła 1984 から，一部変更)

ポーランド語(バルト・スラブ：ポーランド)からの例(26a)では，関係節が主要部名詞 dziewczyna「少女」を修飾している．対格の関係代名詞 która が選ばれているのは，それが形容詞節の述語動詞に対する目的語となっていて，この動詞の目的語は対格をとることによる．同様に，(26b)で与格の関係代名詞 kotoroj が選ばれているのは，それが関係節の間接目的語となっているからである．関係代名詞の形態は，それぞれの言語において，疑問代名詞や指示代名詞と同形となる傾向がある．

15.4.1　制限的 対 非制限的関係節

　関係節がとる形の多様性(後述)に加えて，関係節とそれが修飾する名詞との意味関係も多様である．(27a)と(27b)の文を比較しよう．

(27) a. My brother **who lives in Chicago** is visiting.
　　　　　「シカゴに住む私の兄が(私を)訪問中だ」
　　　b. My brother, **who lives in Chicago,** is visiting.
　　　　　「私の兄はシカゴに住んでいて，(私を)訪問中だ」

(27a)を適切に使用するには，話し手に二人以上の兄弟がなければならない．形容詞節は brother の指示対象を，いくつかの可能性の中から(例えば，ボストンにいる兄弟，ロスアンジェルスにいる兄弟，ロンドンにいる兄弟，シカゴにいる兄弟，など)，特定するはたらきをもっている．その反対に，(27b)が適切に使われるには，話し手に兄弟が一人しかいないか，聞き手が my brother の指示対象をすでに正確に知っている必要がある．この場合，形容詞節は対象の識別ではなく(このはたらきは，主要部名詞だけで完全に果たされている)，純粋に記述的なはたらき，すなわち話し手の兄弟について追加的な情報を提供するという役目を果たしている．(27a)のようなタイプの関係節を**制限的**(restrictive)，(27b)のようなタイプの関係節を**非制限的**(nonrestrictive)と呼ぶ．

　英語では，これら二種類の関係節は正書法上だけでなく，形式上の特徴も異なっ

ている．最も注目すべきことは，(27b)ではイントネーションによって関係節が主節から区切られているが，(27a)ではそうなっていないという点である．これに加え，関係代名詞 who を関係節標識 that によって置き換えることは(27a)では可能だが，(27b)では不可能である．

15.4.2 関係節の類型論的多様性

当然のことながら，関係節化の方法は諸言語で異なる．本節では，その多様性が現れるいくつもの分野に目を向けていく．すでに見たとおり，関係節標識の存在は関係節の特徴である．ただし，関係節標識の存在は，関係節が現れるための必要条件ではない(例：the guy you told me about「あなたが私に話をした男」)．言語によっては，関係節標識や関係代名詞を全く使わない．日本語(日本・琉球：日本)はそのような例である．

(28) ［私が本を与えた］子供

角カッコでくくった関係節は，英語の that や関係代名詞にあたるような語も小辞も含んでいない．

日本語の例は，関係節に見るもう一つの通言語的な多様性を示している．すなわち，修飾される名詞との位置関係である．エヴェ語，ポーランド語，英語では，関係節は名詞の後に現れる．日本語はこの反対のパタンを示している．名詞とそれを修飾する形容詞節との相対的な位置関係は，それぞれの言語の基本構成要素順序と明らかに関係している．VO 言語はほとんど例外なく名詞＋関係節という順序をとる[1]．OV 言語ではこれに対し，二通りの順序が見られるが，名詞＋関係節の順序が若干優勢である(Dryer 1992)．

主要部名詞と関係節の間の順序関係については，他にも見られる頻度の低いパタンがある．バンバラ語(ニジェール・コンゴ：マリ)など一部の言語では，主要部名詞が関係節の内部に置かれる(＝主要部内在型)．

---

[1] 中国語はこの絶対的普遍性と思われる表明に対する反例となる可能性がある．しかし，中国語が SVO と SOV のどちらとして分析されるべきかについては論争がある．

15 従位接続

(29) tyɛ ye ［ne ye so mìn ye］ san
　　　男　過去　私　過去　馬　関係詞　見る　買う
　　「その男は私が見た馬を買った」

(Keenan and Comrie 1977 から，Bird の引用)

言語によっては，**主要部欠如型関係節**(headless relative clause)(30)が可能である．

(30) hos　　　　ou　lambanei　ton　stauron　autou...
　　　関係詞.主格.男性　ない　取る-3 単数　冠詞　十字架　彼の
　　「彼の十字架を取らない者は...」

ギリシア語では，(30)のように主要部名詞なしの関係節を使うことが可能である．結果として，英語の whoever や whatever などで始まる不定関係節の用法とよく似た，不特定の指示対象を表している．これらの英語の構文もまた，主要部をもたないことに注目しよう．

　諸言語が関係節化を行う方法についてのもう一つの主要な違いは，関係節化される名詞の扱いに見ることができる．多くの言語でとられる方法は，形容詞節内で関係節化される名詞の場所(独立した節ならば普通は生起する位置)に空所を置くことである．これはエヴェ語とポーランド語のデータで示した．この種の空所化はきわめて広く見られる現象であり，名詞の前に関係節を置く言語では，それ以外の方法は使われないのではないかと思われる．

　世界の言語でとられるさらに別のオプションとしては，関係節の中に人称代名詞を含めることによって関係節化される名詞の位置や性質を表す方法がある．ペルシャ語(インド・イラン：イラン)はそうした例である．

(31) Man　zan-i　　ra　　［ke　John　be　u　sibe zamini　dad］
　　　私　女-その　直接目的語　関係詞　ジョン　に　彼女　ジャガイモ　与えた
　　　mishenasam
　　　知っている
　　「私はジョンがジャガイモを与えた女を知っている」

(Keenan 1985b から)

この例では，関係節の中には空所化された構成要素はない．その代わり，主要部名

詞と同一指示の関係にある代名詞 u「彼女（に）」が，関係節化された構成要素がどれかを表している．

空所化による方法と，関係節化される名詞の位置を代名詞で表す方法は，同一言語で併用されることもある．英語では，空所化する方法が完全に支配的だが，それでも複雑な構造では代名詞が時々使われる．例えば，一部の英語話者は，I am looking for those documents which I can never remember where I put them「私はどこにそれを置いたか全然思い出せない書類を探している」(Sells 1984 参照)のような文を容認する．他の言語では，空所化と代名詞の残留という二つの方法は，どちらを使っても同じくらい容認可能となる．

諸言語における関係節形成の多様性を捉えるためのパラメータとして，どんな名詞句を関係節化できるかという点を最後に取り上げる．英語は広い範囲の構成要素が関係節化されるという点でかなり特殊である．

(32) 主語： the woman that __ likes Mary
「メリーを気に入っている女」
直接目的語：the woman (that) Mary likes __
「メリーが気に入っている女」
斜格語句： the woman (that) Mary spoke with __
「メリーが一緒に話をした女」
所有者： the woman whose family Mary knows __
「メリーが（その人の）家族を知っている女」
比較対象： the woman that Mary is taller than __
「メリーが（その人よりも）背が高い女」
節： Mary got good grades, which surprised my parents.
「メリーは良い成績をとって，そのことは私の両親を驚かせた」

キーナンとコムリーは 50 言語のサンプルを基に，多くの言語で上記の選択肢のうちのごく一部についてしか関係節化が認められないことを発見した(Keenan and Comrie 1977)．例えば，マラガシ語(オーストロネシア：マダガスカル)では主語しか関係節化できない．

主語 > 直接目的語 > 斜格語句 > 所有者
図 15.2　名詞句接近可能性階層

(33) ny　mpianatra　[izay　nahita　ny　vehivavy]
　　 その　学生　　　 関係詞　見た　 その　女
　　 「その女を見た学生」

コムリーとキーナンが発見したのは，個々の言語で何が関係節化できるかについては違いがあっても，その変異はランダムではなく明確な規則性をもったパタンに従っているという事実であった．

このパタンを捉えるために，**名詞句接近可能性階層**(Noun Phrase Accessibility Hierarchy)(図 15.2)が提案された．この階層は他の類型論的階層と同じようにはたらく．すなわち，ある言語において，階層上のある位置にある名詞句を関係節化できるなら，それより上位の位置にある全ての名詞句もまた関係節化できる．加えて，関係節をもった全ての言語では主語の関係節化が認められることになる．一般傾向としては，接近可能性階層はよくあてはまる．しかし例外もあり，この階層の精度を高くするためにいくつもの修正案が出されてきた(Keenan and Comrie 1977, 1979 参照; この他 Fox 1987; Lehmann 1986 も参照)．

第一に，この階層の例外のあるものは，当該言語が関係節を作るために複数の方法を使うことから来ている．例えばペルシャ語では代名詞残留(31)と空所化(34)の両方の方法が使われる．

(34) Mardi　[ke　__　bolandqadd　bud]
　　 男　　　関係詞　　背が高い　　だった
　　 「背が高かった男」

ペルシャ語における二つの関係節構造は，あらゆる条件下で同じように使えるわけではない．主語の関係節化はほとんど常に空所化によって行われ，直接目的語の関係節化には空所化と代名詞残留，その他の名詞句タイプには代名詞残留が使われる．代名詞残留の手段だけを調べたなら，それが主語の関係節化には使われないことから，ペルシャ語は接近可能性階層にとって例外となるだろう．これより，キーナンとコムリーはこの階層の普遍性を保つためには，次の二つの主張が含まれたものと解釈すべきだという提案を行った．(a)主語は常に関係節化可能である，

(b) ある関係節化の方法は階層の連続した部分をカバーする．

　接近可能性階層について出された第二の修正案は，左側の端(＝最上位)は主語というより絶対格として定義すべきだというものである．この修正が普遍的にあてはまるのか(Fox 1987)，それとも能格–絶対格という組織をもった言語を扱うときにだけ使うべきものなのかは，未解決の問題である．

15.4.3　補足の考察

　最後に，関係節の構造に見られる多様性を規定するためのパラメータを二つほど追加して検討する．一つ目は**前置詞残留**(preposition stranding)と呼ばれる現象である．英語では，斜格語句が関係節化されるときには，対象となる名詞についた前置詞は，形容詞節の中に残留することもあれば(35a)，関係代名詞の前に置かれることもある(35b)．後者のオプションは**随伴現象**(pied-piping)と呼ばれる．

(35) a. the man whom/that I spoke **to**
　　　　「私が話しかけた男」
　　 b. the man **to** whom I spoke
　　　　「私が話しかけた男」

前置詞をもち，それらに支配された名詞の関係節化を認める言語でも，両方のオプションが許可されるわけではない．実際，(35a)のような前置詞の残留が認められるのは稀なことである．

　関係節の概観においてもう一つ考慮に入れる点として，関係節と似てはいるが典型的な関係節の多くの性質に欠ける構文をどう分類するかという問題がある．例えば，多くの言語では，これまで記述した典型的な方法のどれも使わず，その代わりに分詞からなる句を使う．

(36) [__ buju-m　　maa-ča] etiken
　　　　トナカイ-対格　殺す-分詞　老人
　　「トナカイを殺した老人」

(Malchukov 1995 から)

このエヴェン語(満州・ツングース：ロシア)に見られる分詞構文は，名詞修飾構造となっているため，関係節とよく似ている．それは空所化の方法によって作られた，関係節標識なしの関係節と記述できるかもしれない．一般に，ある言語で不定

形の動詞を他の埋め込み構造（副詞節や補文節）に使う傾向があるなら，(36)のような構文を関係節と見なす根拠は十分にある．一方，埋め込み構造で定形の節を頻繁に使う言語では，分詞による修飾は関係節とは別物として扱うのが最もよい．こう考えると，英語は副詞節や補文節で定形動詞を使うので，(37) の going into the store のような名詞修飾構造は，関係節の一種とは見なされないことになる．

(37) The woman [going into the store] looks like Sharon Stone.
　　　「店に入っていった女はシャロン・ストーンみたいだ」

15.5　まとめ

　節を他の構造の中に埋め込む能力は，ヒト言語の決定的特徴の一つである．あらゆる言語に備わったこの能力によって，話し手は原理的には無限に長い文を生成することができる．例えば，名詞＋関係節からなる the firefighter who saved the police officer「警官を救った消防士」という組み合わせを考えてみよう．この関係節自体，police officer「警官」という名詞句を含んでおり，それもまた the firefighter who saved the policeman who arrested the teenager「ティーンの若者を逮捕した警官を救った消防士」というように，別の関係節によって修飾することができる．そして teenager「ティーンの若者」という名詞もさらに関係節による修飾が可能であり，結果として最初の構造を the firefighter who saved the police officer who arrested the teenager who frustrates his parents「親をイライラさせるティーンの若者を逮捕した警官を救った消防士」というように拡張することになる．このような再帰的構造を使えば，際限なく大きい構造を作り出していくことができるだろう．明らかに，このような従位接続の方法は，言語の生産性を非常に高める効果をもつ．

　また，従属節の構造的な重要性に注目するだけでなく，従属節の文法機能がさまざまに異なるという事実を把握することも有意義である．本章では，従属節の三つの基本タイプ，すなわち補文節，副詞節，関係節を検討した．それらの違いを描き出すと共に，各種の節タイプの言語ごとの相違を規定する重要なパラメータをいくつか提案した．

　第 16 章では，複文の検討を続けていく．そこでは，諸言語が節を結びつけるための方法としてさらに，等位接続と連位接続の二つを論じる．

16
等位接続と連位接続

第15章では，従位接続と等位接続という伝統的な区分の簡潔な導入を行った．従位接属とは，要するに一方の節が他の節に文法的に依存しつつ結合した構造である．**等位接続**(coordination)はこれに対し，二つの節(またはその他の要素)が結合してはいるが，どちらかが他方に埋め込まれたり依存していたりしないときに見られる構造である(Dik 1968)．(1)はそのような例である．

(1) Yoruba is spoken in Nigeria, and Wolof is spoken in Senegal.
「ヨルバ語はナイジェリアで話されている．そしてウォロフ語はセネガルで話されている」

接続詞 and は，二つの節が一つの言語単位をなすことを示しているけれども，両者の間には何の文法的な依存関係もない．実際，どちらの節も単独で生起しうる．これは従位接続の場合には成り立たない．

等位接続と従位接続の違いは，ずっと言語理論の重要な一部となってきたが，これらは節の間に成り立ちうる結びつきを全て捉えたものではない．両者のどちらのカテゴリーにもうまくあてはまらない複文構造の例が存在する(C. Lehmann 1988による概観を参照)．次のバライ語(ニューギニア：ニューギニア)のデータを見てみよう．

(2) Fu   fi   fase isoe
    3単数 座る 手紙 書く
    「彼は座って手紙を書いた」

(Olson 1981 から)

この文は fi「座る」と isoe「書く」という二つの動詞をもっている．どちらの動詞も，互いの意味的な項となってはいない．この点で，意味的な依存関係も埋め込みもない．これらは等位接続に典型的な性質である．しかし二つの動詞は同一の主

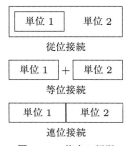

図 16.1 複文の類型

語を共有し，同じテンスとアスペクトをもっているものと理解される．この点については，従位接続と結びつけて一般に考えられるタイプの依存関係が存在するようにも見える．オルソンの用語をここでは借りて，(2)に見られる関係を**連位接続**(cosubordination)と呼ぶことにする (Olson 1981)．従位接続，等位接続，連位接続という三通りの区分は，フォリーとヴァン゠ヴァリンによって図 16.1 のような形でわかりやすく図示されている (Foley and Van Valin 1984)[1]．

本章では，等位接続に加えて連位接続の構文を二つ取り上げる．一つは(2)のような連動詞，もう一つは交替指示構文である．

16.1　等位接続

等位接続は，二つの言語単位が結びついているが両者の間に文法的な依存関係がないときに見られる構造をいう．ここで依存関係がないというのは，構造上のものであって，意味上の依存関係は存在することもある．

---

1) フォリーとヴァン゠ヴァリンは依存と埋め込みという特徴を使って三通りの接続タイプを定義している (Foley and Van Valin 1984; Van Valin 1993b)．従位接続は[＋ 依存，＋ 埋め込み]，等位接続は[− 依存，− 埋め込み]，連位接続は[＋ 依存，− 埋め込み]である．考えられる第四の組み合わせ([− 依存，＋ 埋め込み])は存在しないように思える(ただし，Watters 1993 参照)．本章では，多様な複文タイプを取り上げるにあたって，こうした定義に完全には従っていないことに注意されたい．中でも注意を要するのは，副詞節は第 15 章の従属節の議論で取り上げたという点である．副詞節は埋め込み構造ではなく，その点を考えると図 15.1 に描いた枠内では，連位接続か等位接続の例となるはずである(どちらと判断するかは考慮する副詞節のタイプによる)．私がフォリーとヴァン゠ヴァリンの枠組みから離れたのは，副詞節が伝統的に従位接続のもとに取り扱われてきたという便宜上の理由にすぎない．

(3) Burger King opened a new restaurant on Main Street, and the traffic became unbearable.
「バーガーキングが新しい店をメインストリートに開いた．そして交通が我慢できないほどひどくなった」

この文を解釈する場合，一つ目の節には原因の役割を認めることができる．この意味関係は二つの節の一方を従属節にすることで容易に明示化できる（Because Burger King ...）が，接続詞 and を使うときには意味的な結びつきそのものは推論に委ねることになる．接続詞によっては，一定の意味関係を明示することがある．英語の but や or はそうした例である．どれだけの数の接続詞をもち，そうした接続詞の表す意味範囲が正確にはどのようなものかは，言語によって異なる．しかし，最もよく見られる形は，明確な意味のないもの（例：and），対比を表すもの（例：but），選言を表すもの（例：or）である．

あらゆる言語は英語と同じく節を結びつける何らかの方法をもっている．ただし，これらの構文の細部は異なっている．次節では，そうした変異を規定するパラメータを見ていく．それに続いて，節よりも小さい言語単位の等位接続にも注目する．

16.1.1 等位接続の形態

等位接続を表すための基本的な方法として，並置と接続標識の使用の二つがある．**並置** (juxtaposition) は二つの節を並べるだけである．(4) はラテン語 (イタリック)，(5) は英語からの例．

(4) Veni, vidi, vici.
「来た，見た，勝った」

(5) John loved Jane; Jane hated John. This was a big problem for a married couple.
「ジョンはジェーンを愛していた．ジェーンはジョンを嫌っていた．これは夫婦にとっては大問題だった」

これらのデータが明らかにするとおり，並置は二つの節の結合に限られない．また，(5) を英語の例 (1) や (3) と比較すると，等位接続を表すために複数の方法を使

う言語があることがはっきりする．だが中には等位接続を表す手段として並置だけしかない言語もある．カワイス語(ユート・アステック：アメリカ合衆国)はそうした例である．

(6) iga-ki-na=ina　　　　　kakari-na=ina
　　入る-方向格-補文標識-3 単数　座る-補文標識-3 単数
　「彼は入ってきて座った」

(Zigmond, Booth, and Munro 1990 から，一部変更)

並置と同じく，**接続**(linking)標識(典型的には**接続詞** conjunction)もまた，隣接した節を結びつける．加えて，そこには等位接続を表す明示的な形態素が見られる．(7)はワイミ語(チブチャ：パナマ)，(8)はリス語(チベット・ビルマ：中国)の例．

(7) Anoin　nun　ben　**awane**　mo　　dabá　niar　toen
　　行く　私たち　と　そして　あなた　だろう　彼　　見る
　「私たちと行って，そしてあなたは彼に会うだろう」

(Alphonse 1956 から)

(8) ale　nya　thsibe　　thyea　asa　　**xe**　　　atha　de-a
　　アレ　話題　バンジョー　弾く　アサ　そして.話題　ナイフ　鍛える
　「アレはバンジョーを弾いて，そしてアサはナイフを鍛えていた」

(Hope 1974 から)

これらの例が示すように，接続の形態素は非常に多様である．ワイミ語の例(7)では，接続詞は等位接続の二つの構成要素の中間に現れる．リス語の例(8)では，接続標識は話題の標識として二重の役目を果たしている．二つの節が等位接続されていなければ，別の話題の標識が使われただろう．接続詞は二つの節の中間ではなく，第二の節の話題の後に置かれている．

接続標識はいくつもの機能をもつので，結びついた節の中でどこが最も典型的な生起位置かという点については，一般化をすることが難しい．接続詞の果たす役割が等位接続を表すだけである場合には，二つの節の間に来るのが普通である．接続標識がそれに加えて何かの役目をもっているときは，その位置は(8)のように接続以外の役目によって決まることが多い．

接続標識は等位接続のために特化されているとは限らない．よく見られるのが，道具や同伴の機能を表す接置詞や格標識としてはたらくケースである．

(9) a. mɔ　nɛ　éyibí　ɲwé　mi
　　　彼が　で　棒　　打つ　私を
　　「彼は私を棒で打った」

　　b. mɔ　nɛ　aní　　　ódéfee　ca
　　　彼　と　私たちの　族長.定　言い争った
　　「彼は私たちの族長と言い争った」

　　c. ńša　koáni　bansrá　mɔ　**nɛ**　amo　nɛ　ńta　tumpáɲ　komé
　　　数人　人々　　訪ねた　彼を　そして　彼らが　と　瓶　の　　酒
　　　ba
　　　もって来た
　　「数人の人々が彼を訪ねた．そして彼らは酒瓶をもって来た」

(Frajzyngier 1974 から)

アウトゥ語（ニジェール・コンゴ：ガーナ）から採ったこれらのデータは，どれも nɛ という形態素を含んでいる．それは(9a)と(9b)では接置詞として，(9c)では接続詞として語釈がつけられている．(9a)では，nɛ は打つという行為のための道具を表している．つまり，この形態素は具格の名詞句「棒で」を表している．(9b)では同じ形態素が同伴の名詞句，すなわち言い争った相手の人間「族長と」を表している．(9c)での太字部分の nɛ の使用は，等位接続の例である．これら三通りの機能を実現するために同一の形態素が用いられているという事実は，直観的・意味的な基盤をもっている．どの場合も，この形態素はある出来事における共同参加を表しているからである．

諸言語はしばしば複数の接続詞をもっていたり，複数の等位接続を表す方法をもっていたりする．複数の接続詞と等位接続を兼ね備えた言語も存在する．しかしペインの主張する通り，無標の形式と有標の形式を区別することは可能である[2] (J. Payne 1985a)．無標の形は意味的に最も中立的なものである．それは文脈によってさまざまな解釈を許容する．英語では，無標の形は and である (10)．

---

2) 「有標」「無標」という用語は J. Payne (1985a) に見られるものを踏襲している．ただし，ペインはこれらの用語を伝統的な意味で使っているわけではなく，意味的に「非中立的」か「中立的か」というくらいのことを意図している．

(10) a. John walked in the door and threw his books on the table.
「ジョンはドアを入ると，本をテーブルに投げ出した」
b. Mary lifted John up, and he made it over the wall.
「メリーはジョンを持ち上げて，彼は壁を乗り越えた」
c. John cooked, and Mary cleaned.
「ジョンは料理をして，メリーは掃除をした」

これらの例文では，and はそれぞれ違った意味をもつことに気づくだろう．(10a)は時間的継起，(10b)は因果性，(10c)は対比である．こうした多様性は無標の接続詞には典型的に見られる．多くの言語で，接続標識は全て有標の形で，多様な意味を伝えるのは並置が無標の方法となっている．

有標の形は，これとは反対に，解釈がずっと限定されている．結果として，分布もより限られている．例えば英語では，but は対比的な意味をもち，時間的継起や因果関係には使われない．

場合によっては，有標の構文は複合的な形をとることがある．いわゆる**相関接続詞**(correlative conjunction)はそのような例である．(11)は英語からの例である．

(11) a. Mary sent **both** cookies **and** flowers to gain John's affection.
「メリーはクッキーと花束を両方贈ってジョンの気を引こうとした」
b. **Either** John will do the dishes **or** Mary will leave the house.
「ジョンが皿洗いをするかメリーが家を出て行くかだ」

相関接続詞のはたらきは，接続された要素の共通性を保ちつつ，それぞれが独立した対象であるという含意を強調することである．例えば(11a)では，相関接続詞 both...and が現れることによって，メリーが複数の贈り物を自分の目的のために贈ったことが強調されている．

16.1.2　等位接続される構成要素

これまでの多くの例が示す通り，等位接続は節レベルに限ったものではなく，より小さな言語単位もまた結びつけられる．ただし，どんな単位がどのように結びつけられるかについては，言語ごとに違いがある．例えば，フィジー語(オーストロネシア：フィジー)は名詞句をつなぐのに kei という接続詞を使い，他の単位を接続するためには ka という別の接続詞を使う(Dixon 1988; J. Payne 1985a)．ハウ

サ語(チャド：ナイジェリア)は名詞句の等位接続には da という明示的な接続詞をもっているが，節の接続標識はない(Abraham 1941)．

ペインは等位接続の概観の中で，諸言語が結合する単位のタイプによって異なる接続方法を使うときには，次の階層にしたがって接続方法が選択されるという発見をしている(J. Payne 1985a)．

節 > 動詞句 > 形容詞句 > 接置詞句 > 名詞句

ここで成り立つ傾向性とは，ある接続の手段は階層の連続した部分をカバーするということである．この階層の意義をよりよく理解するために，次のような架空の言語を考えてみよう．この言語には等位接続のための方法として，(a)構成要素の並置と(b)接続される要素の間に現れる接続標識の二つがある．さらに，これらの方法は全ての場面で使えるわけではなく，両者の使用は排他的であると仮定する．そして並置の手段は節と名詞句を結びつけようとするときだけ使われ，接続標識はその他の全ての場合に使われる——このような言語は上記の階層に違反している．というのも，(この架空の言語で)並置によって等位接続される「節」と「名詞句」という構造は，階層上で隣接していないからである．

16.1.3 節の縮約

節が等位接続の関係にあるとき，接続された両方の節において特定の句が繰り返されることがよくある(12)．

(12) John is **laughing hard**, and Mary is **laughing hard** too.
　　「ジョンはゲラゲラ笑っている．そしてメリーもゲラゲラ笑っている」

だが同一の句を繰り返す代わりに，片方を省略することもたいていの場合可能である(13)．

(13) John is laughing hard, and Mary is too.
　　「ジョンはゲラゲラ笑っている．そしてメリーもだ」

このプロセスは**節縮約**(clause reduction)または**省略**(ellipsis)と呼ばれる．省略が認められるか否か，またどの構成要素が省略されるかは，言語によって異なる．

(14) a. John bought a car and ＿ left town.
　　　「ジョンは自動車を買って町を出た」
　　b. John chose a Buick and Mary ＿ a Chevrolet.
　　　「ジョンはビュイックを，メリーはシボレーを選んだ」
　　c. John likes ＿ but Mary hates hatchbacks.
　　　「ジョンはハッチバックを好むが，メリーは嫌いだ」

(15) a. スミエは犬を撫でて ＿ 猫を叩いた
　　b. スミエは犬を撫でてタロウは ＿ 叩いた
　　c. スミエは犬を ＿ ノリオは木を見た

　　　　　　　　　　　　　　　（Mallinson and Blake 1981 から）

　これらのデータでは，文中で要素が省略されている場所はブランクで表した．(14a)と(14b)のどちらも，空所化された構成要素は第二の節にある．(14a)では主語名詞句，(14b)では動詞が省略されている．(14c)では，省略は第一の節で起きており，直接目的語の名詞句が空所化されている．

　(15)の日本語(日本・琉球：日本)のデータは上記の類例である．各文はそれぞれ，主語，動詞，目的語の空所化を例示している．ただし，英語は第二の節の動詞や第一の節の目的語を省略しているが，日本語では第一の節の動詞と第二の節の目的語を省略しているという点で，これらの言語は異なっている．ここから，縮約の方向性は，省略される個々の構成要素の線的順序によって決まるという可能性が示唆される．節の先頭や中間の構成要素は第二の節から省略される．節の末尾の構成要素は第一の節から省略される．

　節の縮約については，さらにいくつかの類型論的な一般化を記しておく．第一に，いかなる言語も，後方を向いた(＝第一の節に生じる)縮約だけしかもたないということはない．第二に，ある言語における省略は，目的語と動詞の両方について認められるか，どちらについても認められないかである．第三に，接続された構造の一番最初の部分と，一番最後の部分からの構成要素の省略は，避けられる傾向がある．

16.2 連位接続

等位接続の基本的な特徴を見たところで，次に連位接続を取り上げる．すでに定義した通り，連位接続とは，二つの単位が結びついており両者の間に依存関係はあるが，一方の構造が他方に埋め込まれてはいないものをいう．このような特徴をもつため，連位接続構造は等位接続・従位接続のどちらとも同一視することはできない．最もよく見られる連位接続の例は，連動詞構文と交替指示の二つである．本節ではこれらの構文を簡潔に見ていく．

16.2.1 連動詞

連動詞構文(serial verb construction)は，(16)のように接続詞をもたない複数の定形動詞の連鎖からなる．

(16) ó　mú　ìwé　wá
　　　彼　取った　本　来た
　　「彼は本をもってきた」

(Bamgboṣe 1974 から)

ここでは議論の都合上，ヨルバ語(ニジェール・コンゴ：ナイジェリア)の文(16)は二つの節を含んでいると考える．一方は mú「取った」，もう一方は wá「来た」を主要部とする．この例は連動詞構文に広く見られる特徴を示している．すなわち，二つの節は主語を共有している．しかし両者は全ての項を共有しているわけではない．(16)では，ìwé「本」は mú の目的語だが，それは後続する自動詞 wá の項構造内には収まる場所をもたない．この意味で，(16)の句構造は次のように表示することができる．

(17) [ó [mú ìwé] [wá]]

第二の節における主語が第一の節の目的語と同一指示となっているために，前者が明示されない連動詞構文もまたよく見られる．

(18)　**Olú tèlé** *Ayo lo oja*
　　　オル　追った　アヨ　行った　市場
　　「オルはアヨについて市場に行った」

(Lawal 1983 から)

　この例では，アヨは tèlé の目的語ととると，第一の節(太字で示した)と一つの構造的単位をなすように見える．アヨを lo の主語ととれば，第二の節(斜体字で示した)と一つの構造的単位をなすように見える．
　(16)では節が主語を共有し，(18)では第一の節の目的語が(詳細を省けば)第二の節の主語としてはたらいていたが，(19)のように二つの他動詞が複数の項を共有することもありうる．

(19)　Olú gún íyan je
　　　オル　潰す　ヤム　食べた
　　「オルはヤムを潰して食べた」

　この文では，Olú は両方の動詞の主語であり，íyan は意味上の目的語である．
　これらの連動詞構文では，二つの節が等位接続によって結ばれているというよりは圧縮されて一つの単位になっているかのように見える．これはこの種の連位接続に典型的に見られる特徴である．
　連動詞構文では，動詞カテゴリーに関わる形態素の分布に制約が課されることがしばしばある．よく見られるパタンの一つは，先頭でない節の動詞は人称の標示を受けないというものである．一部の言語では，連動詞構文に現れる動詞は全部同じテンス・アスペクトをもたねばならない．アカン語(ニジェール・コンゴ：ガーナ)はその一例である．

(20)　a.　mekɔɔ　　mebaae
　　　　　私.行った　私.来た
　　　「私は出かけて帰って来た」
　　　b.　*mekɔɔ　　maba
　　　　　私.行った　私.完了.来た
　　　(意図する内容：「私は出かけて帰ってきたところだ」)

(Schacter 1974 から)

連動詞構文が同一のテンス・アスペクトをもつという制約によって，(20a)は文法的な文となるが，(20b)は非文法的となる．項の共有と同じく，テンス・アスペクトのような動詞カテゴリーの一貫性という制約は，連位接続における節の相互依存の一つの現れと言える．このような制約は，アカン語でも等位接続においてはあてはまらないことに注意したい．

(21)　mekɔɔ　na　maba
　　　私.行った　そして　私.完了.来た
　　　「私は出かけて，そして帰って来たところだ」

16.2.2　交替指示

交替指示(switch-reference)とは，ある節の主語が後続する節でも保持されるか(22a)，新しい主語が使われるか(22b)をたどるための体系的手段である．

(22)　a.　Artwe　alyelhe-me-**le**　　petye-me
　　　　　男-主格　歌う-非過去.進行-同主語　来る-非過去.進行
　　　　　「その男が歌いながら来る」
　　　b.　Artwe　alyelhe-(me)-**rlenge**　ayenge　petye-me
　　　　　男-主格　歌う-(非過去.進行)-異主語　1単数.主格　来る-非過去.進行
　　　　　「その男が歌っている一方で私が行く」

(Wilkins 1988 から)

ムパルンテ・アルレンテ語(パマ・ニュンガ：オーストラリア)の例文(22a)は，同一主語の標示(語釈は「同主語」)の例である．最初の動詞についた -le という接尾辞は，第二の動詞の主語と同一であることを示している．これに対し，-rlenge という接尾辞は二つの節の間での主語の交替を標示する．

　見方によっては，交替指示は等位接続の特殊例にすぎないと映るかもしれない．二つの節が結びついており，接続標識が等位接続という情報と共に主語の同一性についての情報も与えている，とする分析である．しかし，交替指示においては，前節で連動詞構文について示したのとよく似た形で，動詞カテゴリーの使用について制約が課されることがよくある．ムパルンテ・アルレンテ語のデータを例にとると，どちらの動詞もテンスの標示がされているように見える．しかし文全体の絶対テンスは第二の動詞につくテンス接辞によって決まるのである．第一の動詞のテン

スは絶対的な解釈を受けずに，第二の動詞に対して相対的に解釈される．したがって，第一の動詞が表す出来事が第二の動詞の表す出来事よりも先に起きたことを言いたければ，別のテンス接尾辞を使うことになる．

(23) Nhenhe-le　re　　　arlkwe-ke-le　　　inte-ke-rlke
　　　ここ-位格　3 単数.能格　食べる-過去.完了-同主語　寝る-過去.完了-また
　　「ここはそいつが物を食べて(その後で)寝たところだ」

食べることと寝ることが過去に起きたということは，第二の動詞 inte-「寝る」につく過去の完了接尾辞によって明示される．第一の動詞につく過去の完了標識は，睡眠の前に食べるという行為をしたことを表す．テンス標識がこのように相互作用をすることは，等位接続には見られず，交替指示の文は連位接続の例であることを物語っている．

同主語と異主語の標識は，交替指示の体系においてはほとんど常に動詞と結びついている．ただし，文につく小辞が交替指示に使われる例も見つかってはいる．例えば，ダガ語(ニューギニア：ニューギニア)は主語の交替を表すために名詞句の末尾に -wa という接尾辞を用いる(Murane 1974 から)．

交替指示の体系においては，ムパルンテ・アルレンテ語のデータ(22)のように同主語・異主語の標示に特化された形態素のペアがあるとは限らない．その代わり，異主語を表す標識が一つだけというケースが見られる．このような場合には，無標の節は同主語を表すものとして使われるのが通例である．

交替指示をもった言語は，主語-目的語-動詞(SOV)であるという傾向が見られるが，動詞先頭型の言語もある．構成要素順序(OV か VO)はどの節が交替指示を表す形態素を含むかを決定する．典型的には，SOV 言語では先に来る節が標示を受け，VO 言語ではその逆のパタンが見られる(Haiman and Munro 1983 およびそこに収められた論文を参照)．

一見したところ単純な交替指示構文でも，特に二つの点において事態が複雑化する．第一に，諸言語は交替指示を常に主語の(不)連続性を表すために使うとは限らない．時には交替指示の標識は，局所的な主語の代わりに，全体的な話題が同一であるか否かを表すことがある．また，言語によっては主語といっても，抽象的なレベルの構造的関係(いわゆる深層構造)に応じて交替指示がはたらくことがある．セリ語(ホカ：メキシコ)はそうした例である．

(24) a. tommeke   ma   ʔyomasi
      それ.温かく.なかった 異主語 私.それ.飲ま.なかった
     「それ(飲み物)は温かくなかったので私はそれを飲まなかった」
   b. ʔap ki? toXi   ma   yopaʔit
      鹿 その それ.死んだ 異主語 それ.食べ.られた
     「鹿は死ぬと食べられた」

(Marlett 1984 から)

(24a)では，交替指示の標識が異主語を表しているが，これは通常予測される通りである．しかし(24b)では，二つの表層上の主語は同一指示だが，それでも異主語の標示がされている．マーレットによれば，これは抽象的なレベルでは第二の節の主語は「鹿」とは別の参加者だからであるという(Marlett 1984)．

交替指示の体系において事態を複雑にするもう一つの要因は，完全に同一指示ではないが，意味的には何らかの関係がある主語どうしをどのように扱うか，という考慮である．例えば，ワラニー語(赤道トゥカノ：ブラジル)における気象動詞の「空」(= 実体をもたない)主語は，予期できない標示の仕方を引き起こす(25)．

(25) a. [Oky   ramo] ava-ve rei nd-o-o-i
        雨が降る 異主語 人-誰も とても 否定-3-行く-否定
       「雨だったので誰も行かなかった」
    b. Yvytu [oky   vy   e'ỹ]
       風が吹く 雨が降る 同主語 否定
      「風が吹いたが雨のせいではなかった」

(Dooley 1989 から)

(25a)では，二つの節の主語(気象と人)は同一指示ではないことが明らかであり，異主語の標示が見られる．これに対し，(25b)では，二つの節にある実体のない主語(どちらも気象)は，同主語の一致を引き起こしている．

同様に，部分的に同一指示の関係にある主語をもった節にどのような標示をするかについても，言語ごとに相違がある．ワラニー語の例はその一つの可能性を示している．

(26) a. [Pe-ro-via　　　　e'ỹ　rã]　ja-je'oi-pa　　tema
　　　　 2 単数-随伴格-信じる　否定　異主語　1＋2-行く-複数-みな　しっかり
　　　　「あなたが信じないなら私たちで一緒にしっかり（見届けに）行こう」
　　 b. [jo-guer-aa　　　　ma　t-ape　　rupi　ramo] ka'i jagua pe
　　　　 相互-随伴格-行く　すでに　非所有-道　沿って　異主語　猿　　犬　　与格
　　　　aipo-e-'i...
　　　　注目-3-言う
　　　　「彼ら［犬と猿］がずっと道に沿って一緒に進んでいくと猿が犬に言った
　　　　...」

一つ目の例文(26a)では，第一の節の主語が指示するもの（「あなた」）は第二の節の主語が指示するもの（「私たち」）に包含されているが，異主語の標識が使われている．同じことは，第二の節の主語が第一の節の主語に包含されている例文(26b)においても起きている．

16.3　まとめ

　本章では，節を結びつけるための二つの方法，すなわち等位接続と連位接続について一般的な解説をした．前者はこれまでにもよく知られているプロセスで，二つかそれ以上の構成要素が，文法的な支配関係なしに一つの大きな単位へと結びつけられるというものである．等位接続については，通言語的な視点から検討することでいくつもの興味深い性質が浮かび上がっている．例えば，どんな構成要素について等位接続が認可されるか，そして等位接続のためのメカニズムにはどんな種類があるか，などの点において諸言語は異なりを見せる．

　連位接続はある意味で，等位接続と（第15章で論じた）従位接続との中間的な存在である．連位接続においては，二つの要素が結びつき，一方が他方に完全に依存しているというより，相互に文法的な依存の関係にある．連位接続の例として，連動詞と交替指示という二つの現象を検討したが，連位接続に属する構造がこれらの構文で全部というわけではない(Foley and Van Valin 1984; Van Valin 1993b 参照)．

語釈で使用した用語の一覧

　本書中で，諸言語の例文に語釈を与えるさいに使った用語を以下に英語表記とともにまとめる．略語については元の用語を明示した．また，いくつかの用語は，「相＝アスペクト」のように，語釈では文字数の少ない表記をとり，本文中では別の用語を使った．配列は，おおよそ文構造のそれぞれの側面に合わせる形でグループ化した．

〈名詞句固有の性質〉
1 ＝ 一人称 first person
2 ＝ 二人称 second person
3 ＝ 三人称 third person
1 類 ＝ 名詞 1 類 noun class 1
　（以下 2 類，3 類，…）
A 類 ＝ 名詞 A 類 noun class A
　（以下 B 類，C 類，…）
女性 feminine
男性 masculine
中性 neuter
有生 animate
人間 human
定 definite
非所有 nonpossessed
単数 singular
双数 dual
複数 plural

〈名詞句の関係的性質〉
（意味役割）
動作主 agent
被動者 patient
（格）
格標識 case marker
主格 nominative
具格 instrument(al)
奪格 ablative
属格 genitive
随伴格 comitative
位格 locative
状況格 modalis case
与格 dative
方向格 directional
対格 accusative
絶対格 absolutive
能格 ergative
斜格 oblique
（文法関係）
主語 subject
目的語 object
直接目的語 direct object
（情報構造）
話題 topic
焦点 focus
対比 contrastive
離却形 obviative

語釈で使用した用語の一覧

〈名詞につく形態〉
冠詞 article
類別詞 classifier
指示詞 demonstrative
決定詞 determiner
固有名詞 proper noun

〈動詞に関わるカテゴリー〉
(動詞形態・結合価)
一致 agreement
不定形 infinitive
形容詞形 adjective
分詞 participle
名詞化 nominalizer
他動詞 transitive
能動態 active
受動態 passive
逆行形 inverse
　　(＝主語/目的語逆転 subject-object reversal)
目的語上位 object higher
適用形 applicative
受益形 benefactive
使役形 causative
(アスペクト)
相＝アスペクト aspect
完了 perfective
未完了 imperfective
始動 inchoative
進行 progressive
習慣 habitual
既然 anterior
状態 stative
完結 completive
アオリスト aorist

(テンス)
時制＝テンス tense
過去 past
遠過去 distant past
非過去 non-past
現在 present
未来 future
非未来 non-future
(ムード・モダリティ)
助動詞 auxiliary
直説法 indicative
祈願法 optative
叙想法 subjunctive
仮定法 hypothetical
現実 realis
非現実 irrealis
可能 potential
意志 volitional
肯定 affirmative
否定 negative
禁止 prohibitive
疑問(語) question word

〈複文〉
補文標識 complementizer
従属標識 subordinator
関係詞 relativizer
同主語 same subject
異主語 different subject
継起 sequential

〈その他〉
小辞 particle
連接辞 linker
属性 propriative
動詞接頭辞 preverb
注目 attention
相互 reciprocal

参考文献

Abraham, Roy Clive. 1941. *A Modern Grammar of Spoken Hausa*. London: Crown Agents for the Colonies.

Aikhenvald, Alexandra. 1995. *Bare*. Languages of the World 100. München-Newcastle: Lincom Europa.

Allan, Keith. 1977. "Classifiers." *Language* 53: 284-310.

Allen, Barbara J., Donna B. Gardiner, and Donald G. Frantz. 1984. "Noun Incorporation in Southern Tiwa." *International Journal of American Linguistics* 50: 292-311.

Allen, Barbara J., Donald G. Frantz, Donna B. Gardiner, and David M. Perlmutter. 1990. "Possessor Ascension and Syntactic Levels in Southern Tiwa." Postal and Joseph 321-83.

Allen, W. Sidney. 1956. "Structure and System in the Abaza Verbal Complex." *Transactions of the Philological Society*. 127-76.

Alphonse, Ephraim S. 1956. *Guaymi Grammar and Dictionary*. Washington, DC: GPO.

Anderson, Stephen R. 1992. *A-Morphous Morphology*. Cambridge, UK: Cambridge University Press.

Baker, Mark C. 1988. *Incorporation: A Theory of Grammatical Function Changing*. Chicago: University of Chicago Press.

Bamgboṣe, Ayo. 1974. "On Serial Verbs and Verbal Status." *Journal of West African Languages* 9: 17-48.

Barnes, Janet. 1984. "Evidentials in the Tuyuca Verb." *International Journal of American Linguistics* 50: 255-71.

Bell, Alan. 1978. "Language Samples." Greenberg, Ferguson, and Moravcsik vol. 4, 123-56.

Berinstein, Ava. 1990. "On Distinguishing Surface Datives in K'ekchi." Postal and Joseph 3-48.

Berlin, Brent, and Paul Kay. 1969. *Basic Color Terms: Their Universality and Evolution*. Berkeley: University of California Press.

Bhat, D. N. S. 1991. *Grammatical Relations: The Evidence Against Their Necessity and Universality*. New York: Routledge.

——. 1994. *The Adjectival Category*. Amsterdam: John Benjamins.

Bickford, J. Albert. 1988. "The Semantics and Morphology of Mixtec Mood and Aspect." *Work Papers of the Summer Institute of Linguistics*. Vol. 32. North Dakota: Summer Institute of Linguistics. 1-39.

Binnick, Robert I. 1979. *Modern Mongolian: A Transformational Syntax*. Toronto:

参考文献

University of Toronto Press.
Bird, Charles. 1968. "Relative Clauses in Bambara." *Journal of West African Languages* 5: 35-47.
Björkhagen, Im. 1962. *Modern Swedish Grammar*. Norstedts: Svenska Bokförlaget.
Blake, Barry. 1990. *Relational Grammar*. London and New York: Routledge.
——. 1994. *Case*. Cambridge, UK: Cambridge University Press.
Bloomfield, Leonard. 1933. *Language*. New York: Holt, Rinehart & Winston. Chicago: University of Chicago Press, 1984. 『言語』三宅鴻, 日野資純訳, 東京: 大修館書店, 1962.
Boas, Franz, and Ella Deloria. 1941. *Dakota Grammar*. Memoirs of the National Academy of Sciences XXIII. Washington, DC: National Academy of Sciences.
Brown, Roger Langham. 1967. *Wilhelm von Humboldt's Conception of Linguistic Relativity*. Janua Linguarum, Series Minor 65. The Hague: Mouton.
Butterworth, Brian, Bernard Comrie, and Östen Dahl, eds. 1984. *Explanations for Language Universals*. Berlin: Mouton. (Published simultaneously as vol. 21-1 of *Linguistics*)
Bybee, Joan. 1985. *Morphology*. Amsterdam: John Benjamins.
Bybee, Joan, William Pagliuca, and Revere Perkins. 1990. "On the Asymmetries in the Affixation of Grammatical Material." Croft, Denning, and Kemmer 1-42.
Bybee, Joan, Revere Perkins, and William Pagliuca. 1994. *The Evolution of Grammar: Tense, Aspect and Modality in the Languages of the World*. Chicago: University of Chicago Press.
Bynon, Theodora. 1977. *Historical Linguistics*. Cambridge, UK: Cambridge University Press.
Campbell, Lyle, Vit Bubenik, and Leslie Saxon. 1988. "Word Order Universals: Refinements and Clarifications." *Canadian Journal of Linguistics* 33: 209-30.
Chafe, Wallace L. 1976. "Givenness, Contrastiveness, Definiteness, Subjects, Topics, and Point of View." Li 25-56.
——. 1987. "Cognitive Constraints on Information Flow." Tomlin 21-51.
——. 1994. *Discourse, Consciousness, and Time*. Chicago: University of Chicago Press.
Charney, Jean Ormsbee. 1993. *A Grammar of Comanche*. Lincoln: University of Nebraska.
Chomsky, Noam. 1957. *Syntactic Structures*. Janua Linguarum, Series Minor 4. The Hague: Mouton. 『文法の構造』勇康雄訳, 東京: 研究社出版, 1963.
——. 1965. *Aspects of the Theory of Syntax*. Cambridge, MA: MIT Press. 『文法理論の諸相』安井稔訳, 東京: 研究社, 1970.
——. 1970. "Remarks on Nominalisation." *English Transformational Grammar*. Eds. R. A. Jacobs and P. S. Rosenbaum. Waltham, MA: Ginn. 184-221. 「名詞化管見」『生成文法の意味論研究』安井稔訳, 東京: 研究社出版, 1976.
——. 1981. *Lectures on Government and Binding*. Dordrecht: Foris. 『統率・束縛理

論』安井稔, 原口庄輔訳, 東京：研究社出版, 1986.

———. 1988. *Language and Problems of Knowledge: The Managua Lectures*. Cambridge, MA: MIT Press. 『言語と知識——マナグア講義録(言語学編)』田窪行則, 郡司隆男訳, 東京：産業図書, 1989.

———. 1991. "Linguistics and Cognitive Science: Problems and Mysteries." *The Chomskyan Turn*. Ed. A. Kasher. Cambridge, MA: Blackwell.

———. 1992. *A Minimalist Program for Linguistic Theory*. Occasional Papers in Linguistics. Cambridge, MA: MIT.

Chung, Sandra. 1976. "On the Subject of Two Passives in Indonesian." Li 57-98.

Chung, Sandra, and Alan Timberlake. 1985. "Tense, Aspect, and Mood." Shopen vol. 3, 202-58.

Cole, Peter. 1982. *Imbabura Quechua*. Lingua Descriptive Studies 5. Amsterdam: North-Holland.

Comrie, Bernard. 1976a. *Aspect*. Cambridge, UK: Cambridge University Press. 『アスペクト』山田小枝訳, 東京：むぎ書房, 1988.

———. 1976b. "The Syntax of Causative Constructions: Cross-Linguistic Similarities and Divergences." Shibatani 261-312.

———. 1981. *The Languages of the Soviet Union*. Cambridge, UK: Cambridge University Press.

———. 1984. "Form and Function in Explaining Language Universals." Butterworth, Comrie, and Dahl 87-103.

———. 1985a. "Causative Verb Formation and Other Verb-Deriving Morphology." Shopen vol. 3, 309-48.

———. 1985b. *Tense*. Cambridge, UK: Cambridge University Press.

———, ed. 1987. *The World's Major Languages*. Oxford, UK: Oxford University Press.

———. 1989. *Language Universals and Linguistic Typology*. 2nd ed. Chicago: University of Chicago Press. (First edition published 1981) 『言語普遍性と言語類型論——統語論と形態論』松本克己, 山本秀樹訳, 東京：ひつじ書房, 1992.

Constable, Peter C. 1989. "Reflexives in Vera Cruz Haustec." *Work Papers of the Summer Institute of Linguistics*. Vol. 33. North Dakota: Summer Institute of Linguistics. 31-66.

Cooke, Joseph R. 1968. *Pronominal Reference in Thai, Burmese, and Vietnamese*. Berkeley: University of California Press.

Cooreman, Ann. 1994. "A Functional Typology of Antipassives." Fox and Hopper 49-88.

Corbett, Greville. 1991. *Gender*. Cambridge, UK: Cambridge University Press.

Corbett, Greville G., Norman M. Fraser, and Scott McGlashan, eds. 1993. *Heads in Grammatical Theory*. Cambridge, UK: Cambridge University Press.

Croft, William. 1990. *Typology and Universals*. Cambridge, UK: Cambridge University Press.

———. 1995. "Autonomy and Functional Linguistics." *Language* 71: 490-532.

参考文献

Croft, William, Keith Denning, and Suzanne Kemmer, eds. 1990. *Studies in Typology and Diachrony: Papers Presented to Joseph H. Greenberg on His 75th Birthday.* Amsterdam: John Benjamins.

Crowley, Terry. 1992. *An Introduction to Historical Linguistics.* 2nd ed. Aukland: Oxford University Press.

Cutler, Anne, John A. Hawkins, and Gary Gilligan. 1985. "The Suffixing Preference: A Processing Explanation." *Linguistics* 23: 723-58.

Dahl, Östen. 1979. "Typology of Sentence Negation." *Linguistics* 17: 79-106.

——. 1985. *Tense and Aspect Systems.* Oxford, UK: Blackwell.

Davies, John. 1981. *Kobon.* Lingua Descriptive Studies 3. Amsterdam: North-Holland.

Davies, William D. 1986. *Choctaw Verb Agreement and Universal Grammar.* Dordrecht: Reidel.

Dayley, John P. 1989. *Tümpisa (Panamint) Shoshone Grammar.* University of California Publications in Linguistics 115. Berkeley: University of California Press.

DeLancey, Scott. 1981. "An Interpretation of Split Ergativity and Related Patterns." *Language* 57: 626-57.

Derbyshire, Desmond C. 1977. "Word Order Universals and the Existence of OVS Languages." *Linguistic Inquiry* 8: 590-99.

——. 1985. *Hixkaryana and Linguistic Typology.* Dallas: Summer Institute of Linguistics.

Derbyshire, Desmond C., and Geoffrey K. Pullum. 1981. "Object Initial Languages." *International Journal of American Linguistics* 47: 192-214.

Dik, Simon. 1968. *Coordination: Its Implications for the Theory of General Linguistics.* Amsterdam: North-Holland.

——. 1978. *Functional Grammar.* Amsterdam: North-Holland.

Dixon, R. M. W. 1972. *The Dyirbal Language of North Queensland.* Cambridge, UK: Cambridge University Press.

——. 1979. "Ergativity." *Language* 55: 59-138.

——. 1982. *Where Have All the Adjectives Gone?* Amsterdam: John Benjamins.

——. 1988. *A Grammar of Boumaa Fijian.* Chicago: University of Chicago Press.

Dooley, Robert A. 1989. "Switch Reference in Mbya Guarani: A Fair-Weather Phenomenon." *Work Papers of the Summer Institute of Linguistics.* Vol. 33. North Dakota: Summer Institute of Linguistics. 93-120.

——. 1993. *Combining Functional and Formal Approaches to Language* (photocopied material). Grand Forks, ND: Summer Institute of Linguistics.

Dougherty, Janet W. D. 1983. *West Futunu-Aniwa: An Introduction to a Polynesian Outlier Language.* Berkeley: University of California Press.

Downing, Pamela, and Michael Noonan, eds. 1995. *Word Order in Discourse.* Amsterdam: John Benjamins.

Dowty, David. 1979. *Word Meaning and Montague Grammar.* Dordrecht: Reidel.

——. 1991. "Thematic Proto-Roles and Argument Selection." *Language* 67: 547-619.
Dryer, Matthew S. 1988a. "Object-Verb Order and Adjective-Noun Order: Dispelling a Myth." *Lingua* 74: 185-217.
——. 1988b. "Universals of Negative Position." Hammond, Moravcsik, and Wirth 93-124.
——. 1989a. "Discourse-Governed Word Order and Word Order Typology." *Universals of Language*. Belgian Journal of Linguistics 4. Eds. M. Kefer and J. van der Auwera. 69-90.
——. 1989b. "Large Linguistic Areas and Language Sampling." *Studies in Language* 13: 257-92.
——. 1991. "SVO Languages and the OV:VO Typology." *Journal of Linguistics* 27: 443-82.
——. 1992. "The Greenbergian Word Order Correlations." *Language* 68: 81-138.
——. 1994. "The Discourse Function of the Kutenai Inverse." *Voice and Inversion*. Ed. T. Givón. Amsterdam: John Benjamins. 65-99.
——. 1995. "Frequency and Pragmatically Unmarked Word Order." Downing and Noonan 105-35.
Dubinsky, Stanley. 1990. "Japanese Direct Object to Indirect Object Demotion." Postal and Joseph 49-86.
Dyła, Stefan. 1984. "Across the Board Dependencies and Case in Polish." *Linguistic Inquiry* 15: 701-05.
Ebeling, C. L. 1966. "Review of Chikobava and Cercvadze's *The Grammar of Literary Avar*." *Studia Caucasica* 2: 58-100.
Elson, Benjamin F. 1956. "Sierra Popoluca Morphology." Diss. Cornell University.
Everett, Daniel L. 1989. "Clitic Doubling, Reflexives, and Word Order Alternations in Yagua." *Language* 65: 339-72.
——. 1994. "The Sentential Divide in Language and Cognition." *Pragmatics & Cognition* 2: 131-66.
Fanning, Buist M. 1990. *Verbal Aspect in New Testament Greek*. Oxford, UK: Clarendon.
Farrell, Patrick. 1994. *Thematic Relations and Relational Grammar*. Outstanding Dissertations in Linguistics. New York: Garland.
Foley, William A., and Robert D. Van Valin, Jr. 1984. *Functional Syntax and Universal Grammar*. Cambridge, UK: Cambridge University Press.
——. 1985. "Information Packaging in the Clause." Shopen vol. 1, 282-364.
Forchheimer, Paul. 1953. *The Category of Person in Language*. Berlin: de Gruyter.
Foster, Joseph F., and Charles A. Hofling. 1987. "Word Order, Case, and Agreement." *Linguistics* 25: 475-99.
Fox, Barbara A. 1987. "The Noun Phrase Accessibility Hierarchy Revisited." *Language* 63: 856-70.
Fox, Barbara A., and Paul J. Hopper, eds. 1994. *Voice: Beyond Form and Function*.

参考文献

Amsterdam: John Benjamins.

Frajzyngier, Zygmunt. 1974. "NP nɛ (NP) in Awutu: A Problem in Case Grammar." *Language Sciences*, 8-14.

Freedland, L. S. 1951. *Language of the Sierra Miwok*. Indiana University Publications in Anthropology and Linguistics VI. Bloomington: Indiana University.

Fukui, Naoki. 1995. "The Principles-and-Parameters Approach: A Comparative Syntax of English and Japanese." Shibatani and Bynon 327-72.

Gedney, William J. 1991. *The Yay Language*. Michigan Papers on South and Southeast Asia. Ed. T. J. Hudak. Ann Arbor: University of Michigan, Center for South and South East Asian Studies.

Gerdts, Donna B. 1989. "Relational Parameters of Reflexives." *Theoretical Perspectives on Native American Languages*. Eds. D. B. Gerdts and K. Michelson. Albany: State University of New York. 259-80.

——. 1990. "Relational Visibility." *Grammatical Relations: A Cross-Theoretical Perspective*. Eds. K. Dziwirek, P. Farrell, and E. Mejias-Bikandi. Stanford, CA: CSLI. 199-214.

——. 1991. "Case, Chomage, and Multipredicate Domains in Korean." *Proceedings of the Harvard Workshop on Korean Linguistics* 4.

——. 1992. "Morphologically-Mediated Relational Profiles." *Proceedings of the Eighteenth Annual Meeting of the Berkeley Linguistics Society*. 322-37.

Gerdts, Donna B., and Lindsay J. Whaley. 1992. "Kinyarwanda Multiple Applicatives and the 2-AEX." *Papers from the Twenty-Eighth Regional Meeting of the Chicago Linguistic Society*. 186-205.

Gibson, Jeanne D. 1980. "Clause Union in Chamorro and in Universal Grammar." Diss. University of California at San Diego.

Gill, H. S., and Henry A. Gleason. 1963. *A Reference Grammar of Punjabi*. Hartford: Hartford Seminary Foundation.

Givón, Talmy. 1971. "Historical Syntax and Synchronic Morphology: An Archaeologist's Field Trip." *Papers from the Seventh Regional Meeting of the Chicago Linguistics Society*. 394-415.

——. 1973. "The Time-Axis Phenomenon." *Language* 49: 890-925.

——. 1976. "Topic, Pronoun and Grammatical Agreement." Li 149-88.

——. 1979. *On Understanding Grammar*. New York: Academic Press.

——. 1980. "The Binding Hierarchy and the Typology of Complements." *Studies in Language* 4: 333-77.

——. 1984/1990. *Syntax: A Functional-Typological Introduction*. Amsterdam: John Benjamins. 2 vols.

Glover, Warren. 1974. *Semantic and Grammatical Structures in Gurung (Nepal)*. Norman, OK: Summer Institute of Linguistics.

Greenberg, Joseph H. 1954. "A Quantitative Approach to the Morphological Typology of Language." *Method and Perspective in Anthropology*. Ed. R. F. Spencer.

Minneapolis: University of Minnesota. 192-220. (Reprinted in the *International Journal of American Linguistics* 26: 178-94. 1960)

——, ed. 1963. *Universals of Language*. Cambridge, MA: MIT Press. (second edition published 1966)

——. 1966. "Some Universals of Language with Particular Reference to the Order of Meaningful Elements." Greenberg 73-113.

——. 1974. *Language Typology: A Historical and Analytical Overview*. Janua Linguarum, Series Minor 184. The Hague: Mouton.

——. 1978. "Diachrony, Synchrony, and Language Universals." Greenberg, Ferguson, and Moravcsik vol. 1, 61-92.

Greenberg, Joseph H., C. A. Ferguson, and E. A. Moravcsik, eds. 1978. *Universals of Human Language*. Stanford, CA: Stanford University Press. 4 vols.

Gregores, Emma, and Jorge A. Suarez. 1967. *A Description of Colloquial Guarani*. The Hague: Mouton.

Haegeman, Liliane. 1994. *Introduction to Government and Binding Theory*. 2nd ed. Oxford, UK: Blackwell.

Haiman, John. 1980. "The Iconicity of Grammar: Isomorphism and Motivation." *Language* 54: 565-89.

——. 1983. "Iconic and Economic Motivation." *Language* 59: 781-819.

——. 1985. *Natural Syntax: Iconicity and Erosion*. Cambridge, UK: Cambridge University Press.

Haiman, John, and Pamela Munro, eds. 1983. *Switch Reference and Universal Grammar*. Amsterdam: John Benjamins.

Hale, Ken. 1983. "Warlpiri and the Grammar of Non-Configurational Languages." *Natural Language and Linguistic Theory* 1: 5-47.

——. 1992. "Basic Word Order in Two 'Free Word Order' Languages." D. Payne 63-82.

Hall, Christopher J. 1988. "Integrating Diachronic and Processing Principles in Explaining the Suffixing Preference." Hawkins 321-49.

Hammond, Michael, Edith A. Moravcsik, and Jessica R. Wirth, eds. 1988. *Studies in Syntactic Typology*. Amsterdam: John Benjamins.

Hanks, William. 1990. *Referential Practice: Language and Lived Space Among the Maya*. Chicago: University of Chicago Press.

Harris, Alice. 1982. "Georgian and the Unaccusative Hypothesis." *Language* 58: 290-306.

Haspelmath, Martin. 1990. "The Grammaticization of Passive Morphology." *Studies in Language* 14: 25-72.

——. 1994. "Passive Participles Across Languages." Fox and Hopper 151-77.

Haugen, Einar. 1987. "Danish, Norwegian, and Swedish." Comrie 157-79.

Hawkins, John A. 1979. "Implicational Universals as Predicators of Word Order Change." *Language* 55: 618-48.

参考文献

——. 1983. *Word Order Universals*. New York: Academic Press.
——, ed. 1988a. *Explaining Language Universals*. Oxford, UK: Blackwell.
——. 1988b. "On Explaining Some Left-Right Asymmetries in Syntactic and Morphological Universals." Hammond, Moravcsik, and Wirth 321-57.
——. 1990. "A Parsing Theory of Word Order Universals." *Linguistic Inquiry* 21: 223-62.
——. 1994. *A Performance Theory of Order and Constituency*. Cambridge, UK: Cambridge University Press.
Hawkins, John A., and Anne Cutler. 1988. "Psycholinguistic Factors in Morphological Asymmetry." Hawkins 280-317.
Heath, Jeff. 1976. "Antipassivization: A Functional Typology." *Proceedings of the Second Annual Meeting of the Berkeley Linguistics Society*. 202-11.
Hetzron, Robert. 1972. *Ethiopian Semitic*. Manchester: Manchester University Press.
——. 1976. "On the Hungarian Causative Verb and Its Syntax." Shibatani 371-98.
Hope, Reginald R. 1974. *The Deep Syntax of Lisu Sentences*. Canberra: Australian National University.
Hopper, Paul J., and Sandra Thompson. 1984. "The Discourse Basis for Lexical Categories in Universal Grammar." *Language* 60: 703-52.
Hubbard, Philip L. 1980. "The Syntax of the Albanian Verb Complex." Diss. University of California at San Diego.
Hu, Z. Y. 1986. *Elunchunyu jianzhi*. Beijing: Minzu Chubanshe.
Huang, C.-T. J. 1982. "Logical Relations in Chinese and a Theory of Grammar." Diss. MIT.
Hudson, Richard A. 1987. "Zwicky on Heads." *Journal of Linguistics* 23: 109-32.
von Humboldt, Wilhelm. 1971. *Linguistic Variability & Intellectual Development*. Trans. G. Beck and F. Raven. Philadelphia: University of Pennsylvania Press. (Originally published in 1836 by the Royal Academy of Sciences in Berlin under the title *Über die Verschiedenheit des menschlichen Sprachbaues und ihren Einfluss auf die geistige Entwickelung des Menschengeschlechts*.)『言語と人間——人間的言語構造の相違性に就て』岡田隆平訳，東京：冨山房，1941；『言語と人間』岡田隆平訳，東京：創元社，1948．
Hyman, Larry M. 1984. "Form and Substance in Language Universals." Butterworth, Comrie, and Dahl 67-85.
Ingram, David. 1978. "Typology and Universals of Personal Pronouns." Greenberg, Ferguson, and Moravcsik vol. 3, 213-48.
Jackendoff, Ray S. 1987. "The Status of Thematic Relations in Linguistic Theory." *Linguistic Inquiry* 18: 369-411.
Jacobsen, W. H. 1979. "Noun and Verb in Nootkan." *The Victoria Conference on Northwestern Languages*. Ed. B. S. Erfat. Victoria, BC: British Columbia Provincial Museum. 83-153.

Jakobson, Roman. 1929. "Remarques sur l'Évolution Phonologique du Russe Comparée à Celle des Autres Langues Slave." *Travaux du Cercle Linguistique de Prague* 2: 7-116.

———. 1963. "Implications of Language Universals for Linguistics." Greenberg 263-98. 「言語の普遍性が言語学に持つ意味」早田輝洋訳, 服部四郎編『ローマーン・ヤーコブソン選集』第2巻, 東京：大修館書店, 1978.

Josephs, Lewis S. 1975. *Palauan Reference Grammar*. Honolulu: University of Hawaii Press.

Kakumasu, J. Y. 1976. "Gramática Generativa Preliminar da Língua Urubú." *Série Lingüística* 5: 267-300.

Kay, Paul, and Chad K. McDaniel. 1978. "The Linguistic Significance of the Meanings of Basic Color Terms." *Language* 54: 610-46.

Kayne, Richard S. 1994. *The Antisymmetry of Syntax*. Cambridge. MA: MIT Press.

Keating, Patricia, Wendy Linker, and Marie Huffman. 1983. "Patterns in Allophone Distribution for Voiced and Voiceless Stops." *UCLA Working Papers in Phonetics* 57: 61-78.

Keenan, Edward L. 1976. "Towards a Universal Definition of 'Subject.' " Li 303-33.

———. 1985a. "Passive in the World's Languages." Shopen vol. 1, 243-81.

———. 1985b. "Relative Clauses." Shopen vol. 2, 141-70.

Keenan, Edward L., and Bernard Comrie. 1977. "Noun Phrase Accessibility and Universal Grammar." *Linguistic Inquiry* 8: 63-99.

———. 1979. "Data on the Noun Phrase Accessibility Hierarchy." *Language* 55: 333-51.

Kibrik, Alexandr E. 1985. "Toward a Typology of Ergativity." Nichols and Woodbury 268-323.

———. 1991. "Semantically Ergative Languages in Typological Perspective." *Work Papers of the Summer Institute of Linguistics*. Vol. 35. North Dakota: Summer Institute of Linguistics. 67-90.

Kimenyi, Alexandre. 1980. *A Relational Grammar of Kinyarwanda*. Berkeley: University of California Press.

Kiss, Katalin É. 1994. "Sentence Structure and Word Order." *The Syntactic Structure of Hungarian*. Syntax and Semantics 27. Eds. F. Kiefer and K. Kiss. New York: Academic Press. 1-90.

Klein-Andreu, Flora, ed. 1983. *Discourse Perspectives on Syntax*. New York: Academic Press.

König, Ekkehard. 1988. "Concessive Connectives and Concessive Sentences: Cross-Linguistic Regularities and Pragmatic Principles." Hawkins 145-66.

Kornfilt, Jaklin. 1987. "Turkish and the Turkic Languages." Comrie 619-44.

Kouwenberg, Silvia, and Eric Murray. 1994. *Papiamentu*. Languages of the World 83. München-Newcastle: Lincom Europa.

Kozintseva, Natalia. 1995. *Modern Eastern Armenian*. Languages of the World 22. München-Newcastle: Lincom Europa.

参考文献

Kuno, Susumu. 1973. *The Structure of the Japanese Language*. Cambridge, MA: MIT Press.
——. 1974. "The Position of Relative Clauses and Conjunctions." *Linguistic Inquiry* 5: 117-36.
——. 1987. *Functional Syntax*. Chicago: University of Chicago Press.
Language Files. 1992. 5th ed. Columbus: Ohio State University, Department of Linguistics.
Lawal, S. Adenike. 1983. "On Defining Complex Sentences in Yoruba." Diss. University of Essex.
Lee, Michael. 1988. "Language, Perception, and the World." Hawkins 211-46.
Lehmann, Christian. 1988. "Towards a Typology of Clause Linkage." *Clause Combining in Grammar and Discourse*. Eds. J. Haiman and S. Thompson. Amsterdam: John Benjamins. 181-225.
Lehmann, Winfred P. 1973. "A Structural Principle of Language and Its Implications." *Language* 49: 47-66.
——. 1978a. "Conclusion: Toward an Understanding of the Profound Unity Underlying Languages." Lehmann 395-432.
——, ed. 1978b. *Syntactic Typology*. Austin: University of Texas Press.
——. 1986. "On the Typology of Relative Clauses." *Linguistics* 24: 663-80.
Lewis, Marshall. 1984. "Relative Clauses in Aplo Ewe." *Studies in African Linguistics* suppl. 9, 196-202.
Li, Charles N., ed. 1975. *Word Order and Word Order Change*. Austin: University of Texas Press.
——, ed. 1976. *Subject and Topic*. New York: Academic Press.
Li, Charles N., and Sandra A. Thompson. 1981. *Mandarin Chinese: A Functional Reference Grammar*. Berkeley: University of California Press.
Lorimer, David L. R. 1935. *The Burushaski Language*. 3 vols. Cambridge, MA: Harvard University Press.
Lukas, J. 1967. *A Study of the Kanuri Language*. International African Institute.
Lyon, S. 1967. "Tlahuitoltepec Mixe Clause Structure." *International Journal of American Linguistics* 33: 25-45.
Lyons, John, 1991. *Chomsky*. 3rd ed. Cambridge, UK: Cambridge University Press. 『チョムスキー』長谷川欣佑訳，東京：新潮社，1972；『チョムスキー』長谷川欣佑，馬場彰訳，東京：岩波書店，1985.
Mace, John. 1962. *Modern Persian*. London: English Universities Press.
Maddieson, Ian. 1984. *Patterns of Sounds*. Cambridge, UK: Cambridge University Press.
Malchukov, Andrei L. 1995. *Even*. Languages of the World 12. München-Newcastle: Lincom Europa.
Mallinson, Graham, and Barry J. Blake. 1981. *Language Typology*. Amsterdam: North-Holland.

Marchese, Lynell. 1986. *Tense/Aspect and the Development of Auxiliaries in Kru Languages.* Dallas: Summer Institute of Linguistics and University of Texas at Arlington.

Marcus, David. 1978. *A Manual of Akkadian.* New York: University Press of America

Marlett, Stephen A. 1984, "Switch-Reference and Subject Raising in Seri." *The Syntax of Native American Languages.* Syntax and Semantics 16. Eds. E. D. Cook and D. B. Gerdts. New York: Academic Press, 247-68.

Marslen-Wilson, William D., and Lorraine K. Tyler. 1980. "The Temporal Structure of Spoken Language Understanding." *Cognition* 8: 1-71.

McLendon, Sally. 1978. "Ergativity, Case and Transitivity in Eastern Pomo." *International Journal of American Linguistics* 44: 1-9.

Merlan, Francesca. 1981. "Some Functional Relations Among Subordination, Mood, Aspect, and Focus in Australian Languages." *Australian Journal of Linguistics* 1: 175-210.

Merrifield, William R., Constance M. Naish, Calvin R. Rensch, and Oillian Story. 1982. *Laboratory Manual for Morphology and Syntax.* 5th ed.(third impression). Dallas: Surmner Institute of Linguistics.

Micelli, Gabriele, and Alfonso Caramazza. 1988. "Dissociation of Inflectional and Derivational Morphology." *Brain and Language* 35: 24-65.

Michelson, Karin. 1991. "Semantic Features of Agent and Patient Core Case Marking in Oneida." *Buffalo Papers in Linguistics* 91-01: 114-46.

Mithun, Marianne. 1986. "On the Nature of Noun Incorporation." *Language* 62: 32-38.

——. 1992. "Is Basic Word Order Universal?" D. Payne 15-61.

Mondloch, James. 1978. *Basic Quiche Grammar.* Albany: State University of New York Institute for Mesoamerican Studies.

Mohanan, K. P. 1982. "Grammatical Relations and Clause Structure in Malayalam." *The Mental Representation of Grammatical Relations.* Ed. J. Bresnan. Cambridge, MA: MIT Press. 504-89.

Moravcsik, Edith A. 1978. "Agreement." Greenberg, Ferguson, and Moravcsik vol. 4, 331-74.

Morgan, David. 1994. "Semantic Constraints on Relevance in Lobala Discourse." *Discourse Features of Ten Languages of West-Central Africa.* Ed. S. Levinsohn. Dallas: The Summer Institute of Linguistics and University of Texas at Arlington. 125-49.

Morolong, Malillo, and Larry M. Hyman. 1977. "Animacy, Objects and Clitics in Sesotho" *Studies in African Linguistics* 8: 199-218.

Moshi, Lioba. 1994. "Time Reference Markers in KiVunjo-Chaga." *Journal of African Languages and Linguistics* 15: 127-59.

Murane, Elizabeth. 1974. *Daga Grammar.* Norman, OK: Summer Institute of Lin-

参考文献

guistics.

Myers-Scotton, Carol. 1993. *Duelling Languages: Grammatical Structure in Code-switching.* Oxford, UK: Clarendon.

Myhill, John. 1992a. *Typological Discourse Analysis.* Oxford, UK: Blackwell.

——. 1992b. "Word Order and Temporal Sequencing." D. Payne 265-78.

Neidle, Carol. 1988. *The Role of Case in Russian Syntax.* Dordrecht: Kluwer.

Newmeyer, Frederick J. 1983. *Grammatical Theory: Its Limits and Its Possibilities.* Chicago: University of Chicago Press.

Nichols, Johanna. 1986. "Head-Marking and Dependent-Marking Grammar." *Language* 62: 56-119.

——. 1992. *Linguistic Diversity in Space and Time.* Chicago: University of Chicago Press.

Nichols, Johanna, and Anthony C. Woodbury, eds. 1985. *Grammar Inside and Outside the Clause.* Cambridge, UK: Cambridge University Press.

Noonan, Michael. 1985. "Complementation." Shopen vol. 2, 42-140.

Ohio State University. 1992. *Language Files.* 5th ed. Columbus: Ohio State University, Department of Linguistics.

Okell, John. 1969. *A Reference Grammar of Colloquial Burmese.* 2 vols. London: Oxford University Press.

Olson, Mike. 1981. "Barai Clause Junctures: Toward a Functional Theory of Interclausal Relations." Diss. Australian National University.

Palmer, F. R. 1986. *Mood and Modality.* Cambridge, UK: Cambridge University Press.

——. 1994. *Grammatical Roles and Relations.* Cambridge, UK: Cambridge University Press.

Payne, Doris L. 1985. "Aspects of the Grammar of Yagua: A Typological Perspective." Diss. University of California at Los Angeles.

——. 1987. "Information Structuring in Papago Narrative Discourse." *Language* 63: 783-804.

——. 1992a. "Nonidentifiable Information and Pragmatic Order Rules in 'O'odham." D. Payne 137-66.

——, ed. 1992b. *Pragmatics of Word Order Flexibility.* Amsterdam: John Benjamins.

Payne, John R. 1985a. "Complex Phrases and Complex Sentences." Shopen vol. 2, 3-41.

——. 1985b. "Negation." Shopen vol. 1, 197-242.

Perkins, Revere. 1980. "The Coevolution of Grammar and Culture." Diss. State University of New York at Buffalo.

——. 1989. "Statistical Techniques for Determining Language Sample Size." *Studies in Language* 13: 293-315.

Postal, Paul M., and Brian D. Joseph, eds. 1990. *Studies in Relational Grammar 3.*

Chicago: University of Chicago Press.

Pullum, Geoffrey. 1979. "Review of *Universals of Human Language*," eds. J. H. Greenberg, C. A. Ferguson, and E. A. Moravcsik. *Linguistics* 17: 925-44.

Quakenbush, J. Stephen. 1992. "Word Order and Discourse: An Austronesian Example." D. Payne 279-303.

Ramat, Paolo. 1987. *Linguistic Typology*. Berlin: de Gruyter.

——. 1995. "Typological Comparison Towards a Historical Perspective." Shibatani and Bynon 27-48.

Raz, Shlomo. 1983. *Tigre Grammar and Texts*. Malibu: Undena.

Rijkhoff, Jan, Dik Bakker, Kees Hengeveld, and Peter Kahrel. 1993. "A Method of Language Sampling." *Studies in Language* 17: 169-203.

Rijksbaron, Albert. 1984. *The Syntax and Semantics of the Verb in Classical Greek*. Amsterdam: Gieben.

Rosen, Carol. 1984. "The Interface Between Semantic Roles and Initial Grammatical Relations." *Studies in Relational Grammar 2*. Eds. D. Perlmutter and C. Rosen. Chicago: University of Chicago Press.

Rudin, Catherine. 1988. "On Multiple Questions and Multiple wh-Fronting." *Natural Language and Linguistic Theory* 6: 445-501.

Ruhlen, Merritt. 1987. *A Guide to the World's Languages, Vol. 1: Classification*. Stanford, CA: Stanford University Press.

Russell, Bertrand. 1948. *Human Knowledge: Its Scope and Limits*. New York: Simon & Schuster.

Sabimana, Firmard. 1986. "The Relational Structure of the Kirundi Verb." Diss. Indiana University.

Sadock, Jerrold M., and Arnold M. Zwicky. 1985. "Speech Act Distinctions in Syntax." Shopen vol. 1, 155-96.

Salkie, Raphael. 1990. *The Chomsky Update*. London: Unwin Hyman.

Sapir, Edward. 1921. *Language*. New York: Harcourt, Brace and World. 『言語——ことばの研究序説』安藤貞雄訳，東京：岩波書店，1998．

Saxton, Dean. 1982. "Papago." *Uto-Aztecan Grammar, Vol. 3*. Ed. R. Langacker. Dallas: Summer Institute of Linguistics. 93-266.

Schacter, Paul. 1974. "A Transformational Account of Serial Verbs." *Studies in African Linguistics* suppl. 5, 253-70.

——. 1985. "Parts-of-Speech Systems." Shopen vol. 1, 3-61.

Schuh, Russell G. 1972. "Aspects of Ngizim Syntax." Diss. University of California at Los Angeles.

Searle, John. 1969. *Speech Acts: An Essay in the Philosophy of Language*. Cambridge, UK: Cambridge University Press. 『言語行為——言語哲学への試論』坂本百大，土屋俊訳．東京：勁草書房，1986．

Seiler, Wolf. 1978. "The Modalis Case in Iñupiaq." *Work Papers of the Summer Institute of Linguistics*. Vol. 22. 71-85. North Dakota: Summer Institute of Lin-

参考文献

guistics.

Sells, Peter. 1984. "Syntax and Semantics of Resumptive Pronouns." Diss. University of Massachusetts at Amherst.

Senn, Alfred. 1966. *Handbuch der Litauischen Sprache, 1: Grammatik*. Heidelberg: Winter.

Sgall, Petr. 1995. "Prague School Typology." Shibatani and Bynon 49-84.

Shibatani, Masayoshi. 1973. "Lexical Versus Periphrastic Causatives in Korean." *Journal of Linguistics* 9: 281-97.

——, ed. 1976. *The Grammar of Causative Constructions*. Syntax and Semantics 6. New York: Academic Press.

Shibatani, Masayoshi, and Theodora Bynon, eds. 1995. *Approaches to Language Typology*. Oxford, UK: Clarendon.

Shopen, Timothy, ed. 1985. *Language Typology and Syntactic Description*. 3 vols. Cambridge, UK: Cambridge University Press.

Silverstein, Michael. 1976. "Hierarchy of Features and Ergativity." *Grammatical Categories in Australian Languages*. Ed. R. M. W. Dixon. Canberra: Australian Institute of Aboriginal Studies. 112-71.

Skalička, Vladamir. 1935. *Zur ungarischen Grammatik*. Prague.

——. 1979. *Typologische Studien*. Braunschweig/Wiesbadden: Vieweg.

Song, Jae Jung. 1991a. "Causatives and Universal Grammar: An Alternative Explanation." *Transaction of the Philological Society* 89: 65-94.

——. 1991b. "On Tomlin and Manning and Parker on Basic Word Order." *Language Sciences* 13: 89-97.

Steever, Sanford B. 1987. "Tamil and the Dravidian Languages." Comrie 725-46.

Swadesh, Morris. 1938. "Nootka Internal Syntax." *International Journal of American Linguistics* 9: 77-102.

Talmy, Leonard. 1976. "Semantic Causative Types." Shibatani 43-116.

——. 1985. "Lexicalization Patterns: Semantic Structure in Lexical Forms." Shopen vol. 3, 57-149.

——. 1987. "The Relation of Grammar to Cognition." *Topics in Cognitive Linguistics*. Ed. B. Rudzka-Ostyn. Amsterdam: John Benjamins.

Tesnière, Lucien. 1959. *Elements de Syntaxe Structurale*. Paris: Klincksieck.

Thompson, Sandra A. 1978. "Modern English From a Typological Point of View: Some Implications of the Function of Word Order." *Linguistische Berichte* 54: 19-35.

——. 1988. "A Discourse Approach to the Cross-Linguistic Category 'Adjective.'" Hawkins 167-85.

Thompson, Sandra A., and Robert E. Longacre. 1985. "Adverbial Clauses." Shopen vol. 2, 171-234.

Tomlin, Russell S. 1986. *Basic Word Order: Functional Principles*. London: Croom Helm.

——, ed. 1987. *Coherence and Grounding in Discourse*. Amsterdam: John Benjamins.

Trubetzkoy, Nikolai S. 1931. "Die Phonologischen Systeme." *Travaux du cercle Linguistique de Prague* 4: 96-116.

——. 1939. *Grundzüge der Phonologie*. Prague: Cercle Linguistique de Prague. 『音韻論の原理』長嶋善郎訳, 東京：岩波書店, 1980.

Tucker, A. N., and J. T. Mpaayei. 1955. *A Maasai Grammar*. London: Longmans.

Van Valin, Robert D., Jr, 1985. "Case Marking and the Structure of the Lakhota Clause." Nichols and Woodbury 363-413.

——, ed. 1993a. *Advances in Role and Reference Grammar*. Amsterdam: John Benjamins.

——. 1993b. "A Synopsis of 'Role and Reference Grammar.'" Van Valin 1-164.

Van Valin, Robert D., Jr., and David P. Wilkins, 1993. "Predicting Syntactic Structure From Semantic Representation: *Remember* in English and Its Equivalents in Mparntwe Arrernte." Van Valin 499-534.

Vendler, Zeno. 1967. *Linguistics in Philosophy*. Ithaca, NY: Cornell University Press.

Venneman, Theo. 1973. "Explanation in Syntax." *Syntax and Semantics 2*. Ed. J. Kimball. New York: Academic Press. 1-50.

——. 1974a. "Analogy in Generative Grammar: The Origin of Word Order." *Proceedings of the Eleventh International Congress of Linguists*. Ed. L. Heilmann. Bologna: Il Mulino. 79-83.

——. 1974b. "Theoretical Word Order Studies: Results and Problems." *Papiere zur Linguistik* 7: 5-25.

——. 1976. "Categorial Grammar and the Order of Meaningful Elements." *Linguistic Studies Offered to Joseph Greenberg on the Occasion of His Sixtieth Birthday*. Ed. A. Juilland. Saratoga, CA: Anma Libri. 615-34.

Wald, Benji. 1987. "Swahili and the Bantu Languages." Comrie 991-1014.

Watters, James K. 1988. "Topics in Tepehua Grammar." Diss. University of California at Berkeley.

——. 1993. "An Investigation of Turkish Clause Linkage." Van Valin 535-60.

Weber, David J. 1981. "A Note on Valence: Quechua vs. Quichean." *Notes on Linguistics* 20: 25-29.

——. 1983. *Relativization and Nominalized Clauses in Huallaga Quechua*. Berkeley: University of California Press.

Whaley, Lindsay J. 1993. "The Status of Obliques in Linguistic Theory." Diss. State University of New York at Buffalo.

White, Lydia, Lisa Travis, and Anna MacLachlan. 1992. "The Acquisition of Wh-Question Formation by Malagasy Learners of English: Evidence for Universal Grammar." *Canadian Journal of Linguistics* 37: 341-68.

Wilkins, David P. 1988. "Switch-Reference in Mparntwe Arrernte (Aranda): Form,

参考文献

Function, and Problems of Identity." *Complex Sentence Constructions in Australian Languages*. Ed. P. Austin. Amsterdam: John Benjamins. 141-76.

Witherspoon, Gary. 1977. *Language and Art in the Navajo Universe*. Ann Arbor: University of Michigan Press.

Zhang, Yan Chang, Bing Li, and Xi Zhang. 1989. *The Oroqen Language*. Beijing: Jilin University Press.

Zigmond, Maurice L., Curtis G. Booth, and Pamela Munro. 1990. *Kawaiisu*. Berkeley: University of California Press.

Zwicky, Arnold. 1985. "Heads." *Journal of Linguistics* 21: 1-29.

訳者あとがき

　本書は Lindsay J. Whaley. *Introduction to Typology: The Unity and Diversity of Language.* 1997. Thousand Oaks, CA: Sage Publications の邦訳である．言語類型論という分野は比較的知られており，その重要性も認められている．しかし，教科書として使えるものは，日本語では Comrie (1989) の邦訳と角田太作 (1990)『世界の言語と日本語』(くろしお出版) しかない．どちらも優れた書物だが，本書が加わることによって，言語類型論への関心と理解がさらに深まることが期待される．

　言語類型論とは何か，という問いへの答えは本文中で丁寧に語られているので，ここでは本書の特色をいくつか列挙したい．第一に，上記の教科書に比べ，本書はより新しい研究成果を取り入れている．構成要素順序についての章で取り上げられている，ドライヤーの分岐方向理論はその一例である．この理論は，従来の構成要素順序の普遍性に対する反例と思われてきたケースを明快に処理しており，今後のこの方面の研究の出発点となるだろう．この他にも，新しい知見の導入は随所に見られる．第二に，著者自身が述べるように，複文 (完全な節以外の結合も含む) レベルでの構造を豊富に取り扱っている点が挙げられる．Comrie (1989) では関係節が取り上げられているが，本書では連動詞構文や交替指示構文についても独立したセクションをあてている．第三に，意味面の概念規定についても，本書は慎重で丁寧な論じ方をしている．これは著者が学位を得たニューヨーク州立大学バッファロー校の指導陣の中に，バイビー，ドライヤー，ヴァン＝ヴァリンといったアメリカにおける言語類型論の最前線の研究者とともに，認知意味論の最良の研究者であるタルミーが在ったがゆえかと思われる．最後に，本書は非常に明晰な文章で書かれているという点も特筆に値する．講義ノートとして出発し，教室での使用を通じて鍛えられたためか，本書のキビキビした文章は，訳出もかなりスムーズにできた．文章の流れが悪いところがあるとすれば，それは訳者の責任である．

　本書は全体にわかりやすく書かれており，章立てに即して訳者が論旨の解説を行う必要はほとんどない．第Ⅰ部「言語類型論の基本」は類型論研究への導入として優れているだけでなく，言語学という学問分野への (再) 入門としても薦められる．

訳者あとがき

以後の各章も，世界の言語の多様性を尊重しつつ，その内に見られる類型と一般傾向をクリアに提示しており，文法理論への無用な偏向なき導入として，きわめて有効である．記述を重視する本書の立場は，ドライヤーの言う「基本言語理論（basic linguistic theory）」の考え方に通じる（http://linguistics.buffalo.edu/people/faculty/dryer/dryer/dryer.htm）．本書で強いて補足すべき箇所を言えば，第13-14章でのムードとモダリティの議論であろう．本文中では，文の表す出来事を話し手がどう捉えて伝えるか，という概念カテゴリーとしてモダリティを定義し，それが言語構造に現れた文法カテゴリーとしてムードを定義している．これらの用語にはこれまで余りに多種多様な定義がなされているので，本書の議論もこのことを念頭に置いた上で，じっくり読み進める必要があると思われる．

　言語類型論というと，多くの言語からデータを集めて一般化をはかる作業であるため，距離を置いて考える人もいるかもしれない．確かにそのような作業は容易ではなく，本格的な類型論研究を行うためには相当のトレーニングが必要である．だが，自ら幾百の文法書をひもとき，フィールドに分け入らなくても，言語類型論の成果を理解して研究・教育に生かすことはできる．日本語という個別言語を研究する場合でも，「世界の中の日本語」という視点を取り入れることで，より適切な取り組みが可能となるのだ．

　一例として，関係節構文を取り上げてみよう．日本語に見られる修飾部＋主要部という順序は，世界の言語の中で多数派ではないが，特に珍しくはない．しかし，関係節を明示する標識がない点（「連体形」は実質的に終止形と同じである）は，やや異例である．キーナンとコムリーの接近可能性階層に照らすと，日本語はどの文法関係になった名詞句についても関係節化でき，さらには「人生がバラ色になるワイン」のように関係節（＝「人生がバラ色になる」）中での主要部（＝「ワイン」）の文法上の役割が規定しにくいケースもある．この事実はおそらく，日本語における省略の自由度の高さと関係している．そうすると，日本語の関係節は統語構造からの規定には限界があり，名詞修飾という機能も語用論的な補完によって成り立つ余地が大きいと考えられる（もっと言えば，統語構造から関係節を定義する立場からは，日本語の構文は関係節ではなく，「名詞付加節」とでも呼ぶべき構文ということになる）．

　日本語の「関係節」には，この他にも主要部内在型と呼ばれるタイプがある．ここでもまた，類型論の成果にふれることで，他の諸言語の主要部内在型関係節と日本語の構文との違いが明らかになる．例えば，この種の構文をもつ言語の典型例

として出されるナバホ語の場合，主要部外在型（日本語のような修飾部＋主要部，または英語のような主要部＋修飾部の構造）の関係節はないとされる．このような言語では，関係節の主節内での役割に強い制限はないのだが，日本語では「太郎が[犬が走って来たの]をつかまえた」のような目的語位置は可能でも，「??[犬が走って来たの]が太郎をつかまえた」のような主語位置はかなり容認度が低くなる．このような事実は，日本語が（「関係節」と呼ぶことに留保は必要であるが）外在型と内在型の二通りの構文をもつために，機能の分化が起きていると考えることでよりよく理解されると思われる．

　このように，よく知られた個別言語を分析する場合でも，問題とする現象が言語一般においてよく見られることなのか，それとも異例のことなのかといった点を理解することで，より健全な理論化が可能となることがわかると思う．関係節の場合も，英語の関係節を類型論的な観点から見ると，前置詞残留という現象はきわめて特殊で，世界の言語はもとより，インド・ヨーロッパ語の中でも稀であることがわかる．普遍文法の探究にあたっては，特例が正しく特例となるような理論構築が求められる．この意味で，本書は言語類型論を学ぼうとする人々と共に，日本語を始めとする個別言語の研究・教育にたずさわる人々にも強く薦められるテキストである．

　最後に，著者リンゼイ J. ウェイリー氏についてふれる．同氏は現在，米ダートマス大学準教授で，言語学・認知科学科主任をつとめる．専門は文法理論，言語類型論，ツングース語である．また，危機言語の記録と保存活動にも積極的に関わっている．本書の刊行後に出た，*Endangered Languages: Current Issues and Future Prospects.* 1998. Cambridge University Press（Lenore Grenoble と共編）と，*Saving Languages: An Introduction to Language Revitalization.* 2005. Cambridge University Press（Lenore Grenoble と共著）はこの方面の代表作である．

　本書の翻訳にあたっては，原著に若干の編集作業を加えた．原著では各章末に重要用語のリストがあるが，そこにある用語は全て本文中で太字で示されているため，訳ではカットした．また，原著巻末にある重要用語の定義一覧も，索引から本文を参照すれば済むため，訳ではカットした．こうした措置に加え，版組みを整えることで，英書の訳には珍しく，本書は原著とほぼ同じページ数に収まった．訳は第 4 章と第 9 章を山泉，第 10 章と第 12 章を古賀，その他全ての部分を大堀が担当した．ツングース語の言語名については，東京外国語大学の風間伸次郎氏にご教

訳者あとがき

示を受けた．訳文に手を入れ，語釈，訳語，引用などの統一を行う過程では，岩波書店編集部の浜門麻美子氏の強力なサポートを受けた．ここに謝意を明記したい．また，著者ウェイリー氏からは訳者の質問に対して迅速な返事をいただいた．後はできるだけ多くの人々の手元に本書が届き，言語研究の新たな扉が開かれることを願うのみである．

2006 年初秋

大堀壽夫

言語索引

アウトゥ語　275
アカン語　280, 281
アグタイヌン語　106
アチェ語　78
アッカド語　120
アツゲウィ語　114
アバザ語　166
アバール語　157
アブハズ語　167
アメリカ英語　61, 218
アラビア語　148, 179
アリュート語　148
アルバニア語　20, 42, 190
アルメニア語　128, 238

イストモ・サポテック語　186
イタリア語　43
イディン語　186
イニュピアック語　188
イラン諸語　159
イリュリア語　42
インガ語　229, 230
インドネシア語　191
インド・ヨーロッパ語族　150, 222

ウェールズ語　43
ウォロフ語　18
ヴォンジョ・チャガ語　208, 209
ウルブー語　87

英語　14, 15, 29, 32, 33, 38, 40, 49, 50,
　　53-56, 61-63, 66, 69, 73, 74, 77, 84,
　　85, 93, 98, 99, 101-103, 106, 107,
　　114, 115, 117, 122, 124-126, 131, 133,
　　135, 137, 141, 144, 146, 153, 155, 161,
　　179, 181, 184, 186, 187, 189, 190, 192,
　　194, 198, 200, 204-207, 211, 213,
　　215-218, 223, 226, 231, 232, 234,
　　238-241, 243-246, 252, 254-259, 261,
　　263-267, 269, 270, 271, 273, 275-278
　　→ アメリカ英語も参照

エヴェ語　263, 265, 266
エヴェンキ語　18, 231, 232
エヴェン語　185, 269
エスキモー諸語　159
エンガ語　186

オーストリック諸語　150
オッダム語　103, 104
オトミ語　254
オナイダ語　130, 131
オランダ語　210
オロチョン語　91, 92, 99, 128

カイオワ・ワラニー語　121
カシーボ語　238
カヌリ語　18, 260
カフカース諸語　80
カユガ語　107
カリブ語　18
カルカトゥング語　79, 80
カワイス語　274

クーテナイ語　108, 191
クメール語　18, 29
グリーンランド・エスキモー語　29, 242
グルジア語　161, 163
グルン語　117

ケクチ語　187
ケチュア語　18, 65, 157

コイサン語族　44
古代ギリシア語　18, 26, 42, 43, 62, 85,
　　86, 111, 117, 121, 136, 137, 142, 143,
　　146, 147, 168, 169, 187, 190, 212,
　　213, 223-225, 257, 266
　　──アッティカ方言　26
コボン語　145
コマンチ語　252
コミ語　233

307

言語索引

シエラ・ポポルカ語　193
シエラ・ミーウォク語　224
シナ・チベット語族　150
ショショニ語　178
ジルバル語　164

スウェーデン語　31
スペイン語　19, 40, 76, 142, 143
スワヒリ語　118, 119, 190

聖書ヘブライ語　87, 242
セリ語　282
セルビア語　43

ソト語　175
ソマリー語　16

タイ語　18, 62
タオリピ語　18
ダガ語　282
タガログ語　18
ダニ語　18
タバサラン語　167
タマン語　186
タミル語　168, 169
タングート語(西夏語)　175

チベット語　159
チャモロ語　193
中国語　33, 133, 245, 265　→ 北京官話
　も参照
朝鮮語　73, 198
チョクトー語　54, 78

ティグリニャ語　193
ティグレ語　39, 40
ディヤリ語　18
デウォイン語　233
テペワ語　218
テルグ語　18
デンマーク語　116, 238

ドイツ語　40, 108, 210, 253
トゥユカ語　227
トリンギット語　18
トルコ語　145, 154, 155, 214

ナバホ語　177
ナマ語　18

ニジェール・コルドファン語族　44
日本語　30, 62, 86, 223, 265, 278

ヌートカ語　37, 64

ノルウェー語　43

パアマ語　140
ハウサ語　18, 63, 276
パパゴ語　103
パピアメント語　241
バミレケ語　209, 210
パライ語　271
パラオ語　228, 241
ハルコメレム語　189
バレ語　134, 239, 254
ハワイ語　29
ハンガリー語　144, 146, 199, 244, 246
パンジャーブ語　15
バントゥー諸語　44, 77, 148, 167, 177, 190
バンバラ語　265

東ポモ語　162
ヒシュカリヤナ語　11, 23, 87, 241
ビルマ語　179, 207, 208
ヒンディー語　43, 181

フィジー語　45, 241, 245, 276
フィリピン諸語　80
フィンランド語　18, 167
フツナ・アニワ語　262
ブラックフット語　147
フランス語　19, 40, 127, 182, 230
ブルガリア語　20
ブルシャスキ語　224
ブレラ語　18

ベエンベ語　18
北京官話　18, 26, 33, 117, 132, 133, 231, 244
ベダウエ語　40
ヘブライ語　18, 146, 181

308

言語索引

ペルシャ語　146, 266, 268
ベンガル語　18

ホピ語　18
ポーランド語　246, 263-266

マクシー語　157
マサイ語　18, 232
マニプール語　65
マラガシ語　74, 75, 87, 267
マラヤーラム語　176, 177, 257
マンガライ語　221
満州・ツングース語族　18

ミシュテック語　214
ミチョアカン・ナワトル語　136
南ティワ語　134, 135, 189
ミヘ語　171, 172, 174, 175

ムパルンテ・アルレンテ語　259, 281, 282
ムンダーリー語　18

メラネシア諸島ピジン英語　139
メンデ語　212, 213

モハーヴィ語　37
モンゴル語　242

ヤイ語　130-133

ヤオ語　18
ヤワ語　109

ユーマ語　40

ヨクツ語　245
ヨルバ語　279

ラコタ語　147, 155, 186, 229
ラテン語　19, 273

リス語　274
リトアニア語　208

ルーマニア語　20
ルワンダ語　30, 77, 86, 147, 153, 166, 167, 177
ルンディ語　25, 26, 110

ロシア語　182, 234
ロバラ語　11

ワイミ語　274
ワステック語　190
ワラニー語　283
ワルピリ語　102, 103
ワンクマラ語　158

ンギズィム語　255, 256

事項・人名索引

（人名と重要用語は原綴を示した．重要用語の定義されたページは太字で示した．）

A　157
P　157
S　157

アスペクト（aspect）　128, 163, 164, **204**, 233, 238, 254, 256, 257, 280, 281
アメリカ構造主義　28, 29, 31
アンダースン（Stephen R. Anderson）　127

イエス・ノー疑問文（yes-no question）　**240**
位格　168
異主語　281-283
依存節　240
依存部（dependent）　**94**, 95, 97, 143
依存部標示型（dependent marking）　143, **144**, 147
一人称　175
一人称代名詞　172-174
一致（agreement）　135, 142, **143**, 152, 153, 155, 165, 172, 174, 175, 182, 238
一致の階層　153, 154, 165
意味関係　260
意味的統合性　261
意味の転換　124
意味の予測可能性　126
意味役割（semantic role）　**58**, 70, 80, 169
意味論　67
依頼　200
因果性　195-197, 255, 256, 276
イントネーション　237, 241, 244, 251

ヴァン＝ヴァリン（Robert D. Van Valin, Jr.）　78, 172, 217, 272
迂言的（periphrastic）使役　**194**

オルソン（Mike Olson）　272

外在的説明（external explanation）　**49**, 50-52
概念的統合性　262
格（case）　**86**, 128, 142, 152, 153, 155, 165, 167
格と一致の体系における分裂　160
格の階層　154, 200, 201
格の数　167
格標示　181
格標識　176, 188, 234, 260, 275
過去　163, 208-210, 233
ガーツ（Donna B. Gerdts）　190
活動（activity）　**217**, 218
カトラー（Anne Cutler）　120, 123
かばん（portmanteau）形態素　**127**, 140
かぶせ辞（suprafix）　**122**
含意的階層（implicational hierarchy）　**55**
含意的普遍性（implicational universal）　16, **37**
関係節（relative clause）　14, 96, **251**, 263
関係節化される名詞（relativized noun）　**263**
関係節標識（relativizer）　**263**
関係代名詞（relative pronoun）　**263**
関係の可視性　159
関係の経済性　160
間接言語行為（indirect speech act）　**237**, 240
間接使役（indirect causation）　195, **196**
間接目的語　75-78, 153, 166, 184, 193, 195, 264
完了（perfective）　163, **212**, 214, 215

ギヴォン（Talmy Givón）　51, 67, 68, 119, 260-262

事項・人名索引

祈願法(optative)　**224**, 228, 257
帰結節(apodosis)　**257**
気象動詞　185, 283
既然(anterior)　**212**
キーティング(Patricia Keating)　16
起点(source)　**72**
キーナン(Edward L. Keenan)　50, 267, 268
機能主義　13
基本構成要素順序　84, 118, 149, 152, 153, 157, 175, 233, 242, 259, 265, 282
　固定した――　101
　柔軟な――　101
　――の決定　105
　――の相関　91
　――の頻度　88
　――の変異　101
基本語順　→ 基本構成要素順序
義務的モダリティ(deontic modality)　**225**
疑問詞　243-246
疑問代名詞　264
疑問文(interrogative)　222, **223**, **236**, 240
キャンベル(Lyle Campbell)　39
共感(empathy)　**173**
共時的(synchronic)　**28**
許可　200
局所的　282
禁止文(prohibitive)　**239**

空所化　266-268, 278
具格　168
句構造規則　89, 90
クック(Joseph R. Cooke)　179
屈折型(inflectional)　**25**
屈折(inflectional)形態素　**124**, 127
屈折形態論　124
グリーンバーグ(Joseph H. Greenberg)　29-32, 41-43, 45, 84, 88, 91, 127, 241
グリーンバーグの普遍性　30, 31, 37, 38, 45, 84, 88, 127, 128, 241
クロフト(William Croft)　14, 38, 146
クローリー(Terry Crowley)　139, 140

ケイ(Paul Kay)　56
継起　276
経験者(experiencer)　**71**, 73
経済性　54
継続(durative)　**216**
形態素(morpheme)　**114**
形態論　65, 232
形態論的使役　198
系統樹　2
形容詞　37, 63-65
形容詞節　→ 関係節
ケイン(Richard S. Kayne)　89, 104, 111
結合価(valence)　**184**
現位置(in situ)　**244**
原因　255
言語　2
言語行為(speech act)　**236**
言語サンプル(language sample)　**42**
言語地域(linguistic area)　**45**
言語能力　12
言語普遍性(language universal)　**10**, 35
言語類(language genus)　**45**, 46
言語連合(Sprachbund)　**20**
現在　233
現実(realis)[ムード]　208, **228**
現実性　221
現実的(real)[条件]　**256**

語彙意味論(lexical semantics)　**55**
語彙化　187, 190, 192, 194
語彙クラス(lexical class)　**58**, 61
語彙的アスペクト(lexical aspect)　**216**
語彙的使役　197, 198
項(argument)　**76**, 184, 258
行為タイプ(Aktionsart)　**216**
後件　→ 帰結節
構成要素順序　253, 278
構造的統合性　261, 262
拘束(bound)形態素　**115**
交替指示(switch-reference)　272, **281**
膠着型(agglutinative)　**136**, 138-140, 194, 232
語根(root)　**114**, 117
語順　134, 232　→ 基本構成要素順序
語族　2

311

事項・人名索引

固定語順　102
コムリー(Bernard Comrie)　88, 90, 110, 159, 167, 171, 181, 195, 267, 268
固有名詞　174, 175
語用論的に有標(pragmatically marked)　50
孤立型(isolating)　26, **131**, 132, 134, 139, 141, 194, 232
コントロール　239, 260-262

再帰形　189
　　形態論的な——　190
　　分析的な——　190
サピア(Edward Sapir)　29, 131, 149
作用域(scope)　**234**
三人称　175
三人称代名詞　174
三分割型(tripartite)　**158**, 160

使役(causative)　166, **193**, 194, 200
使役者　196, 199
時間(temporal)　71, **72**, 254
時間的安定性(time stability)　**67**
色彩語彙　55
指示(reference)　**64**
指示代名詞　264
時制　→ テンス
持続(continuous)　**212**
実現(achievement)　**217**, 218
質問表　47, 48
始動(inceptive)　**215**
自動化(automization)　**55**
自動詞(intransitive)　**185**
自動詞構文　155, 195
自動詞節　188
支配(government)　**142**
社会的志向(sociocentric orientation)　**173**
斜格　169, 195, 199
ジャンル　106
従位接続(subordination)　**250**, 271, 272
従位接続詞(subordinating conjunction)　**254**, 256
自由(free)形態素　**115**

終結(completive)　**215**
終結的(telic)　**217**
重構成要素の原理(heavy constituent principle)　**96**
自由語順　101
従属節　108, 211　→ 従位接続
受益者(benefactive)　**71**, 166
主格　168, 176, 200
主格-対格(nominative-accusative)型　**157**, 160-163, 187
縮約　277
主語　75, 88, 153, 155, 166, 172, 223, 238, 258, 280-283
　　——の卓立性　88, 90
主語-目的語の逆転　191
主節(matrix clause)　240, **259**
主題(theme)　**72**
受動態　177, 187, 188
受動文　49-51, 186
受容者(recipient)　**58**, **72**, 74
主要部(head)　**94**, 95, 97, 143
主要部欠如型関係節(headless relative clause)　**266**
主要部内在型関係節　265
主要部標示型(head marking)　143, **144**, 147
主要部名詞(head noun)　**263**
シュライヒャー(August Schleicher)　139, 140
シュレーゲル(August von Schlegel)　25
シュレーゲル(Friedrich von Schlegel)　24, 25
瞬時(的)(punctual)　216, 219
瞬時的実現　218
瞬時的達成　218
条件　256
状態(state)[語彙的アスペクト]　217, 218
状態(stative)[概念的アスペクト]　213
状態接尾辞　190
状態的(stative)[アスペクトの属性]　**217**
状態変化　161, 164
冗長性(redundancy)　**54**
焦点位置　244
譲歩(concessive)　**257**
情報量の多い(highly informative)　106
省略(ellipsis)　**277**

事項・人名索引

叙述(predicaiton)　**64**
叙想法(subjunctive)　**223**, 228, 256, 257
叙法　→　ムード
処理　53, 120, 122, 123
シルバースティン(Michael Silverstein)　188
進行(progressive)　**212**
真理値　222

随伴現象(pied-piping)　**269**
随伴者(comitative)　**71**
数　128, 143, 166
ズウィッキー(Arnold M. Zwicky)　238, 239, 245
スワデシュ(Morris Swadesh)　64

性　143, 166, 171
制限的(restrictive)　**264**
生産性　125
声調　130, 133
セイドック(Jerrold M. Sadock)　238, 239, 245
接辞型(affixal)　**25**
接辞の順序　127
接周辞(circumfix)　**121**, 123
節縮約(clause reduction)　**277**
接続詞(conjunction)　252, 273, **274**, 276
接続(linking)標識　**274**
絶対格(absolutive)　**79**, 188, 189
絶対的普遍性(absolute universal)　16, **36**
絶対テンス(absolute tense)　**210**, 281
接置詞　153, 275
接中辞(infix)　**120**, 121-123
接頭辞(prefix)　114, **117**, 132
接尾辞(suffix)　114, **117**, 132
前件　→　前提節
全体的　282
全体的類型論(holistic typology)　**28**
前置詞　153
前置詞残留(preposition stranding)　**269**
前提節(protasis)　**257**

相　→　アスペクト
相関接続詞(correlative conjunction)　**276**
総合型(synthetic)　**131**, 134, 138
総合の指標(index of synthesis)　**131**, 138
相対テンス(relative tense)　**210**
属格　168
祖語　2
ソシュール(Ferdinand de Saussure)　28
ソン(Jae Jung Song)　90

態　128
対格　168, 169, 176, 199, 201
対格焦点型(accusative-focus)　**159**
対格性　159
対極疑問文(polar interrogative)　**240**, 241, 244
対比　276
代名詞　164, 174
代名詞残留　267, 268
代名詞主語省略(pro-drop)　**54**, 103
代名詞体系　179
多重疑問文(multiple interrogative)　**245**, 246
多総合型(polysynthetic)　134, 135
奪格　168
達成(accomplishment)　**217**, 218
他動詞(transitive)　**184**
他動詞構文　155, 195
他動詞節　188
他動性　177, 184
ダービーシャー(Desmond C. Derbyshire)　23
ダミー(dummy)　**185**
単文　250
談話　52, 69, 80, 106, 209, 253

知覚　55
着点(goal)　**71**
中間受動態(middle passive, mediopassive)　190
中立型(neutral)　**159**
重複形(reduplication)　**121**, 123, 124
直示(deixis)　**206**
直接使役(direct causation)　195, **196**

313

直説法(indicative) **222**, 257
直接目的語　75-77, 153, 155, 166, 169, 181, 184, 193, 195, 219, 258
チョムスキー(Noam Chomsky)　12, 31-33

通カテゴリー調和(cross-category harmony)　**95**
通時的(diachronic)　**28**

定　169, 181
ディクソン(R. M. W. Dixon)　64, 65, 156
定形動詞　262, 270
定性(definiteness)　116, 167, 169, 171, **174**, 180, 189
適用形(applicative)　**193**
データベース　41
テニエル(Lucien Tesnière)　184
テンス(tense)　119, 128, 163, 164, **204**, 206, 214, 215, 229, 233, 238, 254, 256, 257, 280, 281

等位接続(coordination)　**271**, 272, 281
動機　255, 256
道具(instrumental)　**71**, 275
統語論　66
動作主(agent)　**58**, 60, **71**, 72-74, 161, 162
同主語　281-283
倒置(inversion)　**241**, 244
同伴　275
独立言語(independent language)　**44**
閉じたクラス(closed class)　**63**
トムリン(Russell S. Tomlin)　41, 43, 44, 90
ドライヤー(Matthew S. Dryer)　45-47, 94, 97, 99, 100, 104, 230, 234
トンプスン(Sandra A. Thompson)　68, 256

内在的説明(internal explanation)　**49**, 50, 51
内容疑問文(content interrogative)　**240**, 243

ニコルズ(Johanna Nichols)　144, 145, 147-149, 180
二重他動詞(ditransitive)　**184**, 191, 192, 195
二重標示型(double marking)　**145**, 147
二重目的語　191, 192
二人称　175, 223
二人称代名詞　172-174
人間　181
人間性　167, 169
認識的モダリティ(epistemic modality)　**225**, 227
人称　128, 166, 171
人称代名詞　178, 181, 266
認知　55

能格(ergative)　**79**, 168, 188, 189
能格性　159
能格-絶対格(ergative-absolutive)型　110, **157**, 160, 161, 163, 164, 187, 188
能動態　177, 188
能動文　49, 50

バイビー(Joan Bybee)　118, 119, 128, 234
場所(locative)　**71**, 255
ハスペルマート(Martin Haspelmath)　27
派生(derivational)形態素　**124**, 127
派生形態論　124, 189
パーフェクト(perfect)　**212**　→　既然
パラメータ(parameter)　**32**
破裂音　15, 17　→　閉鎖音
反使役(anticausative)　**190**
反受動(antipassive)　**188**
反復(的)(iterative)　**216**, 219
範列(paradigm)　125

非過去　210, 233
非現実(irrealis)［ムード］　208, 221, **228**
非現実的(unreal)［条件］　**256**
被使役者　194-196, 199-201
――のコントロール　199-201
非終結的(atelic)　**217**
非制限的(nonrestrictive)　**264**

事項・人名索引

非絶対的普遍性(nonabsolute universal) **37**
非他動詞化　188
左分岐(left branching)　**98**, 99
ピッチ　237, 240
否定(negative)　**229**, 239
被動者(patient)　59, **71**, 74, 162
非人間　181
非分岐カテゴリー　97
開いたクラス(open class)　**63**
品詞(part of speech)　**58**
品詞の転換　124
頻度　105, 109

フィールドワーク　22
フェンネマン(Theo Vennemann)　94-96, 99
フォリー(William A. Foley)　172, 272
フォルフハイマー(Paul Forchheimer)　179
付加疑問文(tag question)　**243**
付加詞(adjunct)　184
複合語　132
複合的な含意的普遍性(complex implicational universal)　**38**
副詞節(adverbial clause)　**250**, 253, 272
複文　250
普通名詞　175
不定　169, 181, 188, 189
不定形　211, 252, 262
不定詞　259
不定代名詞　245
部分的に同一指示　283
部分的類型論(partial typology)　**28**
普遍性のタイプ　35
普遍的傾向　16
普遍文法(Universal Grammar, UG)　**12**, **32**
プラハ学派　28-31
ブルームフィールド(Leonard Bloomfield)　28
不連続構成要素(discontinuous constituent)　**102**
プロトタイプ(prototype)　**67**, 68
分岐カテゴリー　97

分岐方向理論　97, 104
分詞　259, 270
分詞構文　252, 269
分析型(analytic)　**131**
分析的　189
分析的使役　197, 198
文タイプ　236
分布　66
文法化(grammaticalization)　**118**, 120, 123
文法関係(grammatical relation)　**58**, 74, 152, 169
フンボルト(Wilhelm von Humboldt)　24-28
分裂自動性(split intransitivity)　**162**
分裂能格性(split ergativity)　**163**
分裂標示型(split marking)　**148**

閉鎖音　15-17　→　破裂音
平叙文(declarative)　222, **223**, **236**, 237
並置(juxtaposition)　145, **273**, 276
ヘイマン(John Haiman)　197, 198
ペイン(John R. Payne)　275, 277
変種　1

法[性]　→　モダリティ
方言　1
包入　188, 189
ホーキンズ(John A. Hawkins)　38, 95, 96, 99, 123
母型節　→　主節
補充法(suppletion)　**137**
補文節(complement clause)　**250**, 258
補文標識(complementizer)　**259**, 260

マイヒル(John Myhill)　106
マクダニエル(Chad K. McDaniel)　56
マーレット(Stephen A. Marlett)　283

未完了(imperfective)　**212**, 214, 215, 218
右分岐(right branching)　**98**
未実現　256
未来　208, 209, 228, 233

315

無項動詞(atransitive) **186**
ムード(mood)　128, **205**, **221**, 236, 242, 255-257
無標(unmarked)　**107**, 275
無変化型(no structure)　**25**, 26

名詞化(nominalization)　**252**
名詞化接辞　189
名詞句接近可能性階層(Noun Phrase Accessibility Hierarchy)　**268**, 269
名詞クラス　167, 177, 182
名詞包入(noun incorporation)　**135**, 188, 189
明証性(evidential)　226, **227**
名詞類別詞(noun classifier)　**62**
命令文(imperative)　223, 224, **236**, 238
命令法(imperative)　**223**, 224, 228

目的(purposive)　71, **72**
目的語　88, 172, 176, 184, 188, 280
モダリティ(modality)　**205**, 208, **221**, 222
モハナン(K. P. Mohanan)　176

ヤーコブソン(Roman Jakobson)　28

融合型(fusional)　**136**, 138, 140, 232
融合の指標(index of fusion)　**131**, 136, 138
有生性　167, 169, 171, 172
——の階層(Animacy Hierarchy)　**173**, 188
有標(marked)　**107**, 275
有標性　107

与格　168
与格転移(dative shift)　**191**

ラッセル(Bertrand Russell)　10
ラマート(Paolo Ramat)　36

リー(Michael Lee)　13

類型論(typology)　**13**, 14, 15, 18
類像性　56
類像性階層　197, 198, 201

歴史言語学　22
レーマン(Winfred P. Lehmann)　91, 93-95
連位接続(cosubordination)　**272**, 279
連接辞(linker)　146
連動詞(serial verb)　133, 272, **279**

ロングエイカー(Robert E. Longacre)　256
論理的主語　187
論理的目的語　187

話題　282

■岩波オンデマンドブックス■

言語類型論入門──言語の普遍性と多様性
リンゼイ J. ウェイリー著

	2006年10月18日　第1刷発行 2017年 1月13日　オンデマンド版発行
訳　者	大堀壽夫　古賀裕章　山泉　実
発行者	岡本　厚
発行所	株式会社　岩波書店 〒101-8002　東京都千代田区一ツ橋2-5-5 電話案内　03-5210-4000 http://www.iwanami.co.jp/
	印刷／製本・法令印刷

ISBN 978-4-00-730561-0　　Printed in Japan